Klaus Jürgen Haller

Wörter wachsen nicht auf Bäumen

Klaus Jürgen Haller

Wörter wachsen nicht auf Bäumen

99 Allerweltsbegriffen
auf der Spur

ECON Verlag
Düsseldorf · Wien · New York

Für Hannelore

CIP-Titelaufnahme der Deutschen Bibliothek

Haller, Klaus Jürgen:
Wörter wachsen nicht auf Bäumen:
99 Allerweltsbegriffen auf d. Spur / Klaus Jürgen Haller. –
Düsseldorf; Wien; New York: ECON Verl., 1989
ISBN 3-430-13888-4

Gesetzt aus der Cheltenham, Berthold
Satz: Dörlemann-Satz, Lemförde
Papier: Papierfabrik Schleipen GmbH, Bad Dürkheim
Druck und Bindearbeiten: Pustet, Regensburg
Printed in Germany
ISBN 3-430-13888-4

Inhalt

Der Ärger

»Mensch, ärgere Dich nicht« ist ein sinnreiches Spiel, bei dem genau das eintritt, was vermieden werden sollte. »Wer sich über alles ärgern will, wird nicht fertig«, sagt der Volksmund. »Man darf den Ärger nicht in sich hineinfressen«, rät jeder, der es gut mit einem meint. Allen wohlgemeinten Ratschlägen zum Trotz gehört der Ärger zu jenen menschlichen Erfahrungen, deren man stets von neuem Herr werden muß. Dabei tritt das Wort »Ärger« im Deutschen erstaunlicherweise erst um 1750 als ein eher gewagter Ausdruck auf. Noch um 1775 bestanden Sprachgelehrte darauf, daß nur »das Ärgernis« akzeptables Deutsch sei. Älter als »Ärgernis« ist »Argerunge« und noch älter »Arg«.

Wer »ohne Arg« ist, ist »arglos« und entsprechend zutraulich. Wer Schlimmes plant, ist »arglistig«, und die »arglistige Täuschung« ist ein bis heute gültiger Rechtsbegriff. Wer das Schlimmste vermutet, ist »argwöhnisch« oder, wie es zunächst hieß, »argwähnisch«. Luther schwankte noch zwischen beiden Formen; tatsächlich steckt hinter »Argwohn« der »arge Wahn«, die schlimme Vermutung. Am Anfang von »Ärger«, »Arg« und »Argwohn« steht das Eigenschaftswort »arg«.

»Also ein jeglicher guter Baum bringet gute Früchte. Aber ein fauler Baum bringet arge Früchte. Ein guter Baum kann nicht arge Früchte bringen«, heißt es in Luthers Übersetzung des Matthäus-Evangeliums. »Arg« steht im Gegensatz zu »gut« und meint »böse« oder »schlimm«. »Denn aus dem Herzen kommen arge Gedanken: Mord, Ehebruch, Hurerei, Dieberei, falsch Zeugnis, Lästerung.«

»Arg« war in kriegerischen Germanenzeiten ein Schimpfwort. »Der si doh nu argosto ostarliuto«, heißt es im Hildebrandslied, »der sei doch der ärgste der Ostleute«. »Arg« meint hier offenbar »feige« oder »nichtswürdig«. Paulus Diaconus bezeugt »arg« als Schimpfwort bei den Langobarden. »Argr«

im Altnordischen bedeutet »unmännlich« und »schlecht«. Das finnische »arka« für »feige« ist offenbar aus dem Germanischen entlehnt. Das spanische »aragan«, »träge«, kann nach Ansicht der Germanisten nur von den Goten auf die Iberische Halbinsel transportiert worden sein. »Arg« müßte demnach ursprünglich »unmännlich«, »feige« und »angstbebend« bedeutet haben. Später kam die moralische Wertung »böse«, »schlecht« hinzu. Der »arge Schalk« ist der »böse Knecht«.

»Gnade sei mit euch und Friede mit Gott, dem Vater, und unserem Herrn Jesu Christo, der sich selbst für unsere Sünden gegeben hat, daß er uns errettete von dieser gegenwärtigen, argen Welt nach dem Willen Gottes und unseres Vaters«, schrieb Paulus den Galatern. »Arg« konnte auch »geizig« bedeuten. »So denn ihr, die ihr doch arg seid, könnt dennoch euren Kindern gute Gaben geben«, heißt es wiederum im Matthäus-Evangelium. Das Wort »arg« klingt heute veraltet; es ist kaum noch in Gebrauch, sieht man von der Feststellung ab, dieser oder jener habe es auch wirklich »zu arg getrieben«; er habe »übertrieben« und deshalb die Grenzen des Erträglichen überschritten.

Auch das Substantiv »Arg« tritt fast nur noch in der altertümlichen Wendung »ohne Arg« auf. »Arg« gibt es nur in der Einzahl und normalerweise ohne Artikel. »Wer sich fleißet auch das Arg, wie das Gut, so hoch zu ehren«, dichtete Logau; aber so redet niemand mehr, falls überhaupt jemals jemand so geredet haben sollte.

Der »Ärger« ist uns geläufiger als das »Arg«; aber der Zusammenhang ist nicht zu übersehen. Die Steigerungsform des Adjektivs »arg« ist »ärger«; von dieser Steigerungsform wurde schon in althochdeutscher Zeit das Verb »argiron« abgeleitet. Dieses »ärgern« bedeutete nicht »jemanden ärgern«, sondern »schlechter machen«. »Ärgern« war das Gegenteil zu »bessern«. In der Sprache der Bibel bedeutete dieses »ärgern« »zum Bösen veranlassen« und »Anstoß erregen«.

»Dieses weisen Knechte Güte,
die dich billig bessern soll,
ärgert dein verstockt Gemüte.«
(Daniel Caspar Lohenstein, 1635–1683)

Entsprechend steht »ärgerlich« für »anstößig« und »skandalös«. Zum »Ärger« und »sich ärgern« war es nur noch ein kleiner Schritt.

Selbstverständlich haben sich schon die ganz alten Germanen über alles mögliche geärgert; aber das reflexive Verb »sich ärgern« tritt erst in der empfindsamen Sprache der Mystik im 14. Jahrhundert auf; es bedeutet »Anstoß nehmen«. Was etwas Arges noch ärger macht, so daß man sich darüber ärgern muß, hieß zunächst »argerunge«, später »Ärgernis«. Der »Ärger« ist nicht einmal 250 Jahre alt. Als 1854 der erste Band des Grimmschen Wörterbuchs erschien, reichte für das Wort »Ärger« eine Spalte von gerade 9 Zeilen. Es scheint, als hätten die Grimms angesichts des »Ärgers« mit dem Kopf geschüttelt; »eine befremdliche, vor dem letzten Jahrhundert nicht erscheinende Wortbildung«, liest man dort. Wir sind den »Ärger« inzwischen gewöhnt.

Der Akkord

Die Arbeit im Akkord, zumal am fließenden Band, schlägt manch einem aufs Gemüt. So mancher hält diese Fron inzwischen für eine ausgemachte Schinderei. Eine öde Arbeit ist es allemal, die sich nur nach Stückzahlen bemißt, immer denselben Handgriff verlangt und nach einem Achtstundentag aber immer noch nicht das Gefühl vermittelt, etwas wirklich Gescheites vollendet zu haben. Den einen schlägt die Akkordarbeit auf den Geist, anderen legt sie sich beklemmend aufs Herz. Dabei verbirgt sich ausgerechnet hinter der Fron des

»Akkordes« ein zu Herzen gehendes ausdrückliches Einverständnis, entsprechend dem spätlateinischen »ad-cordium«.

Nachbarn, die sich prügeln, raufen sich, dem Volksmund zufolge, irgendwann auch wieder zusammen. Staaten dagegen unterzeichneten Friedensverträge oder, wie man früher sagte, einen »Akkord«. Staaten prügelten sich ja auch nicht; sie trafen sich auf dem Felde der Ehre. Entsprechend hochgestochen war die Terminologie. Der »Akkord« war zunächst vor allem ein Begriff der gehobenen Staats- und Kriegskunst. Er tauchte kurz vor Ausbruch des Dreißigjährigen Krieges im deutschen diplomatischen Denken auf. Offensichtlich zu spät, um noch etwas zu verhindern.

In späteren unwirtlichen Zeiten hat sich der Akkord der Diplomaten in die Heiterkeit der Hausmusik verkrümelt. Was jetzt zusammenklang, die Melodie zu stützen, mag wirklich zu Herzen gegangen sein. Neben den musikalischen Akkorden blieb aber auch die ursprüngliche Bedeutung des »vertraglich fixierten Einvernehmens« lebendig. Wie anders hätte der Akkord sonst in den Manufakturbetrieb und von dort ans moderne Fließband geraten können. Musikalität ist dort nicht unbedingt gefragt.

Das Wörtchen, das im Akkordtempo der Folgezeit untergegangen sein muß, lautete »Stücklohn«. Wer einen Stücklohnakkord unterschrieb, war nicht Tagelöhner und nicht Stundenlöhner. Er wurde Stück für Stück gemäß den Vereinbarungen des Stücklohnakkordes entlohnt. Er arbeitete, wie man später sagte, »im Akkord«. Dies bedeutete gleichzeitig Akkordtempo; entscheiden nämlich die Stückzahlen über den Lohn, kommen notgedrungen Hast und Tempo in den Produktionsprozeß. Vom herzlichen Einvernehmen war folglich kaum noch die Rede. Als dann noch die Manufaktur auf Fließbandbetrieb umgestellt wurde, wurden dem geplagten Akkordarbeiter auch noch Takt und Tempo vorgegeben. Dem einstigen Begriff der höheren Staatskunst hat das gewaltigen Abbruch getan. Akkordarbeiter gehören nicht zu den oberen Zehntausend. »Akkord ist Mord«, lautete schon einmal die Parole. Von geheimem Einverständnis und verträumter Herzlichkeit war keine Rede mehr. D'accord?

Die Ampel

Sie springt auf Rot, und man ist machtlos. Man denkt an alles mögliche - an die grüne Welle, an die vertane Zeit und an den zusätzlichen Spritverbrauch - und übersieht dabei die Ampel als Ampel. Ihren Ursprung verdankt sie der altehrwürdigen griechischen »Amphore« mit den beiden Henkeln, die, wenn auch nur sprachlich gesehen, sowohl für den deutschen »Eimer« als auch für die »Ampulle« und damit für besagte »Ampel« verantwortlich ist. Ein kleines Fläschchen nannten die älteren der alten Römer »amporla« oder eben »ampulla«, was offensichtlich »kleine Amphore« bedeutete. Daß die »Ampulle« in der Apotheke und der Praxis des praktischen Arztes immer noch eine Rolle spielt, nimmt nicht wunder, denn dort wird immer noch ansatzweise Latein gesprochen. Dagegen darf man voraussetzen, daß kaum jemand, der einen Schluck aus der »Pulle« nimmt, ahnt, in welch ehrwürdigen Traditionen er steht. Falls er noch steht.

Auf besagte »Ampulle« gehen »ampla« und »die Ampel« zurück. Diese hing bis ins späte Mittelalter als Ewiges Licht in der Kirche, ein gläsernes Gefäß, an einer Schnur von der Decke hängend, mit Öl gefüllt, auf dem der Docht schwamm. Die Ewige Lampe hatte keinerlei Bezug zum öffentlichen Nahverkehr.

»Warum entzündet sich nicht die Kerze vom Altar
bei dieser Ampel Glanz?«
(Andreas Gryphius, 1616–1664)

Erst im 14. Jahrhundert verließ die Ampel den sakralen Raum, um sich den bürgerlichen Alltag zu erobern. Im Haus der Bauern und Bürger erhielt die mittlerweile aus Ton gebrannte Ampel aus Zweckmäßigkeitsgründen einen Henkel und eine Tülle, in die man nun den Docht steckte. An längeren Abenden mußte der Hausvater hin und wieder »etwas auf die Ampel gießen«. Hierbei handelte es sich vorzugsweise um Öl. Sagt doch der Volksmund: »Ampel und Docht verschlucken viel Öl und werden doch nicht satt davon.«

Auch nach der Abschaffung der blakenden Ölfunzeln haben wir am schönen Brauch des »Auf-die-Ampel«- oder -»Lampe-Gießens« festgehalten. Ohne daß man deshalb immer noch ausschließlich auf Öl angewiesen wäre.

Auch in diesem sprichwörtlichen Zusammenhang wurde die Ampel erst verhältnismäßig spät von der Lampe verdrängt. Die »Lampe«, mittelhochdeutsch noch »lampte« oder »lampade« genannt, geht auf ein lateinisches »lampas« gleich »Leuchte« zurück, hinter der eine griechische »Fackel« leuchtet. So hat es den Anschein, als hätten erst die alten Römer verläßliches Licht in die Dämmerung des germanischen Alltags gebracht. »Du machtest mir die Nächte herrlich bei vertraulicher Ampel« (Friedrich Müller).

Fatalerweise ist die altehrwürdige Ampel dann auch noch in den neuzeitlichen Individualverkehr geraten. Ihr übliches Erscheinungsbild dortselbst ist rot. Was immer wieder zu unduldsamen Regungen derer führt, die vor ihr anzuhalten gezwungen sind. Manch einer beschimpft die Ampel und meint die rote Welle. Die Ampel läßt das kalt und unberührt; sie ist von edler und ehrwürdiger Abkunft. Sie entsprang der antiken Amphore, verbrachte als Ewiges Licht Jahrhunderte in kirchlicher Andacht und Stille, bis sie unseren Ahnen verläßlich den Alltag erleuchtete. Die Ampel an Gehweg und Kreuzung ist die heruntergekommene Version, die vielleicht von besseren Zeiten träumt.

Der Anstoß

Nicht jedes Spiel beginnt mit einem Anstoß und nicht jeder Anstoß mit einem Pfiff. Der eine oder andere Anstoß geht mit einem Dröhnen einher. Hier war es womöglich der Kopf an der Wand, der für den Anstoß sorgte. Nicht eben schmerzfrei wäre auch der Anstoß an einem größeren Stein, der somit zum bekannten Stein des Anstoßes würde. »Du sollst dem Tauben nicht fluchen und sollst vor dem Blinden keinen Anstoß setzen; denn du sollst dich vor deinem Gott fürchten, denn ich bin der Herr« (3. Buch Mose, 19, 14).

Man kann sich heimlich anstoßen, mit dem Ellenbogen und unter dem Tisch mit dem Fuß; man kann auch sonst einen wichtigen Anstoß geben; man kann gleichzeitig aber auch Anstoß erregen. Das wäre dann freilich weniger erregend als anstößig.

Der Anstoß ist biblisch und alt. Im Neuen Testament schreibt Paulus den Römern: »Darum laßt uns nicht mehr einer den anderen richten; sondern das richtet vielmehr, daß niemand seinem Bruder einen Anstoß oder Ärgernis darstelle.« Der Anstoß ist das Ärgernis. »Machet Bahn, machet Bahn! Räumet den Weg, hebet die Anstöße aus dem Wege meines Volkes« (Jesaja 57, 14).

Ein Anstoß kann zum Antrieb werden. »Ein Weib erschüttert meine Mannheit nicht, es ist nur ein Anstoß vom Weibe.« Sprach Schiller, und dunkel blieb der Rede Sinn. »Hilf mir auf!« heißt es bei Schiller an anderer Stelle. »Es ist nur ein Anstoß von Schwindel.« Also eher ein Anflug als ein Anstoß nach heutigem Sprachgebrauch. Doch auch Wieland bemühte statt dessen den Anstoß: »Ich liebe diese Lili, rief der Sultan in einem Anstoß von Lebhaftigkeit.«

»Es ist keine Weisheit, ein Haus an den Weg zu bauen, denn ein solches leidet viel Anstoß.« Liest man dergleichen, denkt man an den Straßenverkehr und an enge Ortsdurchfahrten.

Da dies Diktum aber schon vor 230 Jahren zu Papier gebracht wurde, ist mit einem allgemeineren Sinn zu rechnen; so viele Pferde gingen den Kutschern seinerzeit wahrscheinlich nicht durch.

Anstoßen kann man auf alles mögliche: auf die Jugend, auf die Gesundheit, die Zukunft. »Auf in der holden Stunde stoßt an und küsset treu«, riet Goethe. Dabei braucht man nicht notwendig Gläser, um anzustoßen; mit der Zunge geht es auch. Dies allerdings nur an den Zähnen. Es sollte niemand Anstoß daran nehmen; denn dieses ist nur ein unbedeutendes Gebrechen, und die eigene Zunge im Zaume zu halten, ohne Anstoß zu erregen, ist ohnehin nicht jedermanns Sache. Wer freilich ständig Anstoß erregt, muß über kurz oder lang mit einem Anpfiff rechnen. Womit wir fast schon wieder beim Schiedsrichter und auf dem Fußballacker wären.

Die Arbeit

»Unser Leben währet siebenzig Jahre«, singt der Psalmist, »und wenn es hoch kommt, so sind es achtzig Jahre. Und wenn es köstlich gewesen ist, so ist es Mühe und Arbeit gewesen.« Die Alten, die Weißhaarigen, die ihr Leben lang gearbeitet haben, nicken mit dem Haupte. »So ist es«, sagen sie, »Mühe und Arbeit war das Leben.« Aber wer wagt zu sagen, daß es köstlich gewesen sei?

»Uns ist in alten maeren wunders vil geseit
von helden lobebaeren, von grosser arebeit.«

Mit diesen Versen beginnt das Epos der Nibelungen. Es handelt von Not und Tod, von Rache und von Untergang. Wieso von »arebeit«? Von Arbeitseinsatz und Arbeitsbeschaffungsmaßnahmen ist nirgends die Rede im Lied der Nibelungen.

Was »Arbeit« ist, meint jeder zu wissen. Was man von ihr zu halten hat, hängt von den Umständen ab. »Arbeit macht das Leben süß«, sagen die einen, »Arbeit schändet nicht«, die anderen. Offenbar gibt es Gründe, sich das eine wie das andere immer wieder einzureden. »Arbeit hilft nicht, sagte der Bettler, als er leer aus einem Bauernhof kam.«

»Proletarier aller Länder, vereinigt Euch!« skandierte die selbsternannte Avantgarde der Arbeiterklasse. Die »proletarii« im alten Rom waren schon deshalb vergleichsweise arm dran, weil sie zur Sicherung des eigenen Lebensunterhaltes körperlich hart arbeiten mußten. Dergleichen galt seinerzeit nicht eben als nobel. Die Arbeit war weniger Mittel der menschlichen Selbstreproduktion als das unvermeidliche Los der Sklaven und der Armen. Um die große Politik kümmerten sich vorzugsweise jene, die es sich leisten konnten, andere für sich arbeiten zu lassen. So war es im alten Rom und im alten Athen, und wenn Tacitus recht haben sollte, war es bei den Germanen nicht anders. Die »Arbeit« war Mühe, war Last und manchmal eine Not. Unter dieser Voraussetzung ist dann wohl auch die »arebeit« ins Lied der Nibelungen geraten. Bis zum proletarischen Selbstbewußtsein und dem Stolz der Arbeiterklasse war es noch ein weiter Weg.

»Und wenn es köstlich gewesen ist, so ist es Mühe und Arbeit gewesen.« Trotz des tröstlichen Bibelverses ist die sattsam bekannte »Arbeit« nicht eben von strahlender Herkunft. Die »Arbeit« ist mit der »Armut« verwandt; Arbeit war das Los der Armen. Wer arm war, mußte körperlich arbeiten, um durchzukommen. »Arm« hieß ursprünglich nicht »mittellos«, sondern »verlassen« und »verwaist«. Wer Vater und Mutter verloren hatte, war in Not und mußte sich abrackern. Kein Wunder, daß die Arbeit Mühe war. Es scheint, als sei die Arbeit von Anfang an sauer gewesen. »Und die Ägypter zwangen die Kinder Israel zum Dienst mit Unbarmherzigkeit und machten ihnen ihr Leben sauer mit schwerer Arbeit in Ton und Ziegeln und allerlei Frönen auf dem Felde und mit allerlei Arbeit, die sie ihnen auflegten mit Unbarmherzigkeit.« Nachzulesen im 2. Buch Mose, Vers 13 und 14.

Was dem Verwaisten an Eigentum zufällt, ist, falls überhaupt vorhanden, das »Erbe«. Sprachlich ist das »Erbe« sowohl mit der »Armut« als auch mit der »Arbeit« verwandt. Daß ein großes Erbe einen neuerdings in die Lage versetzen kann, die Hände in den Schoß zu legen und andere für sich arbeiten zu lassen, ist offenbar eine dem ursprünglichen Wortsinn fremde Entwicklung.

Wer freigebig ist und ein Herz hat für die Armen, ist – entsprechend dem lateinischen »miseri-cors« – »arm-herzig«. Die ersten christlichen Glaubensboten ermunterten unsere Altvorderen nachdrücklich zur »Armherzigkeit«. »Erarmet Euch!« hieß das Gebot. Nur der deutlicheren Artikulation wegen geriet später ein weiterer Buchstabe ins »Erarmen«. Seid »barmherzig« und »habt Erbarmen«, heißt es seitdem. Erbarmen mit den Verwaisten und den Armen, die über kein Erbe verfügen und schon deshalb hart arbeiten müssen.

Die »Arbeit«, »ein uraltes, viel merkwürdige Seiten darbietendes Wort«, vermerkten die Gebrüder Grimm im ersten Band ihres Deutschen Wörterbuchs, um dann aber auch – gewissermaßen für alle Fälle und wohl auch in erzieherischer Absicht – Luthers markanten Lehrsatz zu vermerken: »Wer nicht arbeiten will, soll auch nicht essen.« Offenbar ist die Arbeit aus dem Armenhaus schon früh ins pflichtbewußte Bürgerhaus geraten. »Ein jeglicher aber wird seinen Lohn empfangen nach seiner Arbeit.« Das steht auch schon in der Bibel.

Der Autobus

Der Autobus, der Omnibus, der Bus, der O-Bus und der Trolleybus, sie alle kurven seit geraumer Zeit durch den neuzeitlichen Personennahverkehr. Auf wenig rentablen, möglicherweise schon von der Stillegung bedrohten Strecken rollt der Schienenbus der Bundesbahn. Am Himmel zieht der europäische Airbus seine Düsenbahn. Bus zu Lande und in den Lüften, Bus auf den Straßen und auf Schienen. Und hinter dem einen wie dem anderen steckt zunächst ein »Omnibus«. Ein »Omnibus«, meldet das Lexikon, sei ein Kraftwagen zur Beförderung von mehr als acht Fahrgästen. Wieso gerade die Zahl der Sitzplätze einen Omnibus zu einem Omnibus macht, mögen die Kenner der Heimlichkeiten des hiesigen Droschkengewerbes wissen. Im übrigen verdeutlichen bereits unsere Eingangsüberlegungen die Fahrlässigkeit dieser Behauptung. Die Lufthansa riefe den Notstand aus, wollten wir ihr den »Airbus« zu einem mehrsitzigen Kraftwagen machen. Kraftwagen können nicht fliegen, Busse mittlerweile schon.

Omnes, omnium, omnibus, omnes, omnibus. Ein jeder, der in den Anfangsgründen der lateinischen Sprache herumstolperte, fühlte sich irgendwann einmal an die heimischen Verkehrsbetriebe mit ihren Omnibussen erinnert. »Omnibus«, Dativ oder Ablativ von »omnes«, »allen« oder »für alle«. Wäre der »Bus« am Ende nichts anderes als eine rollende Kasusendung aus dem Lateinunterricht? Völlig abwegig sind Pennälerassoziationen nie.

Allerdings dürfte ausnahmsweise kein Lateinlehrer, sondern ein fortschrittlicher Krämer, ein Kolonialwarenhändler aus Frankreich, mit einem Werbegag den europäischen Busbetrieb ins Rollen gebracht haben. Ein abgedankter Offizier des Napoleonischen Heeres namens Baudry, so geht die Geschichte, betrieb in Richebourg nahe Nantes eine öffentliche Badeanstalt. Seit 1825 ließ er regelmäßig Stellwagen von

Nantes zum Bade rollen. Die Endhaltestelle soll sich vor dem Laden des erwähnten Krämers mit Namen Omnès befunden haben. Monsieur Omnès hatte des sprachlichen Witzes und der seinerzeit noch verbreiteten Lateinkenntnisse wegen ein Schild mit der Aufschrift »Omnes omnibus« ins Schaufenster gehängt. »Alles für alle«, hätte das heißen können oder auch »allen alles«, natürlich auch »Omnès für jedermann«. Wichtiger als der grammatische Tiefsinn erwies sich jedoch die Tatsache, daß ab »Omnes omnibus« der Wagen Richtung Badeanstalt abfuhr. Ab »Omnes omnibus« also der »Omnibus«, für alle, die zum Baden wollten und die Fahrt bezahlen konnten. Wer heute Omnibus fährt, ohne bezahlen zu können, könnte damit baden gehen, falls er vom Kontrolleur erwischt wird. Aber das ist eine andere Geschichte.

Wenn die wunderliche Geschichte vom Krämer Omnès stimmen sollte, karriolt durch den neuzeitlichen Personenverkehr tatsächlich eine lateinische Grammatikspezialität. Daß ein neumodisches Gefährt seinen Namen der Endstation verdankt, kommt indes häufiger vor. Der pferdebespannte »Fiaker« beispielsweise verdankt seinen Namen der Haltestelle vor dem Pariser Hotel »Saint Fiacre« in der Rue St. Antoine, was von den Wienern, die diese Lohnkutsche inzwischen als urwienerisch usurpiert haben, geflissentlich unterschlagen wird. Die im Jahre 1825 vor Omnès' Kramladen in Nantes gestartete Personenbeförderung zu Baudrys Badeanstalt muß durchschlagenden Erfolg gehabt haben; schon drei Jahre später startete in Paris eine Omnibus-Linie ohne jeden verwandtschaftlichen Bezug zu Omnès' Kolonialwarenladen in Nantes. Noch ein Jahr später erhielt Berlin einen Omnibusbahnhof, zuerst bemerkt im »Morgenblatt« Nr. 95 des Jahres 1829 auf Seite 300.

Namen und Begriffe verbreiten sich so schnell, daß der womöglich kuriose Hintersinn nicht selten auf der Strecke bleibt. Omnibusse und Autobusse rollen inzwischen auf den

Straßen aller Kontinente; in Europa hat man dem Bus schon das Fliegen beigebracht. Der Laden von Monsieur Omnès in Nantes hätte unter Denkmalschutz gestellt werden müssen. Als Sprachdenkmal.

Die Banane

»Warum«, fragen die Kinder, »ist die Banane krumm?« Sie fragen es seit unvordenklichen Zeiten in den unterschiedlichsten Weltregionen. Die Assyrer und die alten Ägypter kannten die Banane; die Soldaten Alexanders des Großen sollen sie am fernen Indus aufgetrieben haben. Die Inkas haben Bananen gegessen. Jedenfalls fand Alexander von Humboldt Bananen bei solchen südamerikanischen Indianerstämmen, die zuvor nie Kontakt mit Europäern gehabt hatten. Im Jahre 1516 transportierte ein spanischer Pater namens Thomas de Berlengas Bananenstauden von den Kanarischen Inseln in die Karibik, von wo sie nach Brasilien gelangten. Der Name »Banane« ist von den Portugiesen wahrscheinlich in Afrika aufgeschnappt worden. Die Araber kannten die Banane und nannten sie »musa«, weshalb die Banane biologisch zu den Musazeen zählt. Als Altmeister Linné sie katalogisierte, nannte er sie »Musa sapientium«, die Muse der Weisen. Angeblich sollen indische Gurus vorzugsweise Bananen verzehren. Möglicherweise war schon der Baum der Erkenntnis eine Bananenstaude.

Dies wäre bemerkenswert, weil im amerikanischen Slang ein »banana head« eigentümlicherweise als Dummkopf gilt. »He went bananas« wäre mit »Jetzt drehte er endgültig durch« zu übersetzen. Warum die Banane krumm ist, scheint nicht das einzige Rätsel zu sein. »Banana« heißt angeblich ein Atlantikhafen im afrikanischen Zaire, was uns aber auf der Suche nach der sprichwörtlichen »Bananenrepublik« kaum weiterhilft. Laut und mit einiger Entrüstung sagt man immer nur, dies hier sei doch keine Bananenrepublik. Wo aber ist denn eine? Müssen dort unbedingt Bananen wachsen?

Bananen werden in den unterschiedlichsten Regionen angebaut. Auf Taiwan in Asien, in Afrika in Guinea, Kamerun, Nigeria und in Äthiopien beispielsweise. Nach wie vor auf den Kanarischen Inseln, im Norden Südamerikas, in Brasilien, Equador und in Kolumbien. Vor allem aber in Mittelamerika. In Guatemala, El Salvador, Nicaragua, Honduras und in Costa Rica hat sich vieles in der Geschichte um den Kaffee und um die Bananen gedreht. Die Geschichte in diesem Kaffee-und-Bananen-Winkel verlief durchweg chaotisch. Wer deshalb vom Balkan Amerikas sprach, meinte das nicht unbedingt freundlich. Revolten und Diktaturen folgten in bunter Reihe; fast immer korrupt und nur selten demokratisch nach unseren Maßstäben. Aber kann man dafür ausgerechnet die Banane verantwortlich machen?

Wo Bananen angebaut werden, gelten sie als überaus nahrhaftes Lebensmittel. In den Vereinigten Staaten und in Europa dagegen galt die Banane einst als exotische Kostbarkeit. Die Banane um den halben Erdball zu transportieren war kein Kinderspiel. Erst auf dem Transport durfte sie reifen, präzise berechnet; denn nur gelb ließ sie sich verkaufen, und die Banane verdirbt schnell. In den mittelamerikanischen Bananenanbaugebieten gab es kaum Straßen, keine Häfen und keine Eisenbahnen. Gebaut haben sie die finanzstarken ausländischen Bananenhandelsgesellschaften mit der 1899 gegründeten amerikanischen »United Fruit Company« aus Boston an der Spitze. Dieser übermächtige Bananenkonzern mit 60000 Angestellten wurde in Lateinamerika »el pulpo«, der Polyp, genannt. Ihm konnte niemand entgehen; denn ihm gehörten die Plantagen, die Häfen, die Kühlschiffe, die Straßen, die Elektrizitäts- und die Wasserwerke. Wer wie diese Bananenhandelsgesellschaften in fremden Staaten bis zu fünfzig Prozent der Volkswirtschaft kontrollierte, kontrollierte bald mehr als nur die Volkswirtschaft.

Ein eher zurückhaltendes wissenschaftliches Buch mit dem Titel »Die wirtschaftliche Eroberung Mittelamerikas durch den Bananen-Trust«, 1921 in Braunschweig erschienen, beschreibt die Druckmittel der Bananenimperien von der Beeinflussung der Steuerpolitik bis zur Herabsetzung der Zölle, die notfalls auch durch Verkehrs- und Handelssperren erzwungen werden konnte. »Aber auch außenpolitisch müssen die kleinen Staaten dem Wink des allmächtigen Trusts gehorchen, wenn es die privaten Interessen oder die des Heimatlandes gebieten.«

Eine Bananenrepublik wäre somit ein Staat, der sich zwar Republik nennt, womöglich sogar Bananen anbaut, in dem aber fremde Monopolunternehmen die Richtlinien der eigennützigen Politik bestimmen. Und sei es mit Hilfe gefügiger Diktatoren. Das Wort von der »Bananenrepublik« ist böse; die Banane selbst tat nichts dazu.

Der Bart

Das mit dem Bart hat »so einen Bart«. Wahrscheinlich trug schon Adam einen. Einen Bart zu tragen ist den Männern natürlich und zudem gottgewollt; keinen Bart zu tragen setzt tägliche Mühe und ausdauerndes Schaben voraus. Wiewohl gerade Bartträger darauf verweisen, daß es mit dem simplen Sprießenlassen auf Dauer auch nicht getan sei. Der Verfilzung wegen. Dabei ist erstaunlich, was man mit einem Barte alles anstellen kann. Man kann ihn kämmen und trimmen, winden und knüpfen, beizen und färben, schneiden und stutzen, scheren und schaben, wichsen und sich raufen, und einseifen kann man seinen Bart natürlich auch. Man kann in den eigenen Bart murmeln oder brummen; anderen kann man schmeichelnd »um den Bart gehen«, und wenn man nicht mehr über den Bart spucken kann, ist man, Lichtenberg zufolge, betrunken.

Bart ist Bart. Es handelt sich um den simplen Sachverhalt, daß es bei jungen Männern an Kinn und Oberlippe irgendwann zu sprießen beginnt. Der Bart heißt nach den Borsten wie die Gerste nach den Grannen. Die abschätzige Mitteilung, irgend etwas habe bereits »einen Bart«, dürfte aus ausnahmsweise glattrasierten Zeiten stammen. Auf alten Stichen tragen Gottvater und die Propheten, die Könige und sämtliche Würdenträger, selbstverständlich auch Stammvater Adam, wie selbstverständlich einen wallenden Rauschebart.

Auch Zeus, der Chef auf dem Olymp, trug einen Bart, und zwar einen gelockten wie üblicherweise die Griechen. Alexander der Große befahl seinen Kriegern die Rasur, damit der Feind im Nahkampfgetümmel keine »Handhabe« habe. Die Römer hielten die gelockten Bärte der Griechen für unmännlich und trimmten daraufhin die ihren. Im sechsten vorchristlichen Jahrhundert wurde den Römern die Rasur bezeichnenderweise im Zuge einer Hygienekampagne empfohlen. Nach 450 v.Chr. eroberten griechisch-sizilische Barbiere das italienische Festland, um jenen Römern den Bart zu stutzen, die sich keinen des Rasierens kundigen Sklaven leisten konnten. Wenn Plinius der Ältere recht hat, war Scipio Africanus der erste, der sich täglich rasieren ließ.

Bart bleibt Bart; trotzdem kam es im Verlauf dieser haarigen Geschichte zur erstaunlichen Vielfalt der Schnurr- und Schnauz-, der Spitz- und Stutz-, Flachs- und Eisen-, Stroh- und Lippenbärte. In Europa begann die Zeit der Glattrasur nach 1400 angeblich mit der Einführung des Helms, der in stürmischen Zeiten mit einem Kinnband gehalten werden mußte. Von den ersten Christen heißt es, daß sie die Rasur ablehnten, weil der Bart zum Ebenbild Gottes gehöre und die Rasur einer Entweihung gleichkomme. Der Bart stand immer auch für die

Würde, zumal für die Würde der Alten. Priester der orthodoxen Kirche tragen bis heute einen vollen Bart wie auch die Rabbiner der Juden. In den Geschichten aus Tausendundeiner Nacht schwört man »beim Barte des Propheten«; also dürfte auch Mohammed einen Bart getragen haben. »Bei meinem Barte« schwuren unsere Vorfahren und faßten sich an denselben. Die alten Ägypter färbten und frisierten die Bärte und flochten goldene Fäden hinein. Die Pharaonen, ob männlich oder weiblich, banden sich als Zeichen der Herrschaft einen metallenen Bart unters Kinn.

Der Würde und Wertschätzung des Bartes bei Propheten, Priestern und Pharaonen widerspricht, was Emmanuel Geibel in die Verse faßte:

»Zankt, wenn ihr sitzt beim Weine,
nicht um des Kaisers Bart.«

Ausgerechnet der Kaiser fällt aus dem würdigen Rahmen der abendländischen Barttradition. »Um des Kaisers Bart streiten« heißt denn auch, sich mit dem Überflüssigen herumzuschlagen. Wie kann »des Kaisers Bart« unbedeutend sein, wenn andere beim Barte des Propheten schwören oder sich einen beschwerlichen Bart aus Metall ans Kinn binden? So frivol der hohen Herrschaft gegenüber sind wir Deutschen nie gewesen, und deshalb ist bei »Kaisers Bart«, Barbarossa zum Trotz, Vorsicht geboten.

Was wäre, wenn der Kaiser gar nicht der Kaiser, sondern ein ordinärer Hippenbock wäre und »Kaisers Bart« ein verballhornter »Geißenbart«? Es gibt Anhaltspunkte, daß man sich um die »Ziegenwolle« schon immer gestritten hat. »Umb geiz wollen kriegen«, heißt es in Hugo von Trimbergs moralischem Lehrgedicht »Renner«, das um 1290 entstand. Schon Horaz hatte sich über die offenkundig müßige, aber dessenungeachtet beliebte Streitfrage lustig gemacht, ob man Ziegenhaare überhaupt als Wolle bezeichnen dürfe. Das Ziegenhaar taugte seinerzeit nur zur Herstellung von Tauen, Säcken, Decken, Umhängen und Filzpantoffeln. »De lana caprina rixari«, sich um die Ziegenwolle streiten, hieß es bei Horaz; »disputare della lana caprina« ist ein geflügeltes Wort im Italienischen, »to contend about a goat's wool« im Englischen. Trägt nicht der Ziegenbock am Kinn einen ausgesprochenen Bart; konnte sich der Volksmund nicht genausogut »um den Geißenbart streiten«, aus dem in mutwilliger Komik »des Kaisers Bart« entstand? Mit dem Gassenhauer »Wir wollen unseren alten Kaiser Wilhelm wiederhaben« hat der Streit um des Kaisers Bart gar nichts zu tun. Obwohl gerade dessen Bart besonders eindrucksvoll geschwungen und gestriegelt war.

Der Beamte

Im Amte waltet der Beamte seines jeweiligen Amtes. Der Beamtete kommt üblicherweise amtlichen Pflichten nach. Der Beamte, sagen die Geschichtsbücher, sei eine Erfindung des normannisch-sizilischen Staates der Staufer, und die Hohenzollern hätten den preußischen Beamten zur staatstragenden Schicht gemacht. Zweifellos steht die leistungsfähige und zudem unbestechliche Beamtenschaft auf der preußischen Habenseite. Allerdings floß ausgerechnet dem preußischen Reformer vom Stein der Satz aus der Feder: »Eine zahllose, kostbare, viel treibende, wenig leistende Beamtenmasse drückt auf unsere Schultern.« Der Freiherr hat in vielen Zusammenhängen erstaunlichen Weitblick bewiesen. Die Klagen über die Beamtenschaft freilich sind älter.

»Redlich sein ist so ein Amt, das man für das beste hält,
die dessen fähig sein, sind gar sparsam in der Welt.«
(Friedrich von Logau, 1604–1655)

»Wer ein Amt wie ein Fuchs erschlichen hat, wird es wie ein Wolf verwalten.« – »Amt ohne Sold macht Diebe.« – »Ämter sind Gottes, Amtsleute des Teufels.« Trotz dieser und anderer bis heute geläufiger Anzüglichkeiten haben die Grundsätze des deutschen Berufsbeamtentums Zeiten und Systeme erstaunlich unbeschadet überstanden. Die Ministerialzulage, mit der man einst Beamte in die offenbar nicht sonderlich beliebte märkische Heide lockte, lebt funktionslos weiter im unerschütterlichen Besitzstand der Bonner Ministerialbürokratie. In der Sowjetischen Besatzungszone dagegen wurde der »Beamte« bereits im September 1945 auf Befehl der sowjetischen Militäradministration abgeschafft. In der DDR ist deshalb auch nur noch vom »Mitarbeiter des Staatsapparates« die Rede. Schon »Apparat« klingt nicht ganz geheuer. Und wer ist nicht alles »Mitarbeiter« im Staat?

Beamter wird man nicht durch Mitarbeit. Beamter wird man durch Verbeamtung, und zu einer solchen steht man nach entsprechender Anwartschaft an. Keinem anderen Stande kommt man sprachlich so gestelzt daher. Das der Beamtenschaft eigene Amtsdeutsch ist unnachahmlich. Es verhindert sogar, daß man den Beamten sprachlich auf die Schliche kommt.

Selbst bei dürftigen Lateinkenntnissen wird man erkennen, daß das ciceronische »officium« mit dem altdeutschen »Amt« nichts zu tun haben dürfte. Auch das Griechische erweist sich in diesem Zusammenhang als Fehlanzeige. Blieben, was Asterix-Leser entzücken dürfte, die Gallier. Fachmann für deren Belange war ein beliebter Schulbuchautor namens Gaius Iulius Caesar. Er schätzte die Gallier über die Maßen, weil er gegen sie kämpfte und siegreich blieb. Caesar hat über den mächtigen Vercingetorix, über die gallischen Druiden und erstaunlicherweise auch über die »Beamten« geschrieben. Wiewohl einem dergleichen im Lateinunterricht auf der Penne kaum aufgefallen sein dürfte.

»... ita plurimos circum se ambactos clientesque habet...«, schrieb Caesar von einer gallischen Größe. Zahlreiche Bittsteller und »ambacti« umgaben den Mann. Jenen »ambactus« nennt Festus, ein anderer Römer, ausdrücklich »servus«, also Sklave. Sollte dies der Ursprung des »beamteten Staatsdieners« sein? »Servus ambactus, id est circumactus dicitur«, fährt Festus fort; »circumactus«, Passiv in medialer Bedeutung, heißt, »sich um etwas herumbewegend«. So als wären jene »ambacti« ständig auf Trab gewesen um den Herrn herum. Womöglich hat hier die Vorstellung ihren Ursprung, ein Beamter rotiere ständig und von Hause aus.

Nicht die Preußen, nicht die Staufer, sondern die Gallier haben unseren »Beamten« auf die Sprünge geholfen. Ihr Urbild sind jene »ambacti« genannten Berater, die um gallische Größen rotierten. Ob damals schon mit fliegenden Rockschössen, sei dahingestellt. Das Urelement des Beamten wäre also die kreisende Bewegung um die womöglich verlorene Mitte. Den Römer Caesar hat diese Erfahrung beeindruckt und die Germanen nicht minder.

Als der Gote Ulfilas sich nämlich daranmachte, die Bibel ins heimische Idiom zu übersetzen, schrieb er nach gallischem Vorbild »andbahts« für Diener und »andbahti« für Dienst. Letzteres hat sich in langen Dienstjahren zum »ambet« und weiter zum neuzeitlichen »Amt« verschlissen. In altehrwürdigen Schriften firmiert dieses richtigerweise als »Ambt«. Das kleine »b« kündet dabei von jenen verlorenen Zeiten, in denen die beamteten Diener des Staates ständig in rotierender Bewegung gewesen sein sollen. Selbst wenn sich deren pensionsberechtigte Nachfahren das nicht einmal mehr im Traume vorstellen mögen.

Der Berserker

Wer selber auf der sprichwörtlichen Bärenhaut liegt, geht fraglos davon aus, daß besagte »Bärenhaut« nur eine vornehme Umschreibung der »faulen Haut« sein kann. Bärenhäuter, Faulenzer und Nichtstuer sind von derselben Fakultät. Kein Wunder, daß sich die Bärenhaut in studentischen Kreisen schon immer besonderer Wertschätzung erfreute. Ganze Studentengenerationen schmetterten begeistert die munteren Verse von Tacitus und den alten Germanen.

»An einem Sommerabend, im Schatten des heiligen Hains,
Da lagen auf Bärenhäuten zu beiden Seiten des Rheins
Verschiedene alte Germanen.«

Und die tranken dann immer noch eins. Wie die singenden Studenten. Wie ein »Berserker« zu arbeiten, zu wüten oder sich abzurackern ist offenbar das genaue Gegenteil vom absichtslosen Wohlgefallen auf der ausgestreckten Bärenhaut. Auch die »Berserkerwut« ist nicht der Ausdruck wohligen Lagerns auf der faulen Haut. Aber mit der »Bärenhaut« hat der »Berserker« sehr wohl zu tun. Er liegt freilich nicht entspannt darauf.

Auf der »Bärenhaut liegen« ist eine Redensart, die erstaunlicherweise erst im 16. Jahrhundert im Deutschen auftauchte. Die Gelehrten behaupten, erst die erneute Lektüre der »Germania« des Tacitus habe uns diesen Geistesblitz beschert. Wahrscheinlich wurde über das Faulenzen gar nicht erst nachgedacht, weil niemand wußte, ob die Bärenhaut immer noch als Tagesdecke auf der Lagerstatt lag. Davon sangen die Heldenlieder nämlich nicht. Auch die altertümlich wild entschlossene »Berserkerwut« tauchte erst bei dem gefühlvollen Romantiker Eichendorff auf. Dabei sind die »Berserker« in ihrer skandinavischen Heimat genauso alt wie die Bären.

»Zu Sorgen und Arbeit hatten die Söhne
Arngrim gezeugt mit Eyfura.
Daß Schauer und Schrecken von Berserkerschwärmen
über Land und Meer gleich Flammen lohten.«

So zu lesen in der älteren »Edda«. Vor nicht allzu langer Zeit hat man bei uns noch wie ein Berserker gearbeitet, gewulackt oder malocht. Daß diese Redensarten an Boden verloren haben, könnte am neuzeitlichen Kampf der Gewerkschaften für die 35-Stunden-Woche liegen. Aber welchen Eindruck die nordischen Berserker bei südlicheren Germanen hinterlassen haben, zeigt sich im Englischen. »Wild werden«, »aus dem Häuschen geraten« oder »endgültig durchdrehen« läßt sich immer noch mit »to go berserk« übersetzen. Die »Berserker« müssen wilde Burschen gewesen sein. »Berserker« aus dem mythologischen Geschlecht des achthändigen Starkadder kämpften wild und rücksichtslos.

Zerlegt man einen »Berserker« in seine sprachlichen Bestandteile, steht »ber-« für »Bär-« und »serkr« für »Hemd« oder »Gewand«. So gesehen wäre auch der »Berserker« eine Art »Bärenhäuter«. Ob sich die nordischen Krieger der Vorzeit tatsächlich in Bärenhäute hüllten oder sich im Kampfgetümmel »Bärenkräfte« zumaßen, sei dahingestellt. Die »ulfhednar«, die »Wolfswämser«, gab es auch; sie und die »Berserker« stehen für die verehrten Krieger der grauen Vorzeit. Je dunkler die Vorzeit, desto größer die Heldentaten. So konnte es nicht ausbleiben, daß der »Berserker« schon in den alten Sagas den Beigeschmack eines »prahlerisch einen jeden herausfordernden Kämpfers« erhielt. Zum »Berserker« gehören das wilde Gehabe und ein Stück Randale dazu. Weil sich dergleichen am ehesten noch in den handfesten Bräuchen des bayerisch-alpenländischen Raumes wiederfindet, versteigt sich das »Handwörterbuch des deutschen Aberglaubens«, das renommierte Standardwerk der Volkskunde, zu einem verwegenen Vergleich: »Der Berserkerwut (berserksgangr) entspricht bei den deutschen Germanen noch später einigermaßen die fast berufsmäßige Tollheit mancher leidenschaftlicher Raufer in gewissen Gegenden, besonders in Bayern und Tirol, die gleich den wikingischen Berserkern um jeden Preis ›anbandeln‹ wollen.« Und dann folgt das Tollste, ungeachtet der Gefahr diplomatischer Verwicklungen mit einem österreichischen Bundesland: »Auch tirolische Frauenzimmer können in solch unbändige, wahnsinnige Raserei verfallen und, alles scheltend, mit zerrauften Haaren und zerrissenen Kleidern herumlaufen.« – »Da werden Weiber zu Hyänen«, heißt es bekanntlich bei Schiller. Mit den Bären sind die Hyänen meines Wissens aber nicht verwandt.

Bescheiden

»Die Sittenlehrer irren sich, wenn sie in jedem Alter denselben Grad der Bescheidenheit verlangen. Anders der Jüngling, der in seine Kräfte gerechtes Mißtrauen setzt; anders der Mann, der sie geprüft und gezeigt hat.« Also sprach Goethe, und Freund Riemer hat es notiert. Der große Dichter war bereits in die Jahre gekommen; offenbar überschätzte er das Mißtrauen der Jugend in die eigenen Kräfte. Nach heutiger Lebenserfahrung jedenfalls. Hat Mutter uns nicht immer wieder mahnen müssen, »hübsch bescheiden« zu sein? Hat Vater nicht verlangt, wir sollen gefälligst den Mund nicht so voll nehmen? Die Bescheidenheit setzte eine Anstrengung voraus, sich zurückzuhalten. »Sich zu bescheiden« ist nicht jedermanns Sache. Dergleichen muß man lernen. Wobei der Volksmund die sittigende Kraft des Bescheidenseins unüberhörbar in Zweifel zieht, wenn er, sicher nicht nur des Reimes wegen, kalauert: »Bescheidenheit ist eine Zier, doch weiter kommt man ohne ihr.«

»Bescheiden zu sein« heißt, sich zurückzunehmen in die Zucht der Bescheidenheit. Dies ist eine Tugend, die man lernen muß. Denn niemand bescheidet sich gern mit dem, was ihm zugewiesen wird. Es sei denn, man lebte in »bescheidenen«, um nicht zu sagen ärmlichen Verhältnissen. »Wer bescheiden ist, muß dulden.« Auch das schrieb Goethe, um freilich hinzuzufügen: »Und wer frech ist, muß leiden.« – »Bescheiden« einerseits und »frech« oder »keck« andererseits sind Gegensätze. Die Bescheidenheit ist friedfertig. Nicht Rose, sondern Veilchen; »gebückt in sich und unbekannt«. »Sich bescheiden« heißt sich mit weniger »zufriedengeben«. Paradoxerweise setzt das »Bescheidwissen« oder »Bescheidgeben« aber gerade nicht vornehme Zurückhaltung der »Bescheidenheit« voraus.

»Abgötterey und Lügen las ferne von mir sein, Armuth und Reichthum gib mir nicht. Las mich aber mein bescheiden Teil Speise da hin nemen«, heißt es in Luthers Übersetzung der Sprüche Salomos. Ist das »bescheiden Teil« hier gleichbedeutend mit »wenig« oder mit »zugewiesen«? Tatsächlich heißt es in einer moderneren Bibelübersetzung: »Laß mich aber mein beschieden Teil Speise dahinnehmen.« Ist das von Gott »Beschiedene« immer weniger, als man sich selbst zumuten möchte, und insofern »bescheiden«? Beim Steuer-»Bescheid« verfällt kein Mensch auf eine solche Idee. Im Gegenteil. »Und ich will Euch das Reich bescheiden, wie mir's mein Vater beschieden hat«, heißt es im Lukas-Evangelium. Daß ein Zusammenhang zwischen »Bescheid« und »bescheiden« besteht, ist offenkundig; aber welcher?

Ein Unbekannter, der sich Freidank nannte, hat zwischen 1220 und 1230 eine Sammlung von Sinnsprüchen unter dem Titel »Bescheidenheit« verfaßt. Mit dieser »Bescheidenheit« ist nicht die vornehme Zurückhaltung als Erziehungsideal gemeint, sondern das »Bescheidwissen«, vor allem die »Unterscheidung« von Gut und Böse. »Unterscheiden« bedeutet, das eine vom anderen zu »scheiden«. Zu unterscheiden ist das Wesen des Verstandes. Wer Unterschiede nicht erkennt, ist dumm. Wer dagegen »Bescheid weiß«, kennt sich aus. Er ist »ge-scheit«. Die heutige Schreibweise vermag über den Zusammenhang nicht hinwegzutäuschen. Die ursprüngliche Bedeutung von »bescheiden« ist »bestimmt«, »klar« und »vernünftig«. Wenn es im »Armen Heinrich« des Hartmann von Aue (um 1200) von einem Ritter heißt, daß er seinen Besitz »bescheidenliche« an Arme und Verwandte verteile, dann bedeutete das nicht »knauserig«, sondern »mit Verstand«. Im »Gregorius« wird eine bestimmte Lebenshaltung ebenfalls »bescheidenliche« genannt. Und vielleicht liegt hier der Witz der ganzen Geschichte. Eine vernünftige Lebenshaltung stellt in Rechnung, daß nur einmal im Jahr geerntet wird; sie beschränkt sich, hält sich zurück und spart auf Tage der Not. Somit könnte die Vernunft zur Rationierung geführt haben; die Endlichkeit der Vorräte zur »Bescheidenheit«. »Gescheit« und »mit weniger zufrieden« liefen auf dasselbe hinaus. Die »Bescheidenheit« wäre weniger Zumutung als die Einübung in das Vernünftige.

»Der, bescheiden im Genuß,
der, gelassen im Verdruß,
Freud an Kummer knüpfet.«
(Friedrich Wilhelm Gotter, 1746–1797)

Wer zu unterscheiden weiß, ist gescheit. »Bescheiden« heißt entweder »jemandem etwas zuweisen« oder »jemanden über etwas belehren«. In diese Kategorie gehört der amtliche Bescheid. »Sich bescheiden« hieß ursprünglich »zur Einsicht kommen«, dann »sich zufriedengeben«. Derjenige, der Bescheid weiß, kann jemandem Bescheid geben. Wer ein Glas in der Hand hält, sagt: »Prost« und »tut anderen Zechern Bescheid«.

»Bruder, kumm auf einen Trunk, doch das süße Bacchusnaß mußt du mir bescheiden tun, sag ich dir, mitsamt dem Faß.«

(Friedrich von Logau, 1604–1655)

Die Bestechung

»Bestechend« zu sein ist eine Auszeichnung; »bestochen« worden zu sein, ein Debakel. Für Beamte jedenfalls. Das menschenfreundliche Motto, daß kleine Geschenke die Freundschaft erhalten, kollidiert in den Amtsstuben mit dem Strafgesetzbuch. Auch der Grundsatz »Geben ist seliger als nehmen« erweist sich als zweischneidig. Vor dem Kadi landet, wer für Amtshandlungen Geschenke oder andere Vorteile anbietet, verspricht, gewährt oder aber annimmt, fordert oder sich versprechen läßt. Wo Beamte sich von barer Münze beeindrucken lassen, riecht es nach Korruption, und mit der ist kein Staat zu machen. Daß derselbe Staat bei Nichtbeamten Schmiergelder in der Steuererklärung duldet, als wären sie Teil der Wirtschaftsförderung, ist eine andere Geschichte. Beamte sind von Amts wegen zur Unempfänglichkeit verpflichtet. Deshalb hätten Schatzmeister der Parteien, die sich die Spendiermodelle vorbei am Finanzamt erdachten, nie Minister werden dürfen. Nur so konnte zum Vorwurf der Steuerhinterziehung der der Bestechlichkeit kommen. Nicht einmal Abgeordnete kann man bestechen. Im Sinne des Strafrechts jedenfalls nicht.

Jeder kann jedem unauffällig Geld in die Tasche stecken, das dann in der Tasche steckt. Dieses doppelsinnige »stecken« ist abgeleitet von »stechen«. »Bestechen« konnten zunächst Schneider oder Schuster den Saum oder die Sohle »mit Stichen«. »Bestechen« im korrumpierenden Sinne ist sprachlich eine Errungenschaft des 16. und 17. Jahrhunderts.

»Bestechungskunst schleicht einen anderen Pfad
als Kriecherei, und jede kömmt zum Ziele.«
(Leopold Friedrich Göckingk, 1748–1828)

Älter als die »Bestechung« ist die Vorstellung des »Schmierens«. Damit etwas »wie geschmiert« läuft, muß man die Achse schmieren. Diese Kutscherweisheit, die sich zunächst am Wagenrad orientierte, gilt inzwischen in ganz anderen Zusammenhängen.

»Schelme muß man schmieren.«

»Es ist jetzt in der Welt ein Sitt,
wer nit wol schmiert, der fert auch nit.«

»Schmieren und salben hilft allenthalben; hilft's net bei den Karren, hilft's doch bei den Herren.«

»Advokaten und Wagenreader möt beide smeart weren«, sagt man angeblich in Westfalen. Diese prägnanten Formulierungen zeugen von Erfahrung und Illusionslosigkeit. Wer gut fahren will, muß »schmieren« oder »salben«, was offenbar auf dasselbe hinausläuft.

»Die habent beide den Richter bestochen und die Hend gesalbet;
also gadts, wer baß schmirwet, der fart dest baß.«

Heißt es bei Sebastian Franck, der in der ersten Hälfte des 16. Jahrhunderts lebte, und schon Freidank, der 1233 starb, erläuterte:

»Pfennincsalbe wunder tuot,
sie weichet manegen herten muot.«

Ein Schwankbuch des 16. Jahrhunderts rät: »Ir soltet einmal dem Richter die Hend schmieren oder salben.« Im Simplicissimus bekommen die Mediziner und die Badeorte ihr Fett:

> »Ich ersann schon, durch was vor Schmiralia ich die Medicos persuadiren sollte, daß sie meinen neuen Wunder-Sauerbrunnen allen anderen ... vorziehen und mir einen Hauffen reiche Badgäste zuschaffen solten.«

»Bestechen«, »schmieren« und »salben« sind eins. In einem Artikel der Frankfurter Rundschau mit dem anmutigen Titel »Wenn aus Politiker-Büros Räuberzentralen werden« erläuterte der italienische Korrespondent des Blattes die Bedeutung der »bustarella«, des kleinen Briefumschlags, für den politischen Alltag. Lire steckt man offenbar im Kuvert in anderer Leute Taschen. Im Französischen »schmiert« man mit dem »pot de vin«; was den Schluß nahelegt, daß man sich mit Weinfässern nachhaltig Freunde machen kann. »Pork barrel«, das »Faß mit gepökeltem Schweinefleisch«, muß in kolonialen amerikanischen Tagen eine beliebte Sonderration der Sklaven gewesen sein. Heute ist »pork barrel« eine Gefälligkeit der Regierung für eine bestimmte Region, um deren Zustimmung in einem anderen Zusammenhang zu erhalten. Also der Wurf mit der Wurst nach der Speckseite. Eine Hand salbt die andere.

Blau

»Heute blau und morgen blau und übermorgen wieder.« So begeistert pflegt man nicht den Himmel zu besingen; er ist schon von Haus aus blau. Himmelblau oder dunkelblau, wenn nicht gerade wolkenverhangen. Derjenige, der grün und blau geschlagen wurde, ist möglicherweise an einem »blauen Auge«

zu erkennen. Für den Fall, daß es noch schlimmer hätte kommen können, sagt man, er sei »mit einem blauen Auge davongekommen«. Wer sein Pfeifchen schmaucht, produziert blauen Dunst; wer drauflosfabuliert, auch. Das Blaue taugt, wie's scheint, für alle Lebenslagen. Und wer sich nicht vorsieht, kann ein »blaues Wunder« erleben.

Von einem Säufer sagt man, er sei notorisch »blau«. Wer, statt zur Arbeit zu erscheinen, seinen Kater pflegt, »macht blau«. Dies ist wohl am erstaunlichsten. Der Geprügelte ist blau, der Betrunkene ist blau, der Himmel ist blau; der Faulenzer dagegen macht blau. Vorzugsweise am Montag, den man deshalb den »blauen Montag« zu nennen pflegt. Der Montag so blau wie die Blaubeeren oder das Blaukraut, das anderwärts Rotkohl heißt. Nicht zu verwechseln mit der »Blauen Blume«, dem Symbol der romantischen Poesie, die zuerst in Novalis' Roman »Heinrich von Ofterdingen« blühte. Es möchte einem schwarz und blau vor Augen werden. So verwirrend ist die Lage.

Die Physiker sagen, daß alle Blautöne einer Wellenlänge zwischen 440 und 485 Nanometer entsprächen. Das mag sein, hilft aber kaum, den »blauen Montag« zu verstehen. Das Wörtchen »blau« ist dem lateinischen »flavus« verwandt, das aber nicht »blau«, sondern »blond«, »gold-« oder »rotgelb« meint. In meiner gottesfürchtigen bergischen Heimat wird der Rothaarige durchweg als »Bläuken« bezeichnet. Obwohl der Blaukohl dorten Rotkohl heißt. Natürlich können die Farben Rot und Blau leicht durcheinandergeraten; Blau und Grün natürlich auch. Nach einer Prügelei beispielsweise, nach dem »Verbläuen«, wie man sagt. »Blau« für betrunken dürfte sich an der Säufernase und ihrem blauroten Geäder orientieren. Das »blaue Blut« des Adels ist sicher so rot wie anderer Leute Blut auch. Aber zumindest in spanischen Hochadelskreisen hielt man sich einiges darauf zugute, das eigene nicht mit maurischem Blut vermischt zu haben. Die vornehm blasse

Haut ließ die feinen Adern mit dem angeblich blauen Blut sichtbarer hervortreten als bei den von Natur oder von Sonne Gebräunten. Inzwischen haben wahrscheinlich auch die Blaublütigen eine Sonnenbank.

Blau waren die Strümpfe, die einst die Polizeidiener trugen; also stand »Blaustrumpf« für den Angeber und die sich aufspielende Amtsperson. Dann stellte sich heraus, daß um 1750 Besucher eines schöngeistigen Londoner Salons statt der gepflegten schwarzen Seidenstrümpfe ordinäre blaue Woll-Strümpfe trugen, worauf der ganze Verein als Blaustrumpf-Gesellschaft verspottet wurde. Letztendlich ist der »Blaustrumpf« an den gelehrten Frauenzimmern hängengeblieben.

Im Alten Testament war Blau die Farbe der Erhabenheit Gottes, und blau war der Mantel, in den sich der Hohepriester kleidete. In der christlichen Farbsymbolik stand Blau für Christus und seine Mutter Maria. Seit dem 13. Jahrhundert ersetzten die französischen Könige den Purpur durch einen hellblauen Krönungsmantel. Das eine wie das andere war weit vom strapazierfähigen »Blaumann« unserer Tage entfernt.

Der »blaue Montag« setzt das Handwerk der Blaufärber voraus. Vor Erfindung der Anilinfarben wurden Stoffe, Tuche und Garne mit dem kostbaren Farbstoff Indigo blau gefärbt. Da dieser aus Indien importiert wurde, mußte zunächst einmal der Seeweg nach Indien entdeckt werden. Zuvor war in unseren Breiten der heimische Kreuzblütler Waid zum Blaufärben benutzt worden. Caesar behauptete, die britischen Krieger malten sich mit Waid dunkelblau an, um im Schlachtgetümmel einen besonders grauslichen Anblick zu bieten.

Das Eigenartige der Waidfärberei bestand wohl darin, daß sich die blaue Farbe erst allmählich in der Verbindung mit dem Sauerstoff der Luft entwickelte. Wenn also Stoffe, Garne und Tuche des Sonntags in den Waidbottichen lagen, dann »blauten« sie am Montag auf der Leine langsam vor sich hin. Die Blaufärbergesellen legten die Hände in den Schoß und genossen den »blauen Montag«. Auch als die Färbetechnik derlei Zwangspausen nicht mehr erforderte, hat man aus Gründen der Traditionspflege am »blauen Montag« festgehalten. Das Erfreuliche bleibt eben lange hängen.

Der Boykott

Boykottieren kann man alles mögliche: Rindfleisch aus Argentinien, die Olympischen Spiele in Moskau, die Kneipe an der Ecke oder die Banken Südafrikas. Der Boykott ist eine politische Abwehrmaßnahme, mehr als eine Unfreundlichkeit, aber weniger als eine Kriegserklärung. Als argentinische Truppen die britischen Falklandinseln besetzten, schlug das Britische Empire militärisch zurück. So weit wollten die mit Großbritannien verbündeten Europäer nicht gehen; aber reagieren mußten sie auch. Sie sperrten die Auslieferung für Argentinien bestimmter Rüstungsgüter und den eigenen Markt für Rindfleisch aus Argentinien. Dies galt als Boykott, als eine politisch motivierte Vergeltungsmaßnahme für unfreundliche Akte anderer Art. Boykotte können zweischneidig sein. Boykottierten die Vereinigten Staaten und in ihrem Schlepptau die Bundesrepublik die Olympischen Spiele in Moskau, drehten die Sowjetunion und die DDR bei den Olympischen Spielen vier Jahre später in Los Angeles den Spieß um, und zwar wegen des Boykotts der anderen vier Jahre zuvor. Es hat den Anschein, daß nicht selten ein Boykott den nächsten provoziert.

Dem weithin sinnenden Kaufmann ist der Wirtschaftsboykott ohnehin ein Greuel. Ob ein solcher Boykott überhaupt sein Ziel erreicht, ist solange fraglich, als man der Solidarität der Konkurrenz nicht sicher sein kann. Als die USA aus politischen Gründen Weizenexporte in die Sowjetunion untersagten, sprangen Kanada und Argentinien umgehend als

Lieferanten ein. Der Boykott war politisch wirkungslos, und im übrigen erzwangen die unzufriedenen amerikanischen Weizenfarmer die Aufhebung des Boykotts. Boykottmaßnahmen können also auch nach hinten losgehen.

Man kann Staaten, bestimmte Produkte oder einzelne Firmen boykottieren. Arabische Staaten setzten Firmen auf eine schwarze Liste, die mit Israel Geschäftsbeziehungen pflegten; sie wurden also boykottiert, weil sie sich weigerten, die Israelis zu boykottieren. Man kann auch einzelne Personen boykottieren, wiewohl ein solcher Ausdruck nicht gerade üblich ist. Personen kann man schneiden oder meiden. Otto von Bismarck freilich schrieb nach seiner Entlassung als Kanzler verbittert: »Auch nach meiner Entlassung ist sorgfältig vermieden worden, mit mir in irgendwelche Beziehungen zu treten, augenscheinlich um nicht in den Verdacht zu gerathen, daß man meine Erfahrung, Sach- und Personenkenntniß zu benutzen ein Bedürfniß empfinde. Ich wurde streng boykotiert und unter Quarantäne gehalten als Herd von Bacillen der Seuchen, an denen wir politisch gelitten, als ich Kanzler war.« Der »Boykott« ist also die weitgehende Isolierung und das politisch Kaltstellen von anderen, aus welchen Gründen auch immer.

Als im Jahre 1832 im britischen Norfolk Charles Cunningham Boycott als Sohn eines ehrenwerten Pfarrers geboren wurde, sprach wenig für die Unsterblichkeit seines Familiennamens. Auch seine militärische Laufbahn war in dieser Hinsicht indizienlos. Erst als der Exhauptmann im Jahre 1873 Gutsverwalter in Irland wurde, änderten sich die Verhältnisse. Irland erlebte eine Serie verheerender Mißernten. Die in der Landliga zusammengeschlossenen abhängigen Pächter forderten von den Verwaltern der Großgüter, darunter Mr. Boycott, die Stundung der Pachtzahlungen. Die von den Mißernten besonders hart getroffenen Pächter stießen allerdings auf wenig Entgegenkommen. Charles Cunningham Boycott wurde berühmt und berüchtigt zugleich, weil er zahlungsunfähige Pächter mit Gerichtsbeschlüssen zu vertreiben suchte. Die Landliga rüstete zur Gegenwehr und ließ den Gutsverwalter Boycott auch dann noch links liegen, als er zur Erntezeit selbst dringend Hilfe gebraucht hätte. Dem isolierten Boycott blieb nichts anderes übrig, als kurzfristig in der Provinz Ulster Landarbeiter anzuwerben und unter bewaffnetem Schutz auf seinen Äckern arbeiten zu lassen. Das konnte nicht gutgehen. Langfristig war Mr. Boycott der gewaltfreien Isolierungsstrategie der irischen Landliga offenbar nicht gewachsen. Er war kaltgestellt. Eines Tages gab er auf und verließ die Grüne Insel. Der Jubel muß erheblich gewesen sein; sonst würde man sich kaum noch an den irischen Gutsverwalter Charles Cunningham Boycott erinnern, wenn man jemandem vergleichsweise drastisch klarzumachen versucht, daß man mit ihm unter den gegebenen Umständen nichts mehr zu tun haben möchte.

Die Brille

Wer Probleme mit den Augen hat, geht zum Augenarzt und landet beim Optiker. Der Optiker verkauft Brillen. Die wenigsten wissen, daß schon Eulenspiegel Brillen verkaufte, was Zweifel an der Seriosität des Gewerbes wecken müßte. Tatsächlich sagte man vor rund 500 Jahren, daß man jemandem »eine Brille verkaufte«, wenn es darum ging, ihn an der Nase herumzuführen. Eine Fülle bildlicher Darstellungen erläutert diese spezielle Art des »Brillenverkaufens«. Meist sieht man eine junge liederliche Frau, die ihren wesentlich älteren Ehemann betrügt und dabei singt:

> »Den kalten alten Mann ich brill,
> weil er's doch gern so haben will.«

Einem kurzsichtigen und obendrein langweiligen Ehemann könnte man die Brille verstecken, statt ihm eine zu »verkaufen«; aber um 1500 war das anders. Selbst der betrogene Betrüger wurde als nicht mehr »durchblickender Brillenverkäufer« dargestellt. Scharfsichtige werden daraus folgern, daß »Brille« seinerzeit nicht »Brille« war. In der Tat wurde mit »Brille« oder »Brill« auch die Glaskugel der Wahrsager bezeichnet, so daß Hans Sachs (1494–1576), Schuhmacher und Poet von Profession, die Verse drechseln konnte:

»In der christall und der parill
kann ich auch sehen vil gesicht.«

Auch Sebastian Franck (1499–1542) rückte die »Parillenseher« in die wunderliche Nachbarschaft der Alchemisten, Sterndeuter und Wahrsager. Die »Brillenseher« schauten in die Kugel, um anderen die Zukunft zu deuten. Diese war so windig wie das ganze Verfahren. »Das sind Brillen« stand bald für »Betrug«. Dabei wurden durchaus schon normale Brillen verkauft.

»Setzent die brillen ûf!« predigte Geiler von Keisersberg (1445–1510) im Elsaß. Luther pochte auf den Text der Heiligen Schrift und forderte deshalb: »Lieber herr, setzet die brillen auf die nasen und sehet den text recht an.« Nicht nur die Geistlichkeit riet zur Brille. In der 1522 erschienenen Schwanksammlung »Schimpf und Ernst« heißt es kurz und praktisch:

»Kurze lehr und warnung finstu hie,
allein setz brillen auf und sieh.«

Keine Spur vom Trug der gläsernen Kugel; hier ist von der Brille auf der Nase die Rede, die der Genauigkeit des Hinsehens dient. Es sei denn, man trüge ständig eine »rosarote

Brille« und betrüge sich gewissermaßen selbst. Bei Sebastian Franck war besagte »rosarote Brille« übrigens blau, hatte aber dieselbe Wirkung: »Wer blitzblau brillen aufhat, dem scheinent alle dinge blitzblau.« Daß die Richter im alten China berußte Quarzscheiben vor den Augen trugen, hatte nichts mit Schwarzseherei oder empfindlichen Augen zu tun; auf diese Weise verbarg man den Verfahrensbeteiligten die richterlichen Gemütsbewegungen.

Die »Brille« dürfte um 1280 im Raume Pisa erfunden worden sein. Jedenfalls schrieb 1289 ein gewisser Sandro di Popozo, er sei glücklich, eine der ersten Brillen zu besitzen, ohne die er weder lesen noch schreiben könne. Besagter Popozo muß weitsichtig gewesen sein; denn die ersten Linsen wurden konvex geschliffen. Es verging fast ein Jahrhundert, bis auch den Kurzsichtigen mit konkaven Linsen geholfen werden konnte. Sofern sie sich das leisten konnten. Papst Leo X. soll sich mehrere solcher Brillen zugelegt haben, um trotz seiner extremen Kurzsichtigkeit auch bei der Jagd seinen Mann stehen zu können.

Die neumodischen Brillen zu tragen war gar nicht einfach. Erst im frühen 18. Jahrhundert wurde das feste Gestell erfunden; bis dahin mußte man sich mit hinter dem Kopf geknüpften Lederriemen begnügen oder das Glas gleich in der Hand behalten. Die ersten Brillengestelle aus Knochen, Schildpatt oder Elfenbein waren teuer und obendrein so schwer, daß die Verbesserung der Sicht nicht selten mit nachhaltigen Kopfschmerzen erkauft wurde.

Daß die »Linsen« ihren Namen den Linsen auf dem Teller verdanken, lehrt der Augenschein. Auch bei der »Brille« ging die Natur voran. Die ersten »Brillengläser« wurden aus Halbedelsteinen geschliffen, vor allem aus Bergkristall und dem Beryll. Die »berille« setzt den »Beryll« voraus. Als man bläschenfreie Gläser schmelzen konnte, hatte der »Beryll« ausgedient. Auf seine Brillentauglichkeit war man gestoßen, weil geschliffene Halbedelsteine in Monstranzen und Reliquienschreinen die Inhalte optisch stark vergrößerten.

Dem »Beryll« verdanken wir auch den »Brillanten«; ursprünglich wohl die Bezeichnung für einen bestimmten Facettenschliff. »Brillanten« funkeln und glänzen; »glänzen« heißt im Französischen »briller« und »glänzend« »brillant«. Kein Wunder, daß die gebildeten deutschen Stände »brillant« mitsamt der Bedeutung »hervorragend« übernahmen. Die glänzende »Brillantine« auf den Haaren ist derzeit nicht modern. Man putzt verwirrt die Gläser; kaum glaublich, was sprachlich alles an der »Brille« hängt.

Die Buße

Das im Volksmund Knöllchen genannte »Protokoll« ist kein tiefschürfender Appell an die eigene Bußfertigkeit; immerhin fragt der gestrenge Polizist den Ertappten pflichtschuldigst, ob er überhaupt mit einem Bußgeldbescheid einverstanden sei. Im Regelfalle ist er das, denn es könnte schlimmer kommen, hieße dann »Anzeige« und käme vermutlich noch teurer. Die Buße, so scheint es, ist allemal das geringere Übel. Möglicherweise hängt das aber nur mit den Besonderheiten des Straßenverkehrs und seinem Bußgeldkatalog zusammen. Der Bußgang nach Canossa war die sichtbare Selbstdemütigung eines Königs vor dem Papst vor über 900 Jahren; diese Unterwerfung hat sich dem sprichwörtlichen Gedächtnis eingegraben wie die Schlacht bei Waterloo. Büßer sind keine Helden; im Bußgewand daherzukommen wird keine Augenweide sein. Trotzdem wird von Jüngern und Propheten Umkehr und Buße gepredigt. »Tut Buße, das Himmelreich ist nahe herbeigekommen!« heißt es bei Matthäus. Die Vermutung liegt nahe, daß angesichts der Sünde die Buße, ähnlich der tätigen Reue, ein Versuch der Besserung ist.

»Gott war stets wie er ist, wird wie er ist stets sein,
ich aber soll aus Schuld in Buße treten ein,
damit für Höll und Tod sei Heil und Himmel mein.«
(Friedrich von Logau, 1604–1655)

Kein Wunder, daß die Christenheit seit alten Zeiten ihre besonderen Buß- und Bettage hat, denn den reuigen Sünder liebt der Herr. Der Buß- und Bettag genannte letzte Mittwoch im Kirchenjahr der deutschen evangelischen Kirchen ist eine Errungenschaft des 20. Jahrhunderts. Zuvor waren in 26 deutschen Einzelstaaten an 24 verschiedenen Tagen 47 verschiedene Bußtage gefeiert worden. Den Katholiken gilt jeder Freitag als ein Bußtag. Von der mittelalterlichen Obrigkeit konnten Bußtage gewissermaßen nach Bedarf »verordnet« werden. Die sichtbare Buße des Volkes half bei der Abwendung der Landesnot, ob es sich nun um die Pest oder aber eine schwere Mißernte handelte.

»Buße« steht für Reue, Satisfaktion und Besserung. Buße steht für Umkehr und das Umdenken im Sinne der griechischen »metanoia«; »Buße« steht gleichermaßen für Sühne im Sinne der römischen »poenitentia«. »Poenitentiam agere« wurde von Luther mit »Buße tun« übersetzt. Man »büßt« für seine Verfehlungen und »verbüßt« eine Strafe. Die »Buße« ist ein alter Rechtsbegriff. Bei den Germanen war die »Buße« eine in Geld oder Naturalien zu leistende Wiedergutmachung erlittenen Schadens, die den Geschädigten und seine Sippe möglicherweise davon abhielt, zu aggressiver Selbsthilfe zu schreiten. Eine entsprechende Buße half somit, Fehden zu vermeiden. Anders als die Strafe war die Buße eine Art Entschädigung auf privatrechtlicher Grundlage.

Im Mittelalter konnten verhängte Bußen dem Gerichtsherren zufließen, was zur Vermehrung der verhängten Bußen geführt haben dürfte. Wer in alten Zeiten vom Wehrdienst, dem Heerbann, befreit wurde, hatte eine »Bannbuße« zu entrichten. Auch die heutigen Gerichte können statt oder auch neben einer Strafe Bußen verhängen, auf daß der Übeltäter seinen Geist strapaziere und so hoffentlich in einen Zustand latenter Bußfertigkeit gerate. So wie Mutter uns Kindern das Versprechen abverlangte: »Und dann sage, daß du das nie wieder tun willst.« – »Die beste Buß ist Nimmertun«, lautet ein geflügeltes Wort.

Jeder weiß in etwa, was es mit der »Buße« auf sich hat. Trotzdem wäre manch einer baß erstaunt, wenn er erführe, daß die Buße justament mit diesem Wörtchen »baß« zusammenhängt. »Baß« hat nichts mit der gleichnamigen Stimmlage zu tun; »baß« war einmal Adverb zum Komparativ »besser«, muß in dieser Bedeutung aber in Vergessenheit geraten sein. Heute ist man nur noch »baß erstaunt« oder kommt »fürbaß« einher.

Die »Buße« hat etwas mit dem »Bessern«, der »Ausbesserung« oder dem »Sichbessern« zu tun. Der »Lückenbüßer« büßt nicht eigentlich; er »bessert eine Lücke aus«. Der althochdeutschen »buoza« entsprach ein gotisches »bota«, beide gingen auf ein gemeingermanisches »boto« zurück, das für »Besserung« steht. Ob man bei der Verbüßung einer Strafe sich selber bessert oder aber die verletzte Rechtsordnung »ausbessert«, sei dahingestellt. Entscheidend ist die Besserung als solche. »Wer Buße tun will«, heißt es tröstlich, »findet überall einen Sack mit Asche.«

In der Buße wird die durch Sünde oder Missetat gestörte Beziehung Gott-Mensch »gebessert«. Buße ist Reue und Glaube an die göttliche Vergebung zugleich. Der Verkehrspolizist, der auf eine Anzeige verzichtet und fragt, ob man mit einem Bußgeld einverstanden sei, steht freilich in keinerlei metaphysischen Zusammenhängen. Besagte Bußgelder sind von vorsorglichen Stadtvätern bereits im vorhinein als Einnahmen zur Deckung der Haushaltslücken eingeplant. Die Obrigkeit weiß, daß sie sich auf ihre Sünder verlassen kann.

Deutsch (I)

Wir sagen von uns selbst, daß wir die »Deutschen« seien. Andere nennen uns anders. Die Franzosen spähten über den Rhein und machten dort die Alemannen aus. Seitdem heißen wir bei den Nachbarn »les Allemands«. Aus größerer Distanz und mit entsprechend geringerem Unterscheidungsvermögen bestehen die Briten darauf, daß wir die »Germans«, also die Germanen seien. Das ist insofern erstaunlich, als Angeln und Sachsen sicher auch zu den Germanen zählen. Als das zerrissene Nachkriegsdeutschland erstmalig wieder an Olympischen Spielen teilnehmen durfte, wurde der Mannschaft in Helsinki beim Einmarsch ein Schild vorangetragen, auf dem nach meiner Erinnerung »Saksia« zu lesen war. Als wären aus finnischer Sicht die Deutschen mit den Sachsen identisch. Hinter dem schwedischen »tysk« dürfte unser »deutsch« stehen, hinter dem italienischen »tedesco« nicht minder. Das »njemce« der Slawen könnte mit »stumm« verwandt sein, was ein Indiz dafür wäre, daß man sich von Anfang an nicht verstand.

Daß wir uns selbst »deutsch« nennen, ist seltsam genug. Nicht nur, weil sich zum Bedauern aller Gebrauchspoeten kein einziges Wort auf dieses »deutsch« reimen will, was wirklich eine Schande ist. Die Gelehrten des Mittelalters und der Neuzeit haben sich schwergetan, dem »Deutschen« überhaupt auf die Schliche zu kommen. Die absonderlichsten Theorien wurden verfochten. Da hat man aus dem Namen »deutsch« einen gewissen »Teut« als sagenhaften Stammvater aller »Teutonen« herausgesponnen. Er spielte noch im 18. Jahrhundert eine Rolle beim Gelehrtenstreit, ob es »deutsch« oder »teutsch« heißen müsse. Die »Teutonen« führten auch in die Irre, weil sie als Gallier galten, als das Wörtchen »deutsch« erstmals in seiner jetzigen Bedeutung auftauchte. Mithin brauchen wir uns auch das Wort vom »Furor teutonicus«, vom »teutonischen

Schrecken«, nicht ans Bein zu binden. Jedenfalls sprachgeschichtlich nicht.

Das Wort »deutsch« hat seine »nationale« Bedeutung vor rund 1200 Jahren im Frankenreich der Merowinger erhalten, also nach heutiger Vorstellung im Ausland. Schon früher war die Frage diskutiert worden, ob die Messe in der Kirche »latine aut theodisce« zu lesen sei; lateinisch oder aber in der Sprache des jeweiligen Stammes oder Volkes. »Theodisk« meinte also keine bestimmte, sondern die tatsächlich gesprochene Sprache, ganz gleich, ob es sich um die der Angelsachsen oder Franken handelte. Hinter dem Adjektiv »theodisk« steckt »thioda«, das für »Volk« stand und noch in Namen wie »Dietlind« oder »Detmold« lebt.

Karl der Große nahm 801 im Lombardischen für sich in Anspruch, »theodisce« zu sprechen, also offenbar »fränkisch«. Aber genau hier lag das Problem. Das Frankenreich der Merowinger reichte bis an die Loire; in weiten Teilen sprach selbst die fränkische Oberschicht romanisch. Das ging schließlich so weit, daß die romanische Sprache nach den germanischen Franken benannt wurde. »Francisce«, »französisch« also, geht auf die »Franken« zurück. Wie sollte man aber nun zur Unterscheidung die angestammte germanische Sprache der Franken nennen? Nachdem »fränkisch« inzwischen eine ganz andere Bedeutung angenommen hatte.

Weil im Frankenreich der Merowinger das Romanische im Vormarsch war, mußte nach einer neuen Bezeichnung für die Sprache der Franken gesucht werden. Man wählte »theodisk«. Kein Wunder, daß sich auf »deutsch« nichts reimen will. Erstaunlich ist eigentlich, daß Alemannen, Bajuwaren, Sachsen und andere Stämme »deutscher Zunge« den Namen »deutsch« letztendlich übernommen haben. »Deutsch« bezeichnete das Gemeinsame, die Sprache; nachdem das »Fränkische« abhanden gekommen war und den späteren »Franzosen« zur Bezeichnung ihrer Sprache diente.

Deutsch (II)

Nicht die Nation, nicht das gemeinsame Territorium oder das politische Zusammengehörigkeitsgefühl, sondern die »deutsche Sprache« hat die Deutschen zu Deutschen gemacht. Dabei blieb das Latein in der Kirche lange Zeit Maßstab und einzige Schriftsprache in deutschen Landen. Daß aus der »theodisk« genannten Sprache der Franken des Merowingerreiches eine Kultursprache mit einer eigenen Literatur wurde, verdanken wir zuallererst den Buchstabierübungen, die in vielen Klöstern angestellt wurden.

»Robustus«-»snel«, »firmus«-»fasti«, »fortis«-»starc«, »fidelis«-»holder«, »albus«-»huuiz«; so bemühten sich Mönche in St. Gallen beispielsweise, »deutsch« zu schreiben. Ähnliche Übungen wurden in Fulda, in Weißenburg und vielen anderen Klöstern angestellt, wo des Lesens und Schreibens kundige Mönche sich befleißigten, etwas aus der noch ungelenken »diutschen« Sprache zu machen. Sie begannen mit Wörterbüchern und Glossen, schließlich mit ersten Übersetzungen biblischer und liturgischer Texte. Erst langsam wandte man sich dem sprachlichen Alltag zu. »Gimer mîn ros« – »da mihi meum equum«, »gib mir mein Pferd«. »Gimer cherize« – »da mihi candela«, »gib mir die Kerze«. »Fona welicheru lantskeffi sindôs« – »aus welcher Gegend stammt denn ihr?« So übten die Mönche; eine deutsche Schriftsprache gab es noch nicht. Andere versuchten sich in Übersetzungen und schrieben Deutsches zwischen die lateinischen Zeilen, um die noch ungelenke Sprache in den Griff zu bekommen.

Um 830 entstand unter Leitung des Hrabanus Maurus in Fulda eine Übersetzung der Evangelienharmonie des altchristlichen Theologen Tatian. »In anaginne was wort inti thaz wort was mit gote inti got selbo was thaz wort.« So lautet der Anfang des Johannes-Evangeliums. »Im Anfang war das Wort, und das Wort war bei Gott, und Gott selber war das Wort.« Ein anderer Schüler des Hrabanus, Otfrid aus dem elsässischen Kloster Weißenburg, schrieb um 870 eine althochdeutsche Evangelienharmonie. Otfrid beherrschte die deutsche Sprache bereits so meisterhaft, daß er Tausende von Versen mit passablen Reimen durchhielt. Dabei war es Otfrids erklärte Absicht, den Franken ein würdiges und gottgefälliges Dichtwerk in der Muttersprache zu schaffen, das denen anderer Völker nicht nachstehe. Deutsch zu schreiben, deutsch zu dichten, war immer noch die große Ausnahme. Warum er dieses Buch »deutsch« geschrieben habe, erläutert Otfrid im Eingangskapitel ironischerweise unter der lateinischen Überschrift »Cur scriptor hunc librum theodisce dictaverit«. Hier taucht jenes »theodisce« wieder auf, das »in der Sprache des Volkes« bedeutete, bevor es die der »Deutschen« bezeichnete.

Es dauerte fast 400 Jahre, bis der Sagamann im norwegischen Bergen die »Edda« und ein Unbekannter im Süden das »Nibelungenlied« aufschrieben. Die ungelenke deutsche Sprache literaturfähig zu machen, setzte eine gewaltige Anstrengung voraus. Es begann mit Buchstabierübungen in den Klöstern, führte über geistliche Dichtungen zum Heldenepos und zum höfischen Minnesang, der in der sprachlichen Meisterschaft Walthers von der Vogelweide gipfelte. Mit dem »Sachsenspiegel« des Eike von Repgow erschien das erste Rechtsbuch und mit der »Sächsischen Weltchronik« das erste Geschichtsbuch in deutscher Sprache; beides in der ersten Hälfte des 13. Jahrhunderts und beides Meisterwerke, wiewohl immer noch Ausnahmen. Die Vorherrschaft des Lateinischen in Kirche, Kultur, Recht und Politik war immer noch nicht gebrochen.

Erst 1235 erließ der Staufer Kaiser Friedrich II. mit dem Mainzer Landfrieden das erste Reichsgesetz in deutscher Sprache. Allmählich erst zog die deutsche Sprache in die Kanzleien ein. Dies hing unter anderem mit dem wachsenden Selbstbewußtsein des niederen Adels zusammen, der keine höhere, sprich lateinische, Bildung genossen hatte. Das Vordringen der deutschen Sprache war auch in dieser Hinsicht ein Emanzipationsprozeß. Von der Mystik und Volksfrömmigkeit ergriffene Frauen schrieben deutsch. Die landesherrlichen Kanzleien wurden sprach- und stilbildend, voran die kursächsische in Meißen. Kaum vorstellbar für den, der sich am gestelzten Beamtendeutsch der letzten 200 Jahre orientiert. Als der Meißner Albrecht 1480 in Mainz Erzbischof wurde, wurden bald auch die Reichstagsabschiede den höheren sprachlichen Ansprüchen des Meißner Kanzleistils unterworfen.

An unserer Sprache ist lange hart gearbeitet worden, und manche Errungenschaft fiel inzwischen der Schluderei zum Opfer. In dieser Hinsicht kann der zeitgenössische Einfluß von Rundfunk und Fernsehen kaum überschätzt werden. Da schludert es sich dahin, als hätten nie Größen wie Luther, Goethe, Kleist oder Thomas Mann die Ausdrucksmöglichkeiten der deutschen Sprache erweitert. Die mangelnde Beherrschung der Grammatik wird inzwischen als läßlich empfunden. Es besteht die Gefahr, daß die Maßstäbe für gutes Deutsch aus Nachlässigkeit verlorengehen.

Über Beckmesser und Puristen hat man sich zu allen Zeiten mokiert. Auch über einen Philipp von Zesen hat man gelacht, der »Pistole« durch »Meuchelpuffer« und »Fieber« durch »Zitterweh« ersetzen wollte. Wahrscheinlich war das auch des Guten zuviel. Aber »Gewissensfreiheit« für »liberté de conscience«, »Nachruf« für »Nekrolog« und »Verfasser« für »Autor« verdanken wir demselben Sprachfreund von Zesen. »Sprachlehre« für »Grammatik«, »Wörterbuch« für »Lexikon« und »Fragezeichen« für »signum interrogationis« sind bewußte Schöpfungen Schottels. »Irrgarten« für »Labyrinth« und »Briefwechsel« für die französische »correspondance« verdanken wir Harsdörffer. Wörter wuchsen noch nie auf Bäumen.

Gerade die gebildeten Stände haben die mühsam erarbeitete deutsche Sprache immer wieder geringgeachtet. Jeder

Mode sind sie nachgelaufen. Vor fast 250 Jahren schrieb in Potsdam der große Voltaire einem Freund: »Ich fühle mich wie in Frankreich. Man spricht ausschließlich unsere Sprache. Deutsch ist für die Soldaten und für die Pferde.«

Vor über zwanzig Jahren schrieb die Londoner Times verwundert von der »sprachlichen Unterwürfigkeit« der Deutschen. Tatsächlich biedern wir uns sprachlich in nahezu allen Lebensbereichen bei den Angelsachsen an. Ein großes Kaufhaus nahe dem Neumarkt in Köln hat vor kurzem die Lebensmittelabteilung abgeschafft und statt dessen eine »Food-Abteilung« eröffnet. Offensichtlich bestand erhöhter Bedarf. Das Tiefgeschoß ist auch verschwunden; »Food« kauft man jetzt im »Basement« ein. Der »Show-room« befindet sich im vierten Stock. Es scheint, daß man uns alles anbieten kann, wenn es nur englisch klingt. Deutsch scheint inzwischen der Werbebranche als peinlich zu gelten.

Das Ding

»Und die Sphinx dreht' das Dings mehr nach links, und schon ging's.« Kalauer wie diese belegen, daß das »Ding« für alle Lebenslagen taugt. Wenn sich in einem fast beliebigen Zusammenhang kein präziser Begriff einstellen will, verfällt man auf das »Ding« und weist notfalls mit dem Finger drauf. »Dings« oder »Dingsbums« stellen sich ein, wenn man sich zusätzlich über die eigene Begriffsstutzigkeit ärgert. »Nun sag doch mal«, sagen die Leute, auf daß sich das »Dings« konkretisiere und der berühmte Groschen falle.

Das »Ding« im alltäglichen Sprachgebrauch ist das unpräzis Zuhandene. Dabei war es ursprünglich präzise und beileibe keine Kleinigkeit. »Dinge« sind alltägliche Gegenstände; aber das »Ding an sich« im Denken Kants ist das Sein, unabhängig von den Bedingungen menschlicher Erkenntnis, unabhängig von Raum und Zeit also und den Kategorien unseres Denkens. Das »Ding an sich« ist das Übersinnliche und sein Abglanz der gestirnte Himmel und das menschliche Gewissen. Also das genaue Gegenteil einer Kleinigkeit.

Wer sich auf den Sprachgebrauch der Philosophen nicht einlassen will, kennt doch die Unerbittlichkeit mancher »Bedingungen«, die zweifellos mit dem »Ding« zu tun haben. Wer sich, um den Lebensunterhalt zu verdienen, »ver-dingen« muß, hat auch nicht das Gefühl, einer unpräzisen Kleinigkeit aufzusitzen. Das »Ding« stammt nicht aus dem alltäglichen Allerlei der Belanglosigkeiten. Das »Ding« war ursprünglich Haupt- und Staatsaktion; das »Ding« war die Volksversammlung, in der über Königs- und Herzogswahl, über die Aufnahme junger Männer in die Rechtsgemeinschaft entschieden und in der Recht gesprochen wurde.

In alten germanischen Zeiten fanden sich die wehrhaften Männer zu einer bestimmten Zeit am Dingplatz ein. Das »Ding« oder »Thing« war die auf einen bestimmten Zeitpunkt angesetzte »gehegte Volks- oder Gerichtsversammlung«. Im Gotischen hat sich daraus »theihs« in der Bedeutung »Zeit« entwikkelt. Tatsächlich ist das »Ding« über einige Ecken mit dem lateinischen »tempus«, gleich »Zeit«, verwandt. Der vereinbarte Zeitpunkt könnte der Versammlung den Namen gegeben haben, so wie der »Reichstag« ursprünglich die Versammlung der Großen des Reiches gewesen sein dürfte, die zu bestimmten Terminen »tagte«. Was der »Bundestag« in Bonn ist, heißt heute noch »Storting« in Oslo, das »Große Thing«, »Folketing« in Kopenhagen und »Althing« in Reykjavik.

Die Bedeutung des »Dings« verlagerte sich, als sich die Verhältnisse änderten. Mit der Ausbildung des Königtums verlor die Volksversammlung eine Reihe ihrer Befugnisse; die Rechtsprechung blieb ihr in Teilen erhalten. »Ze dinge gefuoret« hieß »vor Gericht gestellt«. Im »Sachsenspiegel« des 13. Jahrhunderts steht »ding« für Gerichtsstätte, Gerichtstag und Gerichtspflicht; »en ding legen« bedeutete »einen weiteren Termin ansetzen«. »Geboten ding« war die ordentliche und »ungeboten ding« die außerordentliche Sitzung. In Hagedorns heiteren Versen des 18. Jahrhunderts schwingt die alte Bedeutung mit.

»Allein vor niederm Ding und Recht
erscheinen Elster, Star und Specht.«

»Ding« war nicht nur die Gerichtsversammlung, sondern auch die zur Verhandlung anstehende »Sache«. Auch die eher beiläufige und dem »Ding« durchaus verwandte »Sache« war ursprünglich »Rechtssache«. Wenn es im Mittelhochdeutschen hieß: »er hat ein dinc mit dem tiuvele«, dann hieß das nicht nur, mit dem Teufel »ein Ding zu haben« oder mit ihm »ein Ding zu drehen«, sondern mit ihm einen Rechtshandel vereinbart, einen Pakt geschlossen zu haben.

Seit dem 15./16. Jahrhundert wurde deutsches Gewohnheitsrecht zunehmend durch das kodifizierte römische Recht verdrängt und das überkommene »Ding« durch ordentliche Gerichte ersetzt. Der gerichtliche Hintergrund des »Dings« verblaßte; der Weg war frei zum »Allerwelts-Ding«.

Man kann »guter Dinge sein« und »den Dingen freien Lauf lassen«. »Ein gar beweglich Ding ist eine Weiberzunge«, schrieb Kotzebue; Goethe blieb galanter: »'s ist eine der größten Himmelsgaben, so ein lieb Ding im Arm zu haben.« Das »junge«, »dumme« oder »kleine Ding« ist vornehmlich ein unerfahrenes Mädchen, in der Mehrzahl »Dinger« genannt.

Aus der Gerichtszeit stammt »taga-ding«, das an einem bestimmten Tag gehaltene Gericht, das sich im Mittelhochdeutschen zu »teiding« entwickelte. Vor Gericht auftreten hieß »vertagedingen«, später »verteidigen«. Also hat hier auch der Verteidiger, der in Strafsachen wie der im Strafraum, seinen Ursprung. Ist das vielleicht ein Ding!

Die Droge

Wir haben ein Drogenproblem. Die »Droge« kommt nicht einmal im über dreißigbändigen Grimmschen Wörterbuch der deutschen Sprache vor. »Dröge« schon, »Droge« nicht. Das gibt zu denken. In einschlägigen etymologischen Wörterbüchern der englischen Sprache wird den »drugs« eine unsichere Herkunft attestiert. Auch dies ist erstaunlich, haben wir doch auf vielen Kontinenten ganz erhebliche Drogenprobleme. Es gibt Drogenszenen; die Zeitungen berichten von Drogenabhängigen und von Drogentoten. Möglicherweise sind die Drogen, die soviel Leid und Abhängigkeit produzieren, sprachlich ein Mißverständnis.

Die Drogenapostel und die Apologeten des Rausches haben einst von der Entgrenzung des Bewußtseins fabuliert; übriggeblieben sind Abhängige und Tote. Diese Bedeutungsverengung der »Droge« auf diese Drogenszene mit ihren Rauschgiften ist eine Entwicklung neueren Datums. Der Begriff der »Droge« ist älter. Wer um Rauschgifte einen großen Bogen macht, hat doch keinerlei Hemmungen, eine »Drogerie« zu betreten. Der »Drogist« ist ein ehrenwerter Mann und kein Rauschgifthändler; dabei verdankt er seinen Beruf doch sicher auch den »Drogen«.

Die heutige Drogerie hat man einst im trefflichen Deutsch der Sachsen als »Kräutergewölbe« bezeichnet. Auch Kräuter können »Drogen« sein. Nach anderer Lesart werden in den Drogerien Chemikalien, Pillen, Pasten und dergleichen gehandelt. Allerdings macht diese Aufzählung das Wort »Droge« nicht verständlicher. Vielleicht geht es gar nicht um einzelne Artikel, sondern um die Besonderheit ihrer Verpackung und ihres Transports. Waren, die man später als »Drogen« bezeichnete, Spezereien aus fernen Landen beispielsweise, wurden vorzeiten nicht in handlichen Tütchen oder Döschen, sondern in größeren Fässern über die Ozeane transportiert. Und zwar in Trockenfässern, was die künftigen »Drogen« von gepökelten Heringen unterschieden haben mag.

Diese Trockenfässer wurden im Niederdeutsch unserer Seehäfen als »droge fate« bezeichnet. Ob nun die niederdeutschen oder niederländischen Stauer vom Rest der Deutschsprechenden nur schlecht verstanden wurden oder ob die Artikulationsfähigkeit im Transportgewerbe ohnehin zu wünschen übrigließ, die Kunden jedenfalls plapperten bald von den »Drogen«, die aus den »trockenen Fässern« stammten. Mithin hätte man Netto für Tara genommen, den Inhalt für die Verpackungsart. Das kommt vor; aber das Ganze könnte selbst sprachbewußte Drogisten verwirren. Wenn nämlich unsere »Droge« eine Entlehnung der französischen »drogue« sein sollte, die immerhin seit dem 14. Jahrhundert belegt ist, müßten die eindeutig niederdeutschen oder niederländischen »droge fate« zuerst die französischen Importeure hinters Licht geführt haben. Daß wir Exquisites von den Franzosen liefern lassen, ist nicht ungewöhnlich. Ungeklärt scheint mir der Weg, auf dem die »drogue« ins Französische geriet. Nur soviel läßt sich sagen: »Dröge« ist die Geschichte mit den »Drogen« aus den »Trocken-Fässern« nicht, aber verzwickt.

Dumm

Es ist wirklich zu dumm; aber ein Dummkopf findet immer noch einen anderen, der ihn lobt. Die dümmsten Bauern haben angeblich die dicksten Kartoffeln. Womit man weniger gegen die Landwirte als gegen das unverschämte Glück der Dummen polemisiert. Obwohl sich ein großer Teil des unerschöpflichen Vorrats an sprichwörtlichen Redensarten zur Bezeichnung der menschlichen Dummheit auffälligerweise am Bauernhof orientiert. Dumm wie Bohnenstroh, dümmer als ein Stück Vieh; Esel, Rind, Kalb, Sau und Gans, sie alle dienen der Dummheit zum Exempel. Dabei fühlte sich schon Goethe verpflichtet zu mahnen:

»Man sagt, die Gänse wären dumm,
o glaubt mir nicht den Leuten.«

Aber schon bei den alten Römern stellte sich der Dumme an wie der Esel beim Lautenschlagen. Neuere Varianten sind der Ochse beim Tanzen und die Sau beim Haarkräuseln. Der Reichtum der geflügelten Worte legt die Vermutung nahe, daß weder das Dumme noch die Dummen je aussterben werden. Jedermann kann etwas zu dumm werden, jeder kann jemandem dumm kommen oder jemanden versuchsweise für dumm verkaufen. Richtig dumm sind aber immer nur die anderen.

Für ein »dummes Ding« oder einen »dummen Jungen« bringt man noch ein gewisses Verständnis auf; je älter der Dumme, um so geringer die Nachsicht und um so sarkastischer die Urteile. »Wärest du so lang wie dumm, könntest du den Mond küssen.« Im mühseligen Umgang mit der Dummheit anderer verliert man leicht die Liebenswürdigkeit. »Dummheit und Stolz wachsen auf einem Holz«, sagt der Volksmund. Dummheit ist nicht ungefährlich. »Dummköpfe und Phantasten sind das Schlachtvieh der Betrüger.« Wahrscheinlich gibt es nichts Schlimmeres, als wenn die Dummheit auch noch paradiert. »Dummheit, Ehrgeiz und Eigennutz sind des Despotismus Waffengefährten, Aberwitz und Eitelkeit seine Leiblakeien; Feigheit ist sein Schuhputzer und Niedertracht sein Hofpoet.«

»Mangel an Urteilskraft ist eigentlich das, was man Dummheit nennt.« Wie immer trifft Kant den Nagel auf den Kopf. »Der Dummkopf ermangelt des Verstands.« So einfach ist das. Der Mensch, so schrieb der Philosoph, sei das einzige Wesen, das gebildet werden müsse. Wer sich der Anstrengung der Bildung nicht unterziehen mag, bliebe demnach dumm. Hier könnte man den Ursprung der allgemeinen Schulpflicht vermuten. »Dumm geboren, nichts dazugelernt und die Hälfte vergessen«, lautet die Formel, die den vielleicht behaglichen, aber letztlich trostlosen Zustand der Dummheit beschreibt.

Dummheit im Alter ist kindisch; Kinder können noch gar nicht verständig sein. Kinder sind unreif, jung und unerfahren, und damit ist die Bedeutung von »dumm« ziemlich präzise umschrieben. Der junge Parzival ist »tumb«, weil er jungenhaft töricht handelt. Gregorius wird als »tumber gouch«, als »törichter Narr«, beschimpft. Bei Walther von der Vogelweide sind die »tumben laien« ungelehrte Männer im Gegensatz zu den studierten Pfaffen. Ursprünglicher als »töricht und unerfahren« dürfte die Bedeutung »stumm« sein, die das gotische »dumbs« und das altenglische »dumb« bewahrten. Wer den Mund nicht aufbekommt und sich sprachlich nicht artikulieren kann, erweckt nicht selten den Eindruck des Dummen und Unverständigen. Trotz der unbestreitbaren Erfahrung, daß man auch dummes Zeug reden kann und mancher noch als Weiser gälte, hätte er nur den Mund gehalten.

»Dumm« bedeutet ursprünglich »stumm« und ist mit einiger Sicherheit mit »taub« verwandt. Das althochdeutsche »toup« konnte neben »gehörlos« auch »stumpfsinnig« und »närrisch« bedeuten. Die niederdeutsche Form von »taub« lautet übrigens »doof«, und dies ist wahrlich nicht weit von »dumm« entfernt. »Dumb« bedeutet im modernen Englisch »stumm«, im Amerikanischen aber auch »doof«. Bevor im neuzeitlichen Auto-»crash-test« »Dummies« eingesetzt wurden, waren dies entweder Schaufensterpuppen oder sonstige Attrappen, die bekanntlich den Mund halten, oder aber Dummköpfe.

Sogar die »Taube« könnte auf Umwegen mit der »Dummheit« zu tun haben. Das gotische »dumbs« gilt als Nebenform eines Adjektivs, das eine dunkle Farbe bezeichnet und im Namen der »Taube« wiederauftaucht. Vom »Dunklen« zum »Dummen« führt offenbar ein Weg; sagt man nicht bis heute: »Dunkel blieb der Rede Sinn.« Der »dumme Jan« taucht im 16., der »Dummerjan« im 17. Jahrhundert auf. Der »Dummkopf« ist eine Prägung des 18. Jahrhunderts und mit dem »Dummbart« verwandt. »Dummdreist« taucht 1754 als »dumdrīst« im »Idiotikon Hamburgense« auf; es bedeutete »kühn ohne Klugheit«, und das ist sicher auch »dumm«.

Die Ehe

»Ehen« waren schon immer problematisch.

> »Zeigt doch schon das Weh
> deiner tollen Eh,
> was verstoßne Liebe kann.«
> *(Johann Christian Günther, 1695–1723)*

Aber ob heimlich oder standesgemäß, wild, kaputt oder keusch, fruchtbar oder kinderlos, blieb doch die Ehe, was sie immer schon war, nämlich Ehe. Selbst der ursprünglichere Zustand der Ehelosigkeit wird bei Erwachsenen eines gewissen Alters nach wie vor mit Erstaunen quittiert; die »Ehelosigkeit« ist durch die »Ehe« definiert. Die Ehe scheint die Norm zu sein; ansonsten ist anzüglich von »alter Jungfer« und vom »Hagestolz« die Rede.

> »Wer entbehrt der Ehe, lebt weder Wohl noch Wehe.«

So heißt es paradigmatisch bei Simrock. Schlegel schreibt:

> »Albern ist Menschenhaß, zweideutig bleibet die Reue;
> aber der Kinder Gequäk flickt die gebrochene Eh.«

Ich könnte mir denken, daß hausbackene Sätze wie diese zumindest unter emanzipatorischen Gesichtspunkten auf nachhaltigen Widerspruch stoßen. So einfach ist das alles nicht mehr. Die »Ehe« hat auch in sprachlicher Hinsicht eine bewegte Vergangenheit hinter sich. Wir beginnen unsere Nachforschungen bei Altmeister Goethe und lassen dabei außer acht, daß ausgerechnet der Olympier aus Weimar zur bürgerlichen Ehe ein bemerkenswert gestörtes Verhältnis hatte. Trotzdem schrieb gerade er die für das Verständnis der »Ehe« wichtigen Verse:

»Es kann die Spur von meinen Erdetagen
nicht in Äonen untergehen.«

Also sprach Faust kurz vor dem Ziel, d.h. im Zweiten Teil ganz hinten. Von der »Ehe« ist dabei weder vorder- noch hintergründig die Rede. Aber die »Äonen« bringen uns trotzdem auf ihre Spur. »Äonen« sind unvorstellbar lange, weit über Menschenmaß hinausreichende Zeiträume. »Aevum«, sagten die Römer, was wir in der Penne mit »Zeitalter«, wenn nicht gleich mit »Ewigkeit« übersetzten. Die deutsche »Ewigkeit« ist nicht zufällig vom selben alten »Äonen«-Stamm.

Als der Gote Ulfilas sich an die Übersetzung der Bibel machte, stieß er auf das griechische »aion« und stockte. Zeiträume dieser Größenordnung kamen anscheinend im germanischen Denken gar nicht vor. Also »gotischte« Ulfilas das fremde Wort ein, und heraus kam »aiw«. Da dämmert es, daß unser »ew-ig« auf dieses »aiw« zurückgehen dürfte, und so ist es auch.

Die »Äonen« der Bibel und des alten Faust meinen die »Ewigkeit«, die unvorstellbar lange Zeit. Das »aiw« aus der Feder des Ulfilas hat die Zeiten nicht überdauert; aber ohne es wäre vielleicht nichts aus der bürgerlichen »Ehe« geworden. Das gotische »aiw« entwickelte sich im Althochdeutschen nämlich zunächst zu einem offenen langen »ê«. Die »ê« stand für »Gesetz«, für das die Zeitalter Überdauernde und Verbindliche. Von derart langfristig verbindlicher Wirkung waren anscheinend auch jene vertraglichen Regelungen, die das Zusammenleben von Mann und Frau einschließlich der daraus resultierenden Besitz- und Vermögensverhältnisse fixierten. Die »ê«, das Gesetz, entwickelte sich im Neuhochdeutschen zur »Ehe« mit den Äonen und der Ewigkeit im Hintergrund. Die Vermutung liegt nahe, daß die Formel »bis daß der Tod euch scheidet« der ursprünglichen Bedeutung von »Ehe« sehr nahekommt. Näher jedenfalls als Kants abstrakte Formel, die Ehe sei »die Verbindung zweier Personen verschiedenen Geschlechts zum lebenswierigen Besitz ihrer Geschlechtseigenschaften«. Immerhin ist auch hier vom »Lebenswierigen« die Rede. Die Scheidung jedenfalls, das Zerrüttungsprinzip und der Versorgungsausgleich waren im ursprünglichen Wortsinn der »Ehe« nicht angelegt. Im Ursprung war die »Ehe« für die »Ewigkeit«.

Es ist deshalb nicht ohne Ironie, daß die ursprünglich auf die Ewigkeit angelegte »ê« bereits in althochdeutscher Zeit bedenkliche Aufweichungserscheinungen zeigte. Der volle offene Vokal veränderte sein Aussehen und diphthongierte, wie man sagt, zu »io« und »ie«. Diesem Auflösungsprozeß verdanken wir das beiläufige Wörtchen »je«. So stammen das schnell dahingesagte »Je länger, je lieber« und die gewichtige »Ehe« aus demselben Stall. Ein wunderlicher Zusammenhang.

Das Ei

»Aus den Eiern können schlimme Vögel kommen, sagte das Wiesel und trank sie aus.« – »Ein ungelegtes Ei ist ein unsicheres Ei.« Und ein Ei zusammenleimen eine halsbrecherische Angelegenheit. Das »Ei« hat geradezu unseren Wortschatz beflügelt. Es taugt, wie es scheint, für alle Lebenslagen und ist keinesfalls so harmlos, wie es scheint. »Mensch, war das ein

Ei!« sagen die Leute, wenn etwas haarscharf, aber nachhaltig danebenging. Der Spötter George Bernard Shaw läßt seine Version der »Heiligen Johanna« mit dem Schreckensruf beginnen: »Keine Eier, keine Eier! Donnerwetter, Mensch, was soll das heißen. Keine Eier, keine Eier!« Das Mirakel der französischen Nationalheldin und späteren Heiligen der katholischen Kirche rückt in die Perspektive des Hühnerhofs! Nach aller Erfahrung kann das nicht gutgehen. Dabei wäre das »Ei« aus der Sicht des Hühnerhofs nur natürlich und alles andere als metaphysisch.

»Das Ei lehret das Huhn und die Kachel den Töpfer«, sagt man im Spott auf die jugendliche Besserwisserei. Mithin sollte das Ei nicht klüger sein wollen als die Henne. Aber schon die hinterhältige Frage, ob am Anfang aller Dinge denn nun das Ei oder die Henne gestanden habe, führt in die intellektuelle Ausweglosigkeit. Wäre das Ei ursprünglicher als die Henne, müßte man fragen, wer es gelegt haben könnte. Wäre die Henne ursprünglicher als das Ei, müßte man fragen, aus welchem sie denn wohl geschlüpft sein könnte. Mithin bringt uns das simple Verhältnis von Henne und Ei fast schon in die Nähe eines Gottesbeweises. Es müßte eine Art »Ur-Ei« gegeben haben. Aber wer, um Himmels willen, könnte es gelegt haben? Das Ei selbst verweigert die Auskunft. Die Eier der Handelsklasse A sind unproblematisch; das Ur-Ei jedoch macht uns zu schaffen. Und dieses hätte nicht einmal der große Seefahrer Columbus auf dem Tisch zerdeppern können, um es zum Stand zu bringen.

Henne oder Ei, ist hier die Frage. Wenn auch nur die halbe. Mag das verdienstvolle Eierlegen auch Sache der Legehennen sein, müßte doch wohl auch noch nach der Rolle des Hahns gefragt werden. Wenn nicht beim Frühstücksei, dann doch sicher bei der Kükenzucht. Das Ei ist hintergründiger, als es scheint. Jedenfalls sind wesentliche Fragen wie die nach der Ursprünglichkeit von Henne oder Ei im Rückgriff auf die gängigen Biologiebücher nicht zu lösen. Zu allem Überfluß gleicht auch noch ein Ei dem anderen. Und von der Torheit, sich um ungelegte Eier zu kümmern, ist schon in Luthers Sprichwörtersammlung die Rede.

Das »Ei« drängt uns in die Defensive. Sprachlich übrigens auch. Daß das »Ei« und der »Vogel« etwas miteinander zu tun haben, legt jenseits der Anschauung des Hühnerhofs der Lateinunterricht nahe. »Avis« und »ovum« ähneln sich nicht zufällig. Ob aber der »Vogel« das »Eier-Tier« ist oder das »Ei« das »vom Vogel Gelegte«, ist sprachlich nicht zu entscheiden. Sachlich vertretbar wäre beides. Es erweist sich stets von neuem bei der Kükenzucht.

Die eierlegende »Henne« ist eine Besonderheit der westgermanischen Sprachen. Das verbreitetere »Huhn« ist vom offenbar ursprünglicheren »Hahn« abgeleitet. Die »Henne« ist das, was zum »Hahn« gehört. Sprachlich jedenfalls. Das Huhn gackert, der Hahn kräht. Erstaunlicherweise ist das eine wie das andere in der musikalisch anscheinend nicht sonderlich verwöhnten Frühzeit als Gesang empfunden worden. Dem germanischen »Hahn« entspricht das lateinische »cano«, »ich singe« oder »töne«. »Gallicinium« wäre der »Hahnengesang«. »Eikanos«, sagten die Griechen; »Früh-Singer« heißt das, und gemeint ist der Hahn. »Singerl« nennen die Österreicher den munteren Vogel noch immer. Dabei sagt man, daß den, der zu früh singe, die Katze hole. Vielleicht haben deshalb die Hähne dem Gesang abgeschworen und sich aufs Krähen verlegt. Hühner sind ohnehin unmusikalisch; sie gackern. Vorzugsweise, wenn sie ein Ei gelegt haben.

Der »Hahn« auf dem Kirchturm und der »Hahn« am Gewehr, der »Hahn« an Wasserleitung oder Faß haben nur mittelbar etwas mit dem Hühnerhof zu tun. Der eine wie der andere »Hahn« hatte vorzeiten tatsächlich Hahnengestalt. Mithin dürfte für diese Inflation der »Hähne« nicht das Eierlegen, sondern der Spieltrieb der Handwerker verantwortlich sein.

Das Eisbein

Das Eisbein gehört zu den Unverzichtbarkeiten der gutbürgerlichen Speisekarte in Deutschland. Ob mit Knödeln, ob mit Dampfkartoffeln, auf eines kann beim Eisbein nicht verzichtet werden, und das ist das Sauerkraut. Das Eisbein ist nichts für Filigrane. Schon die Portionen sind nicht von schlechten Eltern. Gekochtes gepökeltes Schweinebein dampft auf dem Teller. Jeder kennt es. Schon der bloße Augenschein beim Servieren läßt Assoziationen mit kalten Füßen als abwegig erscheinen. Warum also »Eisbein«?

»Eisbein« sagt man im Norden, »Eisknochen« in Teilen der Rheinpfalz; in anderen Regionen des Vaterlandes ist verständlicher von »Schweinsfüßen« oder »Schweinshaxen« die Rede. In Köln werden »Hämchen« bestellt, was so klingt, als habe man den Mund bereits voll und Mühe, präzis zu artikulieren. Der »Eisknochen« und das »Eisbein« fallen gegenüber den anschaulicheren Schweinsfüßen und -haxen eigentümlich aus dem Rahmen. Von Gefrorenem kann beim besten Willen keine Rede sein. Oder vielleicht doch?

Möglicherweise hatten unsere Ahnen Mühe, mit der Aussprache des fremdländischen »Ischias« fertig zu werden. Tatsächlich ist bei den Eindeutschungsversuchen ein wunderliches »îspein« herausgekommen. Dieses Ischias-»Eisbein« sitzt allerdings nicht genau dort, wo man bei den Schweinen den Ursprung des Eisbeins vermuten möchte.

»Eisbeine« und »Eisknochen« sind aus anderen Zusammenhängen bekannt. »Eisbeine« sind überaus kalte Füße; »Eisknochen« haben sich unsere Ahnen lange vor Einführung der gutbürgerlichen Küche unter die Stiefel gebunden. Es waren Kufen aus Schienbeinknochen geschlachteter Haustiere, die dazu dienten, sicher und geschwind das Eis der gefrorenen Gewässer zu überqueren. Der Einfachheit halber hätte man diese »Eisknochen« auch von vornherein als »Schlittschuhe«

bezeichnen können. Diese dem winterlichen Personennahverkehr zuzurechnenden »Eisknochen« tauchen angeblich schon in der »Edda« auf, in jener Sagasammlung also, die um 1250 ein Schriftkundiger im norwegischen Bergen zusammenstellte. Dabei sind die aus Röhrenknochen gefertigten Schlittschuhe wesentlich älter; Archäologen haben solche aus dem ersten vorchristlichen Jahrtausend ausgebuddelt. Ob schon zur Eiszeit Pirouetten aufs Eis gezaubert wurden, ist fraglich; der doppelte Rittberger war mit Sicherheit unbekannt.

Die Übung, aus Haustierknochen Schlittschuhe zu fertigen, blieb bis ins Mittelalter lebendig. Die besonders eislauftüchtigen Niederländer sollen als erste haltbarere Eisenkufen unter Holzgestelle montiert haben. Auf die Holzgestelle haben sie später auch noch verzichtet. Sicher ist, daß am Anfang des europäischen Eislaufs Kufen aus landesüblichen Haustierknochen standen. Auch die Schweine haben zweifellos ihr Teil zur Mobilität auf dem Eise beigetragen. Die eislauftauglichen Schweineknochen saßen wohl auch dort, wo der Metzger heutzutage das Eisbein herholt. Ob womöglich nach dem Verzehr der Schweinshaxen die Knochen wieder eingesammelt wurden, um sie der Schlittschuhfabrikation zuzuführen? Wenn ja, dann hätte die dampfende Riesenportion auf dem Teller von ferne doch noch etwas mit kalten Füßen zu tun. Das wäre auch origineller als die Berufung aufs schmerzhafte »Ischias«.

Das Elend

Das Elend kommt in mancherlei Gestalt daher. Das »heulende Elend« kann einen ankommen; man kann herumhocken wie ein »Häufchen Elend« oder aussehen wie das »leibhaftige Elend«. »Elend« kann einem zumute sein, und tief kann man

»im Elend stecken«. Im Elend kann man leben, im Elend kann man sterben. Zum »Elend« gehört nach allgemeiner Vorstellung die übergroße Armut und die Aussichtslosigkeit, aus ihr herauszufinden. Der ursprüngliche Wortsinn des »Elends« freilich ist ein anderer. Wer im »Elend« lebt, der lebt »im fremden Land«. Er ist ausgewiesen, ausgestoßen oder aber auf der Flucht; fern der Heimat jedenfalls, außerhalb der eigenen Rechtsgemeinschaft und ihres Friedens. Im althochdeutschen »ali-lenti« ist das »andere Land« noch herauszuhören, im mittelhochdeutschen »ellende« ist es schon leicht verschlissen, im neuhochdeutschen »Elend« nur noch zu ahnen.

Im Deutschen Wörterbuch der Gebrüder Grimm ist vom »Elend« als dem »schönen, vom Heimweh eingegebenen Worte« die Rede. Die Entwicklung geht über »Fremde«, »Verbannung« zur »Not«. Diese Bedeutungsverlagerung ist schlüssig; denn das eine ist die wahrscheinliche Konsequenz des anderen. Die Heimatlosigkeit und das Leben in der Fremde bedeuten Not.

»Wo dem einen Rosen lachen,
sieht der andere dürren Sand;
jedem ist das Elend finster,
jedem glänzt sein Vaterland.«
(Ludwig Uhland, 1787–1862)

»Darumb habt lieb die ellenden, wann auch ir selb wart frembd in dem land Egipt«, heißt es in einer Bibelübersetzung des Jahres 1483. Die »ellenden« stehen für »peregrinos«, und Luther wird sie »Fremdlinge« nennen. »Ellendenherberge« hieß an manchen Orten das Gasthaus, in dem die »Fremden« einkehrten; aber den Beigeschmack der Not hat das »Elend« auch in dieser Bedeutung nie abgelegt. »Ach mein Herr, wir sind ellende Sänger und Musicanten, bitten umb ein viaticum, weil wir heute noch nichts gegessen haben« (Hans Michael Moscherosch, 1601–1669). Im Vergleich mit dem verheißenen Himmelreich war die Erde das Elend schlechthin, weshalb man von Verstorbenen sagte, der Herr habe sie aus diesem Elend abberufen oder heimgeholt.

Ursprünglich war das »Elend« das Los der Fremden, Flüchtlinge und Vertriebenen. Ein Zusammenhang, der bei aktuellen Diskussionen über die Not der Fremden in unserem Lande allzuoft übersehen wird. Wer leichthin von Wirtschaftsflüchtlingen spricht, könnte übersehen, daß man in manchen Weltregionen ins ferne »andere Land« flüchten muß, um daheim nicht zu verhungern.

Man kann freiwillig ins Ausland ziehen, weil man neugierig ist und sich den Wind um die Nase wehen lassen möchte. Man kann gezwungen sein, auszuwandern, um nur menschenwürdig oder auch nur frei von Unterdrückung zu leben. Beim »Elend« ist inzwischen die Not so vorrangig, daß man entgegen dem ursprünglichen Wortsinn auch in der Heimat in tiefes Elend geraten kann. In der Fremde konnte man immer schon »elendig« verkommen. Wir kennen die Elendsviertel der großen Städte der armen Länder und sagen, daß das Elend unbeschreiblich sei. Anfänglich nur im »anderen Land« zu Hause, kennt das »Elend« mittlerweile keine Grenzen mehr. Trotzdem könnte die Erinnerung an die sprachliche Herkunft des »Elends« helfen, die Not der Fremden im Lande besser zu verstehen.

Sich entscheiden zu müssen, in der Heimat zu darben oder ein halbwegs erträgliches Auskommen nur in der Fremde zu suchen, mag auch ein Elend sein. Die seltsamerweise »Gastarbeiter« genannten Fremden müssen nicht selten in Kauf nehmen, daß ihre Kinder die eigentliche Heimat nur noch in den Ferien kennenlernen und in der Fremde als halbe Analphabeten in zwei Sprachen auf einmal heranwachsen. Auch dieses mag ein Elend sein. »Elend« heißt auch, nicht zu wissen, wo man hingehört. Und wenn doch, dann als Fremder unter Fremden zu leben.

»O lieber Sohn, wie öde ließest du
das väterliche Haus zurück, als dich
des Bruders Trotz ins Elend ausgestoßen!«
(Friedrich Schiller, 1759–1805)

Die Ferien

In Urlaub fahren Familien mit schulpflichtigen Kindern vornehmlich dann, wenn diese Schulferien haben. Entsprechend beliebt und herbeigesehnt sind »die Ferien«, ob es sich nun um die Sommerferien, die Herbst-, Oster- oder Weihnachtsferien handelt. In den Ferien kann man ausschlafen, in den Ferien läuft man nicht Gefahr, ohne Hausaufgaben erwischt zu werden; in den Ferien hat sogar der Lehrer Ferien. Die Ferien sind so beliebt, daß sie nur im Plural vorkommen. Einen einzelnen Tag nimmt man nur frei; es sei denn, man machte von vornherein blau. Ferien müssen sich lohnen. Trotzdem sind alle Ferien irgendwie zu kurz geraten; weil das Faulenzen an sich selbst behaglich ist.

In den »Bergischen wöchentlichen Nachrichten« vom 27. September 1791 machte ein »Endes Unterzeichneter Schulmeister« den interessierten Eltern bekannt, »daß bey ihme die Spieltäge am 2. künftigen Monats October zu Ende laufen, und daß er am 3. einstehenden Monats mit seiner Lehre wiederum den Anfang machen werde«. Diese Mitteilung läßt den Schluß zu, daß Privatlehrer sich schon immer einer gepflegten Sprache befleißigten, um auf sich aufmerksam zu machen. Im konkreten Falle wurden die offenbar kurzen Ferien, die nun zu Ende gingen, im Hinblick auf die Lieblingsbeschäftigung der der Fron des Unterrichts entronnenen Kinder als »Spieltage« bezeichnet. Möglicherweise hatte sich besagter Lehrer aber auch selbst nur wenige freie Tage bewilligt, die den Namen »Ferien« nicht gerechtfertigt hätten.

Im staatlich geregelten Schulbetrieb der Neuzeit gelten die Ferien für alle Schüler eines Bundeslandes gleichzeitig; alles, was aus diesem Rahmen fällt, mußte, zu meiner Schulzeit zumindest, umständlich begründet und im nachhinein schriftlich »entschuldigt« werden. Einen Tag vor oder nach den Ferien zu fehlen, war völlig unmöglich. Auch in dieser Hinsicht leben wir inzwischen offenbar in einer Freizeitgesellschaft. Was heißt hier Schule, wenn man einen günstigen Flug in den Süden erwischt hat.

Joachim Heinrich Campe, der von 1776 bis 1777 Hauslehrer der Familie Humboldt war, der in Hamburg und Schleswig-Holstein eigene Bildungsanstalten gründete und später als Schulrat in Braunschweig das dortige Schulwesen reformierte und obendrein einen Namen als Sprachforscher hatte, ließ das Fremdwort »Ferien« für eingebürgert gelten, »da es nicht undeutsch klingt und schon allgemein üblich ist«. Tatsächlich dürften die Ferien im 18. Jahrhundert Einzug in den deutschen Schulbetrieb gehalten haben. Viel früher, nämlich schon 1521, tritt das Wort in der Reichsordnung auf und bedeutet »geschäftsfreie Tage« bei Gericht. Die Gerichtsferien gibt es immer noch, wiewohl sie im allgemeinen Bewußtsein von den Schulferien überrundet wurden. Daß es daneben »Betriebsferien« gibt, ist an mancher zu ungewöhnlichen Zeiten geschlossenen Bäckerei oder Metzgerei zu lesen. Wenn Großkonzerne Betriebsferien machen, ergeht eine entsprechende Warnung im Verkehrshinweis.

Das eine wie das andere vermag nicht über den römischen Ursprung unserer Ferien hinwegzutäuschen. Weil der römische Staat sich nicht um den Schulbetrieb kümmerte, war Schule Privatsache. Dem »litterator«, der den Kindern die Buchstaben beibrachte, zahlten Schüler oder Eltern ein Schulgeld in monatlichen Raten, und zwar von November bis Juni. Man kann daraus schließen, daß die vier Monate von Juli bis Oktober als zu heiß zum Lernen empfunden wurden. Das waren dann wohl die »großen Ferien«. Hinzu kamen selbstverständlich die Fest- und Feiertage. Den durch sie bedingten Unterrichtsausfall tadelte bereits Tertull. Was der die Jahrhunderte überdauernden Beliebtheit der Ferien bei Schülern und Lehrern, sofern sie nur ihr Gehalt weiterbezogen, keinerlei Abbruch getan hat.

»Feriae« waren die heiligen Festtage, an denen Arbeit und Geschäfte ruhten. Unsere »Feier« verdanken wir den »feriae«, und der Abend vor dem Festtag ist der »Feierabend«, der seinen sakralen Hintersinn ebenso schnell verlor wie die Ferien von der Schule.

»Der Bäcker selbst gewinnt nichts mehr.
Ist Feierabend jetzt, gibt nichts zu Backen mehr.«
(Ludwig Uhland, 1787–1862)

Ferien und Feierabend sind »Ruhe von der Arbeit«. Trotzdem steht im Hintergrund das Sakrale. »Feriae« gehört zum Stamme »fas«, der sich auf das Heilige (»fanum«) bezieht. Der »fanaticus« war zunächst der religiöse Schwärmer, der nach alter Vorstellung von der Gottheit Geschlagene. Dementsprechend dürfte auch der auf Rockkonzerten oder Stadionrängen für Stimmung sorgende neuzeitliche »Fan« einen Sprung in der Schüssel haben, um in seinem Jargon zu bleiben. So gesehen befinden sich die ordinären »Ferien« in wunderlicher Umgebung. Sprachlich gesehen.

Das Fersengeld

»Und ich will Feindschaft setzen zwischen dir und dem Weibe und zwischen deinem Samen und ihrem Samen. Derselbe soll dir den Kopf zertreten, und du wirst ihn in die Ferse stechen.« Also sprach der Herr zur Schlange nach dem bekannten

Sündenfall. Daß die Ferse ein empfindlicher Körperteil ist, wissen wir also nicht erst seit Achill.

»Sie halten zuhauf und lauern und haben acht auf meine Fersen, wie sie meine Seele erhaschen«, heißt es im 56. Psalm. An der Ferse kann man, wenn überhaupt, den Fliehenden noch fassen. Es sei denn, er entwischte denen, die ihm hart auf den Fersen sind. Wer sich davonmacht, zeigt anderen die Fersen. Man kann das nachfühlen und gelegentlich mit eigenen Augen sehen. Dem Pferd kann man die Sporen oder der Einfachheit halber auch die Fersen geben. Natürlich kann man auch einem Reiter auf den Fersen bleiben. Ohnedem müßte jeder Western notgedrungen ein Kurzfilm sein.

»Dann wird eine Schlange werden auf dem Wege und eine Otter auf dem Steige und das Pferd in die Fersen beißen, daß sein Reiter zurückfalle«, heißt es im 1. Buch Mose, Kapitel 49, Vers 17. Die Ferse ist also ein Körperteil, an dem sich in mehrfacher Weise Flucht und Verfolgung festmachen lassen. Je nachdem, ob man jemandem auf den Fersen ist oder diese einem anderen zeigt.

Das »Fersengeld« taucht meines Wissens in der Bibel nicht auf. Wohl aber in Luthers handfestem Deutsch; »da Fleisch, Tod und Teufel fliehen und Fersengeld geben müssen«, heißt es, und an anderer Stelle: »die Teutschen haben die Behemen« – die Böhmen also – »etlich mal mit Fersengelt geschlagen«, also offensichtlich in die Flucht.

Dieselbe Wendung finden wir bei Martin Opitz, der ebenfalls für sich beanspruchen kann, die Literaturfähigkeit der deutschen Sprache vorangetrieben zu haben: »Meint ir wol, sind sie gehelmte Hasen, und kommen Fersengeld zu geben in den Krieg?« Dasselbe Bild taucht an anderer Stelle noch einmal auf: »... wie, wann die Taube sieht den Habicht auf sich fliegen und giebet Fersengeld.«

»Fersengeld zu geben« heißt offensichtlich, sich beschleunigt aus dem Staub zu machen, zu flüchten oder zu entfliehen.

Aber was hat die Ferse mit der Börse und dem Kleingeld zu tun? Einen »Fersenpfennig« hat es auch gegeben. So berichtet der Sachsenspiegel, das bedeutendste Rechtsbuch des Mittelalters, zwischen 1220 und 1235 entstanden, auch über Besonderheiten des Eherechts bei den Wenden. Die wendischen Männer hätten ihre Weiber verstoßen können, sofern sie den dergestalt Verlassenen oder Verstoßenen nur den »Fersenpfennig« in Höhe von drei Schilling zahlten. Ob dies viel war oder wenig, billig oder recht, lassen wir dahingestellt. »Sie muten irme die versnepennige geben«, hieß es im Text.

Aus diesen »versnepennige« hat die landwirtschaftlich geprägte Nachwelt eine Art »Kuhpfennig« gemacht, weil man bei »versne« an die »Färse«, also an das Jungvieh dachte. Das klingt nicht nur nicht dumm, es erscheint schlüssig. Trotzdem spricht einiges dafür, daß das »Fersengeld« seinen Ursprung weniger auf dem sittlich gefestigten Bauernhof als in einer verlotterten Kneipe hatte. Lesen wir doch in der freilich jüngeren »Schelmenzunft« des Thomas Murner die folgenden Verse:

»Un do der wirt wolt haben gelt,
do draff ichs loch weit ubers feldt,
mit meinen fersen bzalt ich das,
was an der kerben zeichnet was.«

Der Zecher hatte offenbar einiges auf dem Kerbholz stehen, wie sich das in einer Kneipe auch gehörte. Da der Wirt aber abrechnen wollte, machte sich unser Zecher beschleunigt aus dem Loch und geschwinde übers Feld davon. »Mit meinen Fersen bezahlte ich, was auf dem Kerbholz verzeichnet war.« Also nicht mit Rindern oder anderem Vieh. Eher mit gar nichts. Der Zecher prellte die Zeche und machte sich aus dem Staube. Er zahlte mit »Fersengeld« und ward fürs erste nicht mehr gesehen.

Der Fidibus

Mit der Konjunktur der Wegwerffeuerzeuge ist der gute alte »Fidibus« in Vergessenheit geraten. Ich sehe freilich meinen Großvater noch vor mir, wie er in die Dose mit den selbstgefalteten Papierstreifchen griff, die Ofentür öffnete, an der Glut der Kohlen den Fidibus entzündete, um sich dann zurückzulehnen und das Pfeifchen anzuschmauchen. Ein einfaches Verfahren; aber ein exquisites Wort. »Fidibus«, das klingt nach großem Latinum und nach Ablativus pluralis. Ich bin aber sicher, daß meinen Großvater nichts dergleichen beschäftigte; er steckte sich nur auf praktische und billige Weise an der Ofenglut die Pfeife an. Manchmal glättete er alte Zeitungsseiten, riß schmale Streifen ab, um sie einmal zu knicken und in den Fidibus-Kasten an der Wand über dem Herd zu legen.

Wenn Lateinisches in die Küche gerät, darf man vermuten, daß Spaßvögel am Werke sind. »Fides, fidium« ist das Saitenspiel, und dasselbe zu erlernen hieß »fidibus discere« im klassischen Latein. »Et ture et fidibus iuvat placare deos«, dichtete Horaz. »Mit Weihrauch und mit Saitenspiel laßt uns die Götter besänftigen.« Dies ist weit von der Pfeifenanzündeprozedur meines Großvaters entfernt, der Riemendreher war und kein Verseschmied. Daß Horaz Pfeife rauchte, ist unwahrscheinlich; woher hätte auch der Tabak kommen sollen? Mit bedrucktem Papier wäre ein römischer Dichter auch wohl zartfühlender umgegangen, denk' ich mir.

Wie also ist der klassische »Fidibus« in den bürgerlichen Pfeifenalltag geraten? Wir wissen es nicht genau, vermuten aber, daß einige lateinischer Verse kundige Pfeifenraucher der Tradition ihre Respektlosigkeit bezeugen wollten. Das könnten nach Lage der Dinge nur Studenten gewesen sein. Da saßen sie in der Kneipe, pokulierten und stopften sich die Pfeifen und deklamierten womöglich: ». . . ture et fidibus . . .«, »mit Weihrauch und mit Saitenspiel«; Rauchschwaden stiegen an die Decke, ein Studiosus traktierte ein Saiteninstrument. »Ture et fidibus«, mit Paffen und dem Anzünde-»Fidibus« hielt man die Pfeifen in Gang. Möglich wär's, wenn auch die Wege unerforschlich bleiben, wie ein Studentenulk in die biedere Stube der Pfeife rauchenden Großväter geriet.

Die Studentenkneipe hat durchaus Tradition als Sprachwerkstatt. Dem Spaß, an alles und jedes die griechische Endung »-ikos« anzuhängen, verdanken wir beispielsweise das »Burschikose«. Die Fidibus-Hypothese wird zudem durch das zerfledderte Buch gestützt, aus dem kurzerhand die zur Fidibus-Herstellung benötigten Seiten herausgerissen wurden; Schwarten dieser Art werden immer noch »Schmöker« genannt, als wären sie den Wegwerffeuerzeugen zum Trotz immer noch unabdingbares Rauchutensil.

Der Dichter Weise erwies dem »Fidibus« seine Reverenz, der ungeachtet seines altrömischen Klangs erst in der zweiten Hälfte des 17. Jahrhunderts aufkam: »Dazumal lernte ich, was die weitläufigen Programmata an den Doktoraten nütze wären, denn zur Not konnten die lieben Herrn Fidibus draus machen.« Trotz der aus Gründen der Brandverhütung dringend gebotenen Vorsicht, im Bette nicht zu rauchen, hieß es in den Weimarer Jahrbüchern: »Pfeifchen und ein Fidibus soll und muß mit mir stets zu Bette gehen.« Daß auch bedrucktes Papier noch sinnvoll verwendet werden kann, entnehmen wir einem Rat des Johann Christian Günther (1695–1723): »Und mangelt Fidibus, so reiß dies Blatt entzwei.«

Der Film

Man schaut sich einen Film an. Im Kino oder auf dem Fernsehschirm. Er ist spannend oder langweilig, künstlerisch wertvoll oder öde. Aber kein Mensch, es sei denn, er sei Fotolaborant, denkt dabei an den dünnen fotografischen »Film« auf dem perforierten Streifen, den wir gleichfalls »Film« nennen. Die Filmindustrie ist kein »Schicht«-Betrieb, sondern ein Illusions-Unternehmen. Das entscheidende am »Film« ist gerade nicht der »Film«; aber ohne diesen »Film« gäbe es wahrscheinlich den ganzen Filmbetrieb nicht. Nicht Filme, sondern Filmemacher »filmen«, und heraus kommt wieder ein Film. Das ist merkwürdig, denn ursprünglich ist der Film kein Kunstwerk oder Machwerk, sondern jener hauchdünne »Film«, der auf der Oberfläche von etwas anderem sitzt. Der »Ölfilm« beispielsweise, der farbig auf der Wasseroberfläche schimmert oder aber auf den Zylinderwänden des Motors verhindert, daß der Kolben frißt.

Das Wort »Film« ist mit »Fell« verwandt und bezeichnet eine dünne Haut. Das Verb »filmen« setzt freilich einen ganz anderen Film voraus. Das Öl beispielsweise bildet auf der Wasseroberfläche einen Film; aber es »filmt« nicht. Wenn doch, könnte es eigentlich nur bedeuten, daß Texaco jetzt auch noch die Familiensaga »Dallas« produzierte.

Der »Film« in seiner gebräuchlichsten, nämlich kinematografischen Bedeutung taucht zuerst 1845 im Englischen auf. Gemeint war der hauchdünne Film chemischer Substanzen auf einer fotografischen Platte. Der Franzose Niepce hatte mit einer Lösung aus Asphalt und Lavendelöl auf einer Kupferplatte herumexperimentiert. Die erforderliche Belichtung nahm noch einige Stunden in Anspruch; immerhin ließ sich so schon die Sonne auf den fotografischen »Film« bannen. Monsieur Daguerre versuchte es mit Jodsilber und erreichte eine sechzig- bis achtzigfache Verkürzung der Belichtungszeit. Ein Sir John Herschel führte Natrium-Thiosulfat als Fixiermittel ein. Am Anfang der Filmerei stand nicht die Kunst, sondern die Chemie.

Blieb noch das Zelluloid als Träger für den fotografischen »Film« zu erfinden, den wir bald auch »Film« nennen sollten. Die Erfindung soll dadurch beschleunigt worden sein, daß

Billardspieler in den USA nach einem brauchbaren Ersatz für die allzu teuren Elfenbeinkugeln suchten. Ausgerechnet die Lösung von Nitrozellulose in Kampfer brachte die Lösung. Ein Pfarrer namens Hannibal Goodwin war der erste, der einen brauchbaren Rollfilm entwickelte; der Urheberrechtsstreit mit der mächtigen Eastman Kodak Company wurde freilich erst vierzehn Jahre nach seiner Beerdigung zu seinen Gunsten entschieden. Eastman machte den Rollfilm bei den Fotografen populär. Edison erfand die Perforation, und viele andere haben ihr Teil dazugetan, daß am Ende auch die Bilder laufen lernten und so die große Filmemacherei begann.

»Lichtempfindlicher Zellhornstreifen für Lichtbilder« bedeutete »Film« um 1890 im Deutschen, was die Vermutung nahelegt, daß der Rollfilm die unhandlichen Bildplatten bereits abgelöst hatte. Bei Lichte besehen, ist der »Film« eine wunderliche Mischung aus Schießbaumwolle, Tischlerleim und einigen Chemikalien. Aus dem dünnen chemischen »Film« auf fotografischen Platten oder Zelluloidstreifen ist eine phantastische Industrie mit Stars und Sternchen geworden. Eine Kunstform, die nicht nur die Realität, sondern sogar Träume vorführt. Mittlerweile sogar in allen Farben.

Die Finanzen

Unsere »Finanzen« sind in den seltensten Fällen völlig in Ordnung. Das »Finanzielle« macht allen Kopfzerbrechen, dem gewieften Steuerhinterzieher und dem kleinen Mann, dem die Raten über dem Kopf zusammenschlagen. Vom »Finanzamt« heißt es, es zöge den Bürger aus bis aufs Hemd. Trotzdem ringt auch der »Finanzminister« die Hände, weil die Löcher in den »Staatsfinanzen« schneller wachsen, als er sie stopfen kann. Offenbar ist nie Ruhe in diesen »Finanzen«, die den Einnehmenden wie auch den Geschröpften ständig Sorgen bereiten. Die also Geplagten werden mit einiger Genugtuung zur Kenntnis nehmen, daß die »Finantien«, als sie im Deutschen auftauchten, »Wucher«, »Übervorteilung« und »übel und betrüglich wirtschaften« bedeuteten. »Es war ein Mann, der mit Finanzen umging, betrog Land und Leute«, konnte man lesen; mithin waren die »Finanzen« von Anfang an übler beleumdet, als einem Finanzminister unserer Tage lieb sein kann.

»Mein Kaufhaus soll einem jeden offen stehen und soll keiner gefinanzet oder betrogen werden«, hieß es bei Jacob Böhme (1575–1624), und Friedrich von Logau (1604–1655) reimte:

»Bürger sind Füchse zum schleichen und schmügen
vortheln, berücken, finanzen und lügen.«

Wobei »vortheln« offensichtlich »übervorteilen« bedeutet. Auch bei Luther war der »Finanzer« noch ein Schimpfwort; »solche Finanzer heißt man die Gurgelstecher oder Kehlstecher, sind aber für große, geschickte Leute gehalten«. Aus dem übel beleumdeten »Finanzer« ist der gesuchte Geldgeber und ob seiner finanziellen Mittel französisch geadelte »Financier« geworden. »Bei guten Finanzen ist's gut tanzen.«

Ausgerechnet im Jahre 1341, als in Lübeck die ersten Goldmünzen geprägt wurden und man in Rom den Dichter Petrarca krönte, tauchten erstmalig in einem deutschen Schriftstück im heiligen Köln die »Finantien« auf. Daß in ebendiesem Jahre auch zum erstenmal der Kölner Karnevalszug urkundlich erwähnt wurde, verschaffte keinerlei Erleichterung. Anders als das karnevalistische Brauchtum bereiten uns die »Finanzen« schließlich ganzjährig Sorgen.

»Geld hat man«, sagen die Leute selbst dann, wenn das Gegenteil richtig ist. Die »Finanzen« wurden ursprünglich fällig zum Termin. Hinter dem »Termin« steckt der römische

Grenzpfahl »terminus«. Bis hierher und nicht weiter. Deshalb hat der »Termin« die Bedeutung »Zahltag« oder »Frist« angenommen. Wenn etwas fällig wird, ist »Ultimo«. Ob gefällig oder nicht, am Zahltag ist die Zahlung fällig.

»Finis« ist das Ende, und »finalis« steht für »endgültig«. Weil aber nun im schludrigen Mittellatein – ähnlich wie auf der gymnasialen Oberstufe der Neuzeit – die Konjugationen durcheinandergingen, ist neben das klassische »finire« ein peinliches »finare« geraten. »Finatus, -a, -um« wäre somit der, die oder das »Beendete«. Offenbar die abgelaufene Frist, also mithin auch der »Zahlungsbefehl«. »Finatia«, »finantia«, da haben wir die Lösung; »Finanzen« meinen den Zahlungstermin und damit das auf jeden Fall Fällige. Da die meisten Zahlungsverpflichtungen gegenüber der einnehmenden öffentlichen Hand bestehen, also gegenüber Staats-, Landes-, Kreis- oder Gemeindekassen, entwickelten sich die Zahlungstermine der einen zu den gesicherten Einnahmen der anderen. Aus dem »Wucher« wurden »Staatseinkünfte«. Im unbestimmten Gefühl dem Finanzamt gegenüber lebt wahrscheinlich die alte Bedeutung fort.

Die Fisimatenten

»Mach bloß keine Fisimatenten!« sagen die Leute, wenn sie meinen, daß man sich keine Dummheiten einfallen lassen solle. Ausflüchte, Streiche und Schikanen können als »Fisimatenten« bezeichnet werden. Sollte dieses seltsame Wort etwas mit dem naserümpfenden »fies« zu tun haben, könnte die Frage nicht ausbleiben, was um Himmels willen bloß »Matenten« sein könnten. Unter Umständen ist das Ganze aber auch nur ein sprachliches Mißverständnis; Fremdsprachen sind schließlich nicht jedermanns Sache. Es ist möglich, ja sogar wahrscheinlich, daß die wunderlichen »Fisimatenten« mit

»fies« nicht die Bohne zu tun haben, sondern auf zunächst ordnungsgemäß ausgestellte, dann aber entgleiste »Patente« zurückgehen.

»Visae patentes literae«, das ordnungsgemäß verdiente Patent, ist bereits im 16. Jahrhundert in der leicht verschlissenen Form der »visepatentes« reichlich belegt. Da man offenbar schon in jenen frühen Jahren über bürokratische Umständlichkeit zu spotten wußte, waren diese »visepatentes« eines Tages gleichbedeutend mit »überflüssigen Schwierigkeiten« und dem dazugehörenden Bürokram. Kurz darauf sind aus dem anspruchsvollen Wort lässige »Fisimatenten« geworden. Den alten Zusammenhang hat niemand mehr verstanden, der seinem Unmut Luft machte. So einfach und so wenig sensationell sind die Wege der Sprache.

Darüber hinaus gibt es spaßigere Versionen der Entstehung der »Fisimatenten«, die entweder im leichtsinnigen Rheinland oder im betulicheren Sachsen angesiedelt werden. Dabei könnte die französische Besatzung der Rheinlande nach 1794 durchaus den Bestand volkstümlicher Redensarten bereichert haben. Wenn man sich nun vorstellt, daß eine rheinische Schönheit, »dat Schmitze-Billa« zum Beispiel, wesentlich zu spät nach Hause kommend, der zugleich erbosten und ahnungsvollen Mutter gesteht, sie sei von einem feschen Leutnant der Franzosen aufgehalten und ins Zelt gebeten worden. »Wie bitte, ins Zelt!« wird die Mutter rufen. »Ja, voulez-vous«, habe er gesagt, könnte Billa sagen, »voulez-vous visiter ma tente?« Im Sächsischen hätte man vielleicht weniger direkt zur Tante eingeladen. Aber in beiden Fällen hätte die Mutter die Hände über dem Kopf zusammengeschlagen und gerufen, wie man sich auf so etwas nur einlassen könne. Von wegen »Fisimatenten« und so! So könnte es gewesen sein. Aber sicher sind wir uns natürlich nicht. Weil Mütter in Erziehungsnöten sich in den seltensten Fällen der Mühe unterziehen, ihre verzweifelten Wortschöpfungen umgehend zu

Papier zu bringen. Dazu wäre die Empörung auch zu groß gewesen. Die Kinder wissen ja gar nicht, wie gut man es mit ihnen meint.

Die Floskel

Wenn es denn neben der Wahrheit tatsächlich noch die reine und darüber hinaus auch noch die ganze Wahrheit geben sollte, böte sich als Mittel, sich an beiden vorbeizumogeln, die »Floskel« an. Die beliebte und gängige Floskel, in die man sich flüchtet, wenn man reden muß, ohne etwas zu sagen zu haben, zu dürfen oder zu können. Die »Floskel« ist die Reckstange, an der die offiziellen Verlautbarer turnen. Die gewöhnlich gut unterrichteten Kreise, die ständig das eine oder andere verlauten lassen, ohne daß es direkt, konkret oder gar sachlich werden müßte. Die Floskel erspart das Eingeständnis, daß man im Grunde nichts zu sagen hat. Und dies in mehrfacher Hinsicht. Man wirkt aber überzeugender, wenn man sich, statt zu verstummen, geschliffener Floskeln bedient. Man kann sich mit Floskeln aus nahezu jeder Affäre ziehen. Vornehmlich Kanzleien bedienen sich dieses Mittels, das zumal Einfältigen imponiert. Damit ist selbstverständlich nichts gegen das Kanzleramt an der Bonner Adenauerallee gesagt.

Die Floskel ist eine rhetorische Mehrzweckwaffe. Ihre Allzwecktauglichkeit läßt vermuten, daß sie gesegneten Alters ist wie das Kunstvolle schlechthin. Tatsächlich stammt die »Floskel« aus jenen beneidenswerten Zeiten, in denen in besagten Kanzleien rudimentäre Lateinkenntnisse unerläßlich waren. Da sprach, da schrieb, da verkehrte man, so es nur unangenehm und peinlich für die Beteiligten werden konnte, »durch die Blume« miteinander. Oder aber wenigstens »durch ein kleines Blümchen«. »Flos, floris«, das ist die »Blume«, und »flosculus« ist das »Blümelein«. Mithin hätte sich die mehr oder weniger nichtssagende Floskel aus einem fast poetischen Sachverhalt ergeben. Aus der blumigen, aus der »verblümten«, jedenfalls nicht »unverblümten Rede«. Jemandem »unverblümt« die Meinung zu sagen heißt ausdrücklich, auf jedes Ornament zu verzichten. Blumen sind erfreulich und dienen dem Schmuck; bei den »Floskeln« muß es einst genauso gewesen sein. »Floskeln« dienten dem Schmuck der Rede; »Floskeln« waren darüber hinaus gediegene Formeln, die über manche Klippen hinweghalfen. Wahrscheinlich ist nicht in jedem Fall der Gehalt das entscheidende, sondern die Eleganz der geschliffenen Form.

Im Umweg über die Kunst der Floskel gelang es, selbst in kritischen Zusammenhängen die Tugend der Höflichkeit und den Stil der wohlgesetzten Rede zu wahren. Insofern war die »Floskel« weniger Ausrede als Beitrag zur Kultur. Nur in unkultivierten Zeiten konnte die Floskel als überflüssige Belanglosigkeit empfunden werden. Es sei denn, sie hätte sich schon von einer Kunstform zum billigen Stehsatz entwickelt. Der Vollständigkeit halber sei darauf verwiesen, daß wir französischen Blümchen, Liebreizenden auf den Weg gestreut, dem »fleure-ter«, möglicherweise den unsterblichen »Flirt« verdanken. Die Gelehrten sind sich nicht ganz schlüssig, da der englische »flirt« auch der leichte Schlag mit dem Fächer sein kann. Wie immer der sprachliche Zusammenhang auch sein mag, der des Flirtens Kundige wird den Eindruck zu vermeiden wissen, daß er sich ausgerechnet bei dem beliebten Unterfangen des Flirtens lediglich gängiger Floskeln bedient. Wie ursprünglich die Floskel dürfte auch der Flirt eine Kunstform sein. Abgedroschenes bekommt beiden nicht.

Die Frau

»Die Jungfer ist zur Frau geworden.
Frau Schwester, wie gefällt dir dann
dein neuer Stand, der Ehestandsorden?«
(Johann Jakob Dusch, 1725–1787)

Mittlerweile bestehen Unverheiratete jüngeren Alters darauf, »Frau« genannt zu werden, während wieder anderen Frauen die Anrede »Frau« nicht mehr genügt. So zog im Jahre 1980 die Leiterin der Stadtbücherei von Bad Harzburg bis vors Bundesverfassungsgericht, um sich von ihrem Arbeitgeber die Anrede »Dame« zu erstreiten. Dieses wunderliche Unterfangen schlug fehl; immerhin verdanken wir ihm die Gewißheit, daß die Anrede »Frau« noch nicht verfassungswidrig ist. Es scheint emanzipatorische Mißverständnisse zu geben, die sich an Wörtern festmachen. Daß im Kartenspiel die »Dame« unter dem König, aber vor dem Buben rangiert, ist auf seine gesellschaftliche Relevanz womöglich noch gar nicht untersucht worden. Es kann einem passieren, daß ein freundliches »Guten Morgen, mein Fräulein« mit einem patzigen »Mein Herrlein, ich wünsche dasselbe« quittiert wird. Dabei könnte ein Blick in die Literatur weiterhelfen. Versucht nicht ausgerechnet Mephisto Gretchen als »Fräulein« zu schmeicheln!

»Mein schönes Fräulein, darf ich wagen
meinen Arm und Geleit Ihr anzutragen?

Bin weder Fräulein, weder schön.
Kann ungeleitet nach Hause gehen.«

Offenbar war das »Fräulein« eine Auszeichnung und alles andere als eine herablassende Verniedlichung. Bei Friedrich Schiller heißt es bezeichnenderweise: »Den Dank, Dame, begehr ich nicht.« Diese Dame wiederum war ein Fräulein namens Kunigunde. Eine Bibliothekarin müßte dergleichen eigentlich im Griff haben.

Auch der »Herr« ist nicht mehr das, was er einst gewesen sein mag. Wer mit »Herrn Schmitz« verkehrt, geht deshalb nicht in die Knie. Die »hohen Herren« haben in republikanischen Zeiten »ausgeherrscht«. Auch bei der holden Weiblichkeit beklagen wir den Verlust der alten Ordnung. Sprachlich jedenfalls. Einst gab es das »Weib«, biologisch betrachtet, und es war nicht im mindesten anzüglich, wenn vom »Weibe« die Rede war. Da gab es das Weib, juristisch betrachtet, ob nämlich verheiratet oder nicht. Da gab es die Unterscheidung, ob selbständig oder nur angestellt wie die Magd. »Magad« freilich meinte im Althochdeutschen nicht die »Magd«, die Dienerin; die hieß »diu« und ist untergegangen. »Magad« war die unverheiratete Frau. Die verheiratete hieß »quena«, ebenso verschwunden wie »kebisa«, die Kebse oder Nebenfrau. Für »quena« ist »frouwa«, die ursprünglich hochgestellte »Herrin«, in die Bresche gesprungen. Bedenklich unter emanzipatorischem Vorzeichen ist der Umstand, daß die »Frau« – wie schon in der biblischen Paradiesesgeschichte – vom »Manne« abgeleitet ist. Die »frouwe« setzt den »fron« voraus. Der »frô« selbst ist zwar untergegangen und lebt nur noch in »Frondienst« und »Fronleichnam« fort; trotzdem ist die »frouwe« von ihm abgeleitet und obendrein noch schwach flektiert. Dem hilft auch keine feministische Sprachwissenschaft ab.

Noch im Mittelalter war das »Fräulein« die »junge Herrin«, später schlicht die unverheiratete Frau. Wer gegen das »Fräulein« Einwände geltend machen möchte, muß sich fragen, wie er es mit »Mädchen« halten möchte, das doch offensichtlich von der »magad« abgeleitet ist, die von der unverheirateten Frau, vom Fräulein sozusagen, zur Hausangestellten herabgestuft worden ist. Ob verheiratet oder nicht, spielt heute nicht die entscheidende Rolle mehr. Wer würde sich noch »Kebse«

oder »Kone« nennen lassen, deren notwendigerweise uneheliche Kinder »Kegel« hießen. Nur aus diesem Grunde zieht man immer noch mit »Kind und Kegel« ins Grüne, ohne daß jeder ahnte, in welchen bedenklichen historischen Zusammenhängen er marschiert.

»Zur Unzeit stellen sich die Bürgermädchen spröde,
Kein Fräulein ziert sich so.«
(Heinrich Albrecht Zachariä, 1806–1875).

Gegen »Frau« und »Fräulein« ist wenig einzuwenden. Beide sind sozial »heruntergekommen«; aber anders als der männliche »fro«, von dem sie abgeleitet sind, leben sie noch. Gäbe das ein Geschrei, wenn unsere progressiv Emanzipierten wüßten, daß der »frô« genannte Mann an der eigenen Schwäche eingegangen ist. »Frauenart greift dem Mann an den Bart«, heißt es bei Simrock.

Die Gabel

Jahrtausende vergingen, bis das Besteck von Messer, Gabel und Löffel vollständig auf dem Tische lag. Das Messer ist schätzungsweise 1,5 Millionen Jahre alt, der Löffel wird seit 20000 Jahren benutzt, die Gabel kam erst vor ein paar Jahrhunderten in Mode. Die Römer pflegten eine ausgeprägte Eßkultur; sie aßen bekanntlich entspannt im Liegen. Aber Plebejer wie Patrizier benutzten bei den Mahlzeiten notgedrungen die Finger; Gabeln kannten sie nicht. Die Vornehmen langten mit drei, alle anderen mit fünf Fingern zu. Diese Dreifingerregel galt in den Benimmbüchern des 16. Jahrhunderts immer noch. Die Zahl der Finger, mit denen man in die Schüsseln langte, schied die Vornehmen von den Hungrigen. Mit fünf Fingern ließ sich wahrscheinlich auch mehr als nur mit dreien greifen.

Der Gebrauch der Gabel bewirkte eine Kulturrevolution. Der Wohlerzogene brauchte sich keine Sorgen mehr zu machen, was er mit den fettigen Fingern anstellen durfte und was nicht. Nach Einführung der Gabel brauchten Servietten nicht mehr die Größe von Handtüchern zu haben. Die Karriere der Gabel begann »bei Hofe«, und zwar als hölzerne Heu- und Mistgabel auf dem Bauernhof. Zunächst dürfte die Gabel aus einem »gegabelten Ast« gefertigt worden sein. Die »Gabel« hat offenkundig mit dem »Sich-Gabeln« der Zinken zu tun. Die Verwandtschaft mit dem sich gabelnden »Giebel« ist zu vermuten. Die »Gabel« war das Instrument zum Wenden von Heu, Getreide und Mist, wie Hartmanns Verse aus dem »Gregorius« belegen.

»Nun giengen sie zestunde
mit gabelen und mit rechen
und begunden vürder brechen
daz unkrût und den mist.«

Auch die Hexen pflegten nach alter Vorstellung auf Gabeln zu reiten, was sie der Größe nach den Besen vergleichbar machte. »Gabelreuter« und »Gabelhuren« gehören jedenfalls zum Hexensabbat. »Komm her pfaff, mir die gabel schmir, daß ich darauf könn in dich farn«, heißt es in einem Fastnachtsspiel des Jakob Ayrer, der 1605 in Nürnberg starb.

Haltbarer als die hölzerne Mistgabel unserer bäuerlichen Vorfahren erwies sich die eiserne der Römer, »furca« genannt. Diese dürfte die Ahnherrin aller rheinischen, westfälischen oder friesischen »Forken« sein. »Fourche« ist die Heugabel im Französischen, die kleinere Tischgabel heißt »fourchette«. Der englischen »fork« sieht man die Herkunft aus der Landwirtschaft kaum noch an. »Furka« heißt der Schweizer Paß, an dem die Straße sich gabelt. In anderen Regionen wurden vergleichbare Weggabelungen »Zwiesel« genannt.

Von der Stallgabel zur Gabel auf dem Tisch der feinen Leute war es ein weiter Weg, der über die Küchengabel führte, die beim Tranchieren den Braten festhielt. Thomas Becket, der berühmte Erzbischof von Canterbury, soll die zweizinkige Essensgabel in der Verbannung kennengelernt und 1120 nach England gebracht haben. Aber den Durchbruch auf dem Eßtisch bedeutete das noch nicht. Das Inventar König Edwards I. aus dem Jahre 1307 enthält Tausende königlich englischer Messer, Hunderte Löffel, aber nur sieben Gabeln. Sechs aus Silber, eine aus Gold. Sie hätten kaum für die königliche Tafelrunde gereicht, und obendrein wären sie zu kostbar gewesen. König Karl V. von Frankreich (1364–1380) soll zwölf Gabeln besessen haben, die meisten mit kostbaren Steinen besetzt.

Die allerersten Gabeln lagen im 11. Jahrhundert bei ganz wenigen Adeligen in der Toskana auf dem Tisch. Die Geistlichkeit protestierte lautstark gegen den neumodischen Unfug, weil Gottes natürlicher Reichtum nur mit den von Gott geschaffenen Fingern berührt werden dürfe. Trotzdem wurde seit 1423 am Hofe von Aragon zwischen der dreizinkigen Zerlege- und der zweizinkigen Vorlegegabel unterschieden, mit der man essen konnte, »ohne sich die Hände zu salben«, wie es ausdrücklich hieß. Aber noch im 16. Jahrhundert verursachte Empörung, daß die Frau eines venezianischen Dogen statt mit Messer und Fingern mit einer zierlichen Gabel aß. Größere Verbreitung hat die Tischgabel erst im 17. und 18. Jahrhundert erlangt. Einen eigenen Löffel und ein eigenes Messer besaß damals fast jeder, eine Gabel aber nicht. In den Benimmbüchern hieß es immer noch, daß man erst nach dem Höherstehenden mit den Fingern in die Schüssel langen dürfe. »Die Bauern hatten ihr Messer, ein jeder das seinige, aus der Tasche hervorgezogen, womit sie ohne Gabeln fertig zu werden wußten, und sprachen den Hühnern tapfer zu«, so beschrieb noch Immermann in seinem »Münchhausen« eine

Hochzeit auf dem Bauernhof. Simplicius war offenbar reichhaltiger ausstaffiert, als einem bei der Grimmelshausen-Lektüre aufgeht: »Zu solcher neuen Haushaltung hatten wir beide andern Hausrath als eine Axt, einen Leffel, drei Messer, eine Piron oder Gabel und eine Scheer.« – »Pirone« nennt man in Venedig bis heute die Gabel.

Der Garten

Großstädter treibt es in die Kolonie der kleinen Gärten; im Schrebergarten vergißt man den Beton. Im Vorgarten oder auch nur im Blumenkasten auf dem Balkon lebt die Erinnerung an die Zeit der Selbstversorgung der Tabakpflanzer nach dem Krieg. Im Einklang mit Natur und Jahreszeit sorgt sich der Gärtner geduldig um alles, was wächst. »Und Gott der Herr pflanzet einen Garten in Eden gegen den Morgen und setzet den Menschen darein.« Schon das Paradies war ein »Wonnegarten«, wie unsere Vorfahren sagten. Ist es ein Wunder, daß Adams Nachfahren zum »Garten« ein inniges Verhältnis haben? Im Gegensatz zur Öde und Wüste ist der Garten bebautes und gepflegtes Land; Gartenbau ist Kultur. Gärten sind überschaubar. Gärten sind ein Gleichnis des Lebens; garantiert doch erst geduldige Arbeit den Erfolg. »Geduld wächst nicht in jedermanns Garten«, heißt es im Buch Sirach. »Wenn der Gärtner schläft, pflanzet der Teufel Unkraut«, behauptet der Volksmund. »Kein Kraut im Garten ist wider den Tod.« Und nach dem Tode hofft der reuige Sünder, einen paradiesischen Garten zu sehen.

»Welch hohe Lust, welch heller Schein
wird wohl in Christi Garten sein,
wie muß es da wohl klingen!«
(Paul Gerhardt, 1607–1676)

Nur der entwöhnte Stadtmensch bespöttelt die liebevoll betuliche Sorgfalt der organisierten Gartenkolonisten, die sich penibel auch noch über den Schnitt der Hecke ins Benehmen setzen. »Aus einem guten Garten kann man immer etwas holen«, heißt es. Im übrigen muß man nicht warten, bis der Bock gar zu weit in den Garten kommt. Als die Avocados noch nicht aus Übersee eingeflogen wurden, gehörten Garten und Gärtchen zu beinah jedem Haus. Selbstversorger waren auf das Grün aus dem Garten schlichtweg angewiesen.

»Ein Gart ohn Baum,
Ein Gaul ohn Zaum,
Ein Reiter ohne Schwert,
Seind nicht eines Hallers wert.«

Wenn man den mundartlichen »Haller« durch »Heller« ersetzt, werden diese Verse des Georg Henisch, der 1618 in Augsburg starb, leicht verständlich. Ein »Gart ohne Baum« ist überhaupt nichts wert, sofern vom »Baumgarten« die Rede ist, der in manchen Landstrichen zum »Bungert« verschlissen wurde wie der »Weingarten« zum »Wingert«. Üblicher als »Baum«- oder »Weingarten« dürfte aus der Sicht des Küchenpersonals der »Krautgarten« gewesen sein, der auch »Kohl-«, »Gemüse-« oder »Pflanzgarten« genannt wurde. Der »Baumgarten« firmierte auch als »Obst-« oder »Fruchtgarten«, es sei denn, man hätte sich von vornherein auf »Kirsch-«, »Apfel-« oder »Pflaumengärten« spezialisiert.

Der Weingarten heißt Weingarten, weil in ihm die Reben wachsen. Im Biergarten wächst die Stimmung, aber kein Bier. Der Hopfen freilich gedeiht im Hopfengarten. In wieder anderen Gärten sind Tiere zu Haus. Fasanen im »Fasanengarten«, exotische Tiere im »zoologischen Garten« und Pferde im »Gestütgarten«, anderwärts »Fohlenhof« geheißen. Die Schwaben haben aus dem Gestütgarten »Stuttgart« gemacht.

Städtenamen wie »Stargard«, »Belgrad« und »Nowgorod« stehen ebenfalls für das Alter der Gärten in weit entfernten Sprachen und Regionen. »Hortus« im Lateinischen, »chortos« im Griechischen, »gardu« im Altslawischen und der »Garten« im Deutschen gehen auf ein und dieselbe indogermanische Wurzel zurück, die wir auch in »Gurt« und »Gürtel« finden. Das Gemeinsame ist das »Umfassen« von etwas. Man darf deshalb vermuten, daß die Gartenkultur mit der Einzäunung begann. Im Altnordischen bedeutet »gardr« tatsächlich »Zaun«, »Gitter«, »Wall« oder »Gehege«. Im Bretonischen steht »garz« für »Hekke«. Die Franken lieferten den späteren Franzosen den »jardin«, und auch der englische »garden« ist kontinentaler Export. Aus dem angelsächsischen »geard« hat sich englisch »yard« entwickelt, das auch »Garten« oder »Hof« bedeuten kann.

Ursprünglich wären demnach nicht Beete und Rabatten, sondern die Einfriedung, der Zaun oder Wall, in dessen Schutz das Gepflanzte gedieh. »Du bist ein verschlossener Garten«, heißt es im Hohenlied Salomos. Logau dichtete: »Jungfernschaft, die ist ein Garte.« Henisch: »Wilt du in den Garten, so halte dich zu dem, der den Schlüssel darzu hat.« Inzwischen hat auch im Gartenbau die eine oder andere Flurbereinigung stattgefunden; aber immer noch gilt: »Mancher hat um einen wüsten Garten einen schönen Zaun.«

Wenn der umzäunte Garten schon vor der babylonischen Sprachverwirrung eine kulturelle Tat war, braucht man sich nicht zu wundern, daß die Welt voll unterschiedlichster Gärten ist. Ob Nutz-, Pflanz-, Schloß-, Zier- oder Irrgarten, immer war der Garten kunstvoll angelegt und ausdauernd gepflegt. Der Garten stand somit im Gegensatz zur unkultivierten »Heide«, auf der unsere Vorfahren in Christo »die Heiden« ansiedelten. Außerhalb des Garten Gottes, sozusagen.

Der Gemahl

»Grüßen Sie Ihre Frau von mir«, heißt es unter Bekannten. Werden dagegen die »besten Empfehlungen an die Frau Gemahlin« bemüht, befindet man sich in offenkundig besseren Kreisen. Ist von der »Frau Gemahlsgattin« die Rede, ist ein Spaßvogel beteiligt, der die Stile durcheinanderpurzeln läßt. In unseren demokratisch egalitären Zeiten mag es so aussehen, als seien »Gemahl« und »Gemahlin« den höheren Ständen, feierlichen Anlässen und geschöpftem Büttenpapier vorbehalten. Fragte man einen schlichten, aber gewitzten Mann nach seiner Gemahlin, könnte der antworten: »Ist nicht gemahlen, ist von Natur so schön.« Schon Adelung (1732–1806) merkte an, daß »Gemahl« eigentlich nur bei »verheiratheten Personen vornehmen Standes« gebräuchlich sei, aber »bei der immer höher steigenden Höflichkeit« nunmehr auch in bezug auf solche Ehegatten gebraucht werde, »von welchen man mit Achtung zu sprechen Ursache hat«. In mittelalterlichen Zeiten freilich war der »Gemahl« durchaus üblich und nicht Ausdruck exquisiter Artigkeit.

»In der Arche obene
was mit sinem Gesinde Noe
er und sine gemahele.«

Im Zusammenhang mit Noahs Arche fällt auf, daß wir mehr über die Menagerie an Bord als über seine »Gemahlin« wissen. Trotzdem ist in diesen Versen weder von besonderer Ehrerbietung noch von standesgemäßer Ergriffenheit die Rede. Luther sprach von »das Gemahl«; die »Gemahlin« ist erst seit 1648, also seit Ende des Dreißigjährigen Krieges, bekannt, ohne daß hier ein sachlicher Zusammenhang bestünde. Im Mittelhochdeutschen war von »gemehele«, weiblich, und »gemahl«, männlich, die Rede.

Die Trauformel in Martin Luthers »Traubüchlein« lautet: »Hans, wiltu Greten zum ehelichen Gemahl haben? dicat ja. Greta, wiltu Hansen zum ehelichen Gemahl haben? dicat ja.« Die bürgerlichen Standesbeamten sprechen an dieser Stelle nur noch von Mann und Frau.

»Ein ehelich Gemahel muß eine fromme Person sein«, liest man in Luthers »Tischreden«. Daß hier wie dort ausdrücklich vom »ehelichen Gemahl« die Rede ist, gibt einen interessanten Hinweis. Nicht nur die Verheirateten, sondern auch die Verlobten, ja diese vor allem, waren »vermählt«. Die Verlobung war vorzeiten nicht der einsame Beschluß der Verliebten. Eine Tochter war gar nicht geschäftsfähig, sie stand in der »Munt« genannten Verfügungsgewalt des Vaters. »Die Verlobung«, schreibt die Bonner Historikerin Edith Ennen, »bestand im Abschluß eines rechtsförmlichen Vertrages, in dem der Bräutigam durch Vorleistung des Muntschatzes oder mindestens durch eine Anzahlung den Muntwalt des Mädchens verpflichtete, ihm das Mädchen mit der Muntgewalt zu übertragen. Zog sich der Bräutigam vom Verlöbnis zurück, wurde er bußfällig.« Das Verlöbnis war somit ein rechtsverbindlicher Akt, der Verhandlungen von zwei Familien oder Sippen voraussetzte. In »Gemahl« und in »Vermählung« steckt der Ort der Verkündung des Ergebnisses dieser Verhandlungen, die »mahal«, »mahel« und später »mal« genannte Volksversammlung, auf der die öffentlichen »Dinge« erledigt wurden. Die »Verlobung« gehörte mit Sicherheit dazu; denn sonst könnte »Gemahl« nicht »Gemahl« und »Vermählung« nicht »Vermählung« heißen. Die »Liebe« spielte bei der »Vermählung« sprachlich keine Rolle; aber Sprache muß in diesem Zusammenhang nicht alles sein.

»Nun komme, was liebet, nun komm es zu zweier
verliebter Verlobter vermählender Freier.«
(Friedrich Rückert, 1788–1866)

Die Augenscheinlichkeit des jungen Glücks der Vermählten dürfte dafür gesorgt haben, daß der rechtliche Aspekt bald in den Hintergrund trat und die »Vermählung« auch im übertragenen Sinne für manch »innige Verbindung« stand.

»Wie gar zartlich vermahelt bist du got dem herren«, schrieb der große Straßburger Prediger Geiler von Keisersberg im Jahre 1511; von Johann Rist, genannt der Rüstige, der von 1607 bis 1667 lebte, stammen die gerade den Schriftsteller tröstenden Verse:

»Ein Buch, das weder Neid noch Zeit
vertilgen wird, das sich vermählt der Ewigkeit.«

Im Ursprung aber war die »Vermählung« das vor der Öffentlichkeit gegebene feierliche und rechtsverbindliche Wort, jemanden zum »Gemahl« zu nehmen. Im Langobardischen war »gamahal« der Eideshelfer. Orte wie Mecheln und Detmold, das im 8. Jahrhundert Theotmalli hieß, tragen bis heute die Erinnerung an »mahal« im Namen, ohne daß sich das notwendigerweise auf die Belastung der dortigen Standesämter ausgewirkt haben muß. Wenn heutzutage von »Heiratsparadiesen« die Rede ist, bezieht sich das unerklärlicherweise auf die Schnelligkeit und Formlosigkeit des dort üblichen Verfahrens der Eheschließung und gerade nicht auf die Öffentlichkeit der Versammlung, die man »mahal« nannte.

Das Genie

Wer sich im Deutschen mit dem »Genie« einläßt, steht vor einem gewaltigen Brocken. Selbst der Spötter Schopenhauer flüchtete sich ins Unverbindliche angesichts der Größe des Genies. »Das Talent arbeitet um Geld und Ruhm«, dekretierte er, »hingegen ist die Triebfeder, welche das Genie zur Ausarbeitung seiner Werke bewegt, nicht so leicht anzugeben.« Der Normalmensch arbeitet, mag man daraus schließen; das Genie aber schreitet zur Ausarbeitung seiner Werke oder läßt sich dazu bewegen. Das Genie fällt auf der ganzen Linie aus dem Rahmen. Das Genie steckt voller Rätsel. Ihm kommt es zu, erhaben zu sein und einzigartig dazu. Genies findet man nicht im Adreßbuch. Michelangelo war ein Genie und Mozart und Shakespeare natürlich auch. Was ist mit Einstein, was mit Newton, was mit Goethe beispielsweise?

Als Helmut Kohl im Herbst 1982 zum Kanzler dieser unserer Republik gewählt wurde, stellte ihn die New York Times – ich traute meinen Augen nicht – als »Germany's genial chief«, also sozusagen als »genialen Häuptling« in deutschen Landen vor. »Die Schönheit ist, gleich dem Genie, die akkumulierte Arbeit von Geschlechtern.« Dieses Diktum Nietzsches ging mir durchs Hirn; nur bei Kohls Kanzlerschaft ging es bestenfalls um das Ergebnis eines konstruktiven Mißtrauensvotums, an dem mutmaßlich schon länger, aber beileibe nicht seit Generationen gearbeitet worden war. Ich traute meinen Augen nicht angesichts der Times aus New York und hätte besser meinen Englischkenntnissen mißtrauen sollen. Unterscheiden sich doch das »genial« im Deutschen und das buchstabengetreue »genial« im Englischen nicht nur durch die Betonung. Wir gehen vor dem »Genie« in die Knie, die Angelsachsen mitnichten. »Germany's genial chief« sagt wenig über den weithin sinnenden Geist des Kanzlers; es wird lediglich mitgeteilt, Helmut Kohl sei, offenbar im Gegensatz zu seinem Vorgänger, »jovial«, »umgänglich« und »entgegenkommend« dazu. Bedeutungen, die man dem lateinischen Schulwörterbuch hätte entnehmen können, hätte man nur unter »genialis« nachgeschlagen. Gleich daneben »genius«. Zum einen: die Verkörperung der männlichen Zeugungskraft, daher »lectus genialis« das landläufige »Ehebett«; zum anderen: der Schutzgeist, der den Menschen durchs Leben geleitet. Selbst die alten Römer hatten zum »genius« ein eher entspanntes Verhältnis, wie es scheint.

Anders die Deutschen; sie laborieren an einem Geniekomplex ganz eigener Art. »Schädlicher als Beispiele sind dem Genie Prinzipien«, dekretierte Altmeister Goethe. »Doch höher stets, zu immer höhern Höhen schwang sich der schaffende Genie«, sinnierte Schiller. »Der Genie«, heißt es hier; der klassische Genius war schließlich auch maskulin. »Genie« ist die französische Variante; die Geschlechtsumwandlung im Deutschen ist offenbar jüngeren Datums. Es geht ohnehin einiges durcheinander. Das beginnt bei der Aussprache. »Genie«, aber »genial«. »Geniusse« gab es und »Genien«. Das Wörterbuch der Gebrüder Grimm braucht 56 dichtgedrängte Spalten, um das »Genie« in den Griff zu bekommen.

Der »Geniekult« hob im 18. Jahrhundert an. Auf den Bühnen des Sturm und Drang gestikulierten kolossale »Originalgenies«. In gepflegten Gärten wurden dem Genius der Jugend und dem der Freundschaft Altäre geweiht. Das Genie hatte Hochkonjunktur, eine Mischung aus altem »genius«, neumodischem »Genie« und reaktiviertem »Daimon«, so daß bereits um 1760 Spaßvögel das »Genie eines Kuchenbäckers« bemühten oder gar »Kneip- und Gaunergenies«. Das »Genie« war Teil der damaligen »Jugendbewegung«, und die Denker und die Dichter warfen die Fesseln der althergebrachten Regeln über den Haufen und propagierten das »Genialische«. Bei Jean Paul waren Mannweiber, Höhe und Freiheit, die Ruhe und das Innere gleichermaßen genialisch. Schrieb Schiller Goethe, schrieb ein Genie dem anderen vom Genius in Versen:

»Du selbst, der uns von dem falschen Regelzwange
zur Wahrheit und zur Natur zurückgeführt,
der, in der Wiege schon ein Held, die Schlange
erstickt, die unseren Genius umschnürt.«

In jenen genialischen Zeiten waren Leben und Sterben dem Genius anvertraut, der die sich selbst verzehrende Fackel trug oder senkte, wenn es zum Ende kam.

»Damals trat ein gräßliches Gerippe
vor das Bett des Sterbenden, ein Kuß
nahm ihm das letzte Leben von der Lippe,
seine Fackel senkt ein Genius.«
(Friedrich Schiller, 1759–1805)

Anders verlief die Entwicklung in anderen Sprachen. Die französische »École du génie« ist keine Eliteuniversität zur Hochbegabtenförderung; die »Genietruppen« beim Militär werden hierzulande »Pioniere« genannt. In der englischen Maschine, der »engine«, steckt dasselbe »ingenium« wie in jedem geprüften »Ingenieur«. Nichts von olympischer Erhabenheit. Nur wir, die Deutschen, reden ergriffen vom »Genie«. »Jünglinge! Jünglinge! Mit des Genies gefährlichem Ätherstrahl lernt behutsamer spielen.« Mahnte der Dichter der »Räuber« die Nachgeborenen.

Die Glocke

Käseglocken, Dunstglocken, Taucherglocken und Glockenblumen täuschen nicht über die kultische Bedeutung der Glocke hinweg. Die Glocke im Kirchturm begleitete das Leben von der Wiege bis zur Bahre. Das Glockengeläut regelte Arbeit und Feierabend, alarmierte bei Gefahr und läutete den Feiertag ein. Die Glocke war so allgegenwärtig, daß sie in die Weisheiten des Alltags geriet.

»Er hat es läuten gehört, weiß aber nicht, wo die Glocken hängen.«
»Die Glocken klingen übel, wenn man sich selber läutet.«

»Es ist besser, mit der Glocke aufzustehen als mit der Trommel.«
»Dieselbe Glocke läutet zur Hochzeit und Gewitter.«

»Dem rechten Gottesdienst hat Gott andere und rechte Glokken gegeben, das sind die Prediger«, schrieb Luther. Wenn die Reformation auch Glocken und Schellen aus dem Gottesdienst verdrängte, blieb doch die Glocke im Turm der Kirche. Es sei denn, die bescheidenen Zisterzienser hätten von vornherein auf den Turm verzichtet.

Schillers »Lied von der Glocke« haben ganze Schülergenerationen auswendig lernen müssen; dies trug zur Verbreitung elementarer Kenntnisse vom Glockenguß und zur Bereicherung des Bestandes an geflügelten Redensarten bei. Dem Wort »Glocke« und seiner Herkunft brachte Schiller uns aber nicht näher. Wahrscheinlich hat »Glocke« etwas mit dem Klingen und Tönen zu tun. Das Wort ist weit verbreitet; es taucht in allen germanischen Sprachen auf, darüber hinaus im Französischen, aber nicht im Italienischen und Spanischen. Trotz der weiten kontinentalen Verbreitung spricht vieles dafür, daß wir die »Glocke« irischen und schottischen Missionaren verdanken, die von Hause aus keltisch sprachen. Ob die Germanen die Glocke aus Holz, aus Ton und später aus Metall schon früher kannten, müßten Archäologen herausfinden; das Wort »Glocke« jedenfalls stammt aus dem irisch-keltischen Raum und läßt Rückschlüsse auf die verschlungenen Wege der Christianisierung zu. Zunächst dürften Fremde ihren Glauben in unsere Breiten gebracht haben. Die älteste christliche Fremdensiedlung in Mainz wird auf das Jahr 200 datiert. Germanische Stämme kamen auf den großen Zügen der Völkerwanderung mit dem Christentum in Berührung; nicht selten übernahmen sie den neuen Glauben von den Besiegten. Die Westgoten, die Vandalen und die Sueven wurden Christen. Im Jahre 496 nahm Chlodwig, der König der Franken, in Reims das Christentum an. Im rechtsrheinischen Germanien predigten schottische und irische Mönche wie Columban, Gallus, Fridolin und Emmeran die christliche Botschaft.

Es waren seltsame Gestalten, liest man in kirchengeschichtlichen Abrissen: »... lange Bärte, kahlgeschorener Vorderkopf, während am Hinterkopf das lange Haar bis auf die Schultern herabreichte, die Augenlider waren bemalt. Von der Schulter hing das Gefäß für die Hostie und die Büchse mit Reliquien herunter; in den Händen trugen sie lange Stäbe, an der Seite lederne Quersäcke und Wasserflaschen.« Es wäre interessant, zu wissen, wie die Missionierung sprachlich vonstatten ging. Sicherlich nicht in lateinischer Sprache; man hätte sozusagen tauben Ohren gepredigt. Wahrscheinlich versuchten sich die iroschottischen Missionare, wie später die angelsächsischen auch, in den althochdeutschen Mundarten. Trotz der unbezweifelbaren Bedeutung der frühen iroschottischen Mission für die Christianisierung der Germanen enthält die deutsche Kirchensprache keine irisch-keltischen Lehnwörter. Es gibt nur eine Ausnahme, die »Glocke«.

Irische Mönche haben die »Glocke« ins Frankenreich und nach Deutschland gebracht. Es muß eine enge Verbindung zwischen der Glocke und dem Gottesdienst gegeben haben, so daß das keltische Wort »clocc« in diesem Zusammenhang schnell über große Distanzen in andere Sprachen einwanderte. Das altirische »clocc« ergab im Angelsächsischen »clugge« oder »clugce«, im Altsächsischen »glogga«, im Niederdeutschen »klocke« und im Althochdeutschen »glocka«. An der hochalemannischen Form »klokke« erkennen die Sprachhistoriker, daß dieses Wort vor dem Jahr 800, dem ungefähren Datum der zweiten Lautverschiebung, fest verwurzelt gewesen sein muß. Eine Pariser Handschrift des 8./9. Jahrhunderts bestätigt ausdrücklich den keltischen Ursprung der Glocke als Zeichen der Kirche; »signum ecclesie quod Galli lingua celtica vocant«.

Die »Glocke« drang als »clocca« auch ins Mittellatein vor; im Französischen gilt »cloche«, während andere romanische Sprachen das nicht verwandte lateinische »campana« fortführen. In Italien hängen die Glocken bekanntlich im »campanile«. Wer jetzt wem die »Glocke« vermittelt hat, ist schwer zu sagen. Dänisch »klokke« und schwedisch »klocka« gehen auf ein spätaltnordisches »klokka« zurück, das mittelniederländische Ahnen haben dürfte, die wiederum altfranzösisch beeinflußt waren. Bald zeigten in großen Teilen Europas die Glocken, was die Stunde geschlagen hatte. Auch im Deutschen trifft man sich noch »Glock drei«. Die englisch »clock« genannte Uhr soll im 14. Jahrhundert von holländischen Uhrmachern auf die Britischen Inseln zurücktransferiert worden sein. »Hört, ihr Herren, laßt euch sagen: Die Glocke hat jetzt zwölf Uhr geschlagen.« Sollte es aber dreizehn schlagen, wär es allerhöchste Zeit.

Der Grog

Wer sich in der kälteren Jahreszeit des allgemeinen Wohlbefindens wegen einen starken Grog zusammenbraut, ahnt in der Regel nicht, daß er damit in der Geschichte der Karibik und der Marine Ihrer Britischen Majestät herumrührt. Tatsächlich hat die tägliche Rumration in ebendieser Marine die Zeiten überdauert; inzwischen aber wurde sie abgeschafft. Ohne diese »Rumration« hätte es selbst in Ostfriesland besagten »Grog« nie gegeben. Unter diesem Namen jedenfalls nicht.

Schon der »Rum« hatte es in sich. »Rumbullion« nennt man im Süden Englands in lautmalerischer Klarheit ein größeres Getümmel. Weil sich nach dem übermäßigen Genuß dieses aus Zuckermelasse destillierten Getränks von den Westindischen Inseln mit einiger Sicherheit das besagte Getümmel einstellte, hat man die Wirkung offenbar auf die Ursache übertragen. »Rumbullion«, die zweite Hälfte wurde verschluckt – wer spricht schon deutlich, wenn er einen in der Krone hat –; übrig blieb im Englischen »rum«, zu deutsch der »Rum«.

Die Geschichte des »Grogs« begann in der Marine Ihrer Britischen Majestät mit der täglichen Rumration, die unter den tropischen Temperaturen der Karibik von besonderer Durchschlagskraft war. Folgerichtig machte sich Mitte des 17. Jahrhunderts Admiral Vernon, der Flottenbefehlshaber mit Sitz in Kingston, Jamaica, zunehmend Sorgen über die Trunkenheit seiner Matrosen. Er kürzte die tägliche Rumration, teilte das zur Randale verführende Getränk erst nach Sonnenuntergang aus und griff, als das immer noch nicht zur heiligen Nüchternheit führte, zu Notmaßnahmen. Er schüttete Wasser in den schönen Rum und nahm ihm so einen Teil seiner lärmerzeugenden Wirkung. Diese zumindest in Seemannskreisen unerhörte Tat blieb an Admiral Vernon hängen. An seinem Spitznamen, um genau zu sein.

Der Admiral pflegte einen Umhang aus einem grobkörnigen Wollstoff zu tragen. Dieses Tuch, nach dem französischen »gros grain« im Englischen »grogram« genannt, hatte Admiral Vernon bei seinen Mannen den Spitznamen »Old Grog« eingetragen. Der gepanschte Rum war »Old Grogs« Getränk, der »Grog«, mit einem Wort. Ein grober Stoff, ein Umhang, ein Spitzname, ein Getränk, so geht die wunderliche Geschichte.

Um 1770 tauchte der »Grog« im Deutschen auf, ein inzwischen heißes Getränk aus Rum, Wasser und Zucker. Die ersten Wörterbücher verweisen in der ihnen eigenen Unschuld darauf, daß es sich um die Bezeichnung eines aus Westindien stammenden »Matrosengetränks« handele. Als 1784 Cooks Reisen in deutscher Übersetzung erschienen, mußte der »Grog« dem Leser in Anmerkungen immer wieder inhaltlich erläutert werden. »Ich habe schon mehrmals erinnert, daß Grog Branntwein mit Wasser vermischt ist«, las man dort.

»Ich denke, wir machen uns ein Grögchen«, heißt es in Seidels »Leberecht Hühnchen«, als gäbe es dergleichen nur in kleinen Portiönchen. Noch zurückhaltender gibt sich der in Dänemark geborene Jens Immanuel Baggesen: »Erst reich einer vom Grog mir ein Tröpfchen.« Es könnte sich um eine standesgemäße Untertreibung handeln; Trinker haben es immer nur mit »einem« Schlückchen zu tun. »Wenn er Glühwein trinkt und Punsch oder Grog nach Herzenswunsch«, heißt es bei Heine, und da werden Mengen und Auswahl um einiges realistischer dargestellt.

Der Grog ist kein Getränk für kleine Kinder. Selbst der gepanschte Rum kann immer noch seinem ursprünglichen Ruf gerecht werden und seine umwerfende Wirkung entfalten. Wie anders wäre es sonst zu verstehen, daß man sich – neuerdings sogar ohne Alkoholeinwirkung – durch und durch »groggy« fühlen kann. Der alte Admiral Vernon kann sich nicht mehr wehren. Das Wörtchen »groggy« beweist, daß der »Grog« die Karibik, die Seefahrt, das lautstarke Getümmel und den merkwürdigen Spitznamen schon lange hinter sich gelassen hat.

Der Grund

Was wäre, wenn der »Grund« selbst ohne Grund und insofern »unergründlich« wäre? Wir hätten Grund zur Sorge; erst der Grund macht das Unbestimmte zum Bestimmten, lehren die Philosophen. Nichts ist wahr ohne bestimmenden Grund; ein jedes Ding hat seinen Grund. Wir stünden vor »Abgründen«, wenn »Grundsätze« nicht verläßlich »begründeten«; die Welt erzitterte in ihren »Grundfesten«. Das ist unheimlicher als das Verhältnis von »Grundbesitz« und Hypothek. »Und nur der große Gegenstand vermag den tiefen Grund der Menschheit aufzuregen«, schrieb Schiller. Übrigens auch: »Männer richten nach Gründen, des Weibes Urtheil ist seine Liebe.« Dergleichen wird seit längerem bestritten.

Die Bildung beginnt mit der »Grundschule«, der Kapitalist braucht ein gewisses »Grundkapital« und der Anstrich eine »Grundierung«. Auf einer »Grundlage« kann man aufbauen, Gesetze stützen sich auf das »Grundgesetz«, manche Irrtümer auf einen »Grundirrtum«. Im Grunde beginnt beim »Grund« das »Grundsätzliche«. Menschliches Handeln wird von »Beweggründen« bestimmt. Unser Leben ist direkt von Gründen umstellt.

Auf festem »Grund« kann man bauen und die alles tragenden »Grundmauern« errichten. Der »Grund« ist zugleich die Tiefe. Andererseits kann man gerade im flachen Wasser ein Schiff »auf Grund setzen«. Ob »zugrunde gehen« zunächst »im Wasser versinken« bedeutete? »Da zog die Nymphe ihn zum Grund«, heißt es bei Brentano. Der »Grund« ist doppelsinnig; zum einen meint er die Erde, den Boden, zum anderen die Tiefe. Es ist nicht herauszufinden, welches die ursprünglichere Bedeutung ist und wie beide miteinander zusammenhängen. Man hat vermutet, daß es sich ursprünglich um verschiedene Wörter gehandelt haben könnte.

Im Altnordischen gibt es dafür einen Hinweis; »grunn« ist männlich und bedeutet »Untiefe«, »grund« ist weiblich und bedeutet »flaches Land«. Auch in anderen Sprachen hat es solche weibliche Formen gegeben, die später von den männlichen verdrängt wurden; ob das zwingend auf Bedeutungsunterschiede schließen läßt, bleibt offen.

Eine der ursprünglichen Bedeutungen von »Grund« könnte sich auf den sandigen Boden beziehen. In vielen Sprachen taucht in Wörtern, die mit dem Reiben oder Schleifen zu tun haben, die uralte Wurzel »gher-« auf. »Grindan« im Angelsächsischen bedeutete »reiben«, »knirschen«, »mahlen« oder »schleifen«; im Englischen bedeutet »to grind« immer noch »mahlen«. »Ground meat« ist das Fleisch, das man durch den Wolf gedreht hat. Der rauhe »Grund« ist mit dem »Grind«, dem Wundschorf, einer nicht eben glatten Haut, verwandt. Aber das alles vermag die universale Bedeutung des »Grundes« nicht zu erklären.

Zwischen dem Boden und der Tiefe des Meeres gibt es keine direkte Vermittlung, sieht man davon ab, daß auch der Meeresgrund in der Regel sandig ist. Aber das Sandige macht nicht mehr das Grundsätzliche des »Grundes« aus.

Die Tiefe ist der »Abgrund«; jeder hohle Raum hat seinen Grund. Deshalb kann man vielen Dingen »auf den Grund gehen«. Wird die Tiefe in die Horizontale verlagert, landet man beim »Hintergrund«. Zuerst sprachen die Mystiker im übertragenen Sinne vom »Grunde des Herzens« und vom »Grund der Seele«.

Zugleich gibt es den »Grund« als Erdboden, der als Jagd-, Weide- oder Wiesengrund genutzt werden kann. Im 15. Jahrhundert taucht in Urkunden die Rechtsformel vom »Grund und Boden« auf. »Grundstücke« sind im »Grundbuch« eingetragen.

Über »Basis«, »Fundament« und »Grundlage« führt der »Grund« zur »Begründung«, auf die man in logischer Hinsicht bauen kann. Alles, was ist, ist Folge eines Grundes; sonst wäre es nicht. Der Grund wird zur »Hauptsache«, zum »Prinzip« und zum »Anfang«. Seitdem haben wir einen weiteren Grund, den Dingen »gründlich« »auf den Grund zu gehen«. Überflüssigerweise hat uns das 19. Jahrhundert die »Zugrundelegung« beschert, die – wie das Grimmsche Wörterbuch feinsinnig anmerkt – in der Gelehrten- und Amtssprache lebhaft gewuchert hat.

Hansdampf in allen Gassen

Schon »Hanswurst« müßte einem zu denken geben. Das ist, bei allem Respekt, nicht eben respektabel gemeint. Es gibt eine internationale Kumpanei der Toren und der Unbeholfenen: »Jean Potage« im Französischen, »Maccaroni« im Italienischen, »Jack Pudding« im Englischen, »Pickelhering« bei den Niederländern. Allem Anschein nach stehen die nicht eben überragenden Geistesgaben dieser Helden im direkten Zusammenhang mit einer gewissen Verfressenheit und dem jeweiligen Nationalgericht.

Der »Hanswurst« ist also die deutsche Version, dem eine Menge anderer Hänse oder »Hanseln« Gesellschaft leistet: der »Faselhans«, der »Prahlhans«, der »Schmalhans« und der dazugehörige Küchenmeister. »Du sprichst ja wie Hans Liederlich, der begehrt jede liebe Blum für sich«, heißt es bei Altmeister Goethe. Dabei tauchen in der Literatur ungleich deftigere »Hanseln« auf: »Hans Supp«, »Hans Aff«, »Hans Dumm«, »Hans Dahinten«, »Hans Hasenfuß«, »Hans mit dem Kopf hindurch«, »Hans Mist«, »Hans Ungelenk«, »Hans Unvernunft« und »Hans in allen Gassen«. Man ahnt, daß es vielfachen Anlaß, sich zu »hänseln«, gibt. Den »Hansdampf« haben wir vergessen, der kaum etwas mit der Eisenbahn zu tun haben dürfte. Mit »Dampf« bezeichnete man neben Vorder- und Hintergründigem auch die eitle, leere Aufgeblasenheit. Hätte sonst Weckherlin dichten können:

»dergleichen Schmeichler, List und Kunst,
dergleichen Hoffart, Dampf und Dunst«?

»Hansdampf« wäre womöglich ein eitler Geck, der sich ständig in den Vordergrund zu schieben weiß. Jener »Hans in allen Gassen« fällt anderen auf den Geist, weil er ständig gegenwärtig ist. »Hansdampf« ist alt und »Hans in allen Gassen« auch.

»Hansdampf in allen Gassen« ist eine jüngere Version, bei der der Dampf die Dimension der Eitelkeit zugunsten der Dynamik dampfender Maschinen und Lokomotiven schon verloren hat. Neuzeitlich steht bekanntlich jeder, der etwas auf sich hält, nachhaltig unter Dampf.

»Hans in allen Gassen, Zacheus in allen Zechen«, das ist, wie gesagt, älter als die Eisenbahn. »Hannes von allen Gewerben wird niemals reich.« Besinnliches aus der Zeitschrift für vaterländische Geschichte und Altertumskunde, Münster 1857. Hans und Hannes sind eins. Und ist es nicht Ausdruck verhaltener Empörung, wenn ein Rheinländer sagt: »Glaub ja nicht, du künns met mer dat Hännesche maache«? Was die Beliebtheit des Hänneschen-Theaters natürlich nicht mindert in Köln.

»Sparhans« ist der Geizhals, »Schmalhans« der Hungerleider; »Dummerjan« ist der dumme Johannes, anderwärts »Dummkopf« genannt. Der »Prahlhans« spricht für sich selbst, der Neugierige heißt »Gaffhans«; den »Schnarchhans« und den »Saufhans« gibt es auch. Es gibt anscheinend überhaupt keine Lebenslage, die man nicht irgendeinem Hansel angehängt hat.

»Es ist kein Scheermesser, das schärfer schirt,
als wann Hans-Dumm Commissarius wird.«
(Reisebeschreibung von Darbenime, 1735)

»Wenn der Hans Arsch die Pferde nicht wiederhaben will, so mag er's bleiben lassen.« Auch dies ist Literatur. Nachzuschlagen im »Michael Kohlhaas« des Heinrich von Kleist, der zu den empfindsamsten Dichtern deutscher Sprache zählt. Der »Hans mit dem Kopf hindurch« stammt von Martin Luther; der »Hans Mist« meint den Bauern und findet sich im »Narrenschiff« des Sebastian Brant.

Manchmal grob und manchmal derb, oft liebenswürdig

und verständnisvoll. Die Welt steckt voller Hansen. »Hans und Kunz«, das gab es auch. Hans war zwischen dem 11. und dem 14. Jahrhundert der verbreitetste Vorname in deutschen Landen, was nicht ohne Folgen blieb. Mal neckisch, mal derb und grob wurde am Ende die ganze Welt in große und in kleine Hansen eingeteilt. »Hans in allen Gassen«, »Hans im Glück« und »Hans in allen Lebenslagen«.

Das Hemd

Das Hemd, so sagt man, liege einem näher als der Rock. Kein Wunder; denn Hemden trägt man auf der Haut. Hemden sind vorzugsweise Unterhemden. Wer sich auszieht, steht »im Hemd«. Hemden dienen dazu, die Blöße zu bedecken. Insofern haben Hemden etwas überaus Privates an sich. In Kürenbergers Versen aus »Minnesangs Frühling« errötet die Ungenannte wie die Rose im Tau, wenn sie allein daheim »im Hemde« des Geliebten gedenkt.

»Swenne ich stân aleine in mînem hemede,
und ich an dich gedenke, ritter edele,
so erblüet sich mîn varwe als der rôse in touwe tuot.«

Wer im Hemde daherkommt, gilt als »Hemdenmatz« und kann sich nicht überall sehen lassen. »Wiewol er nun mit beklaidt, allain das hemmat anhet«, heißt es in der Chronik des Grafen von Zimmern. Das »Hemd« steht für das Notwendigste an Kleidung überhaupt. Unsere Vorfahren kannten Hemden aus Leinen, Wolle, Baumwolle und Seide; Büßer trugen härene Hemden. »Hemd« stand auch für »Kittel« und bezeichnete den faltigen Überwurf der Bauern, Arbeiter und Fuhrleute aus weißer oder gefärbter Leinwand. Früher waren die Hemden faltig und lang und bedeckten Rumpf, Arme und

Schenkel. Das »Hemd« verhüllte, was in ehrbaren Zeiten verhüllt werden mußte. Und das war früher offenbar mehr als heute.

Wie oft unsere Vorfahren das Hemd wechselten, ist umstritten. Es war aber wohl einmal Sitte, am Freitag auf keinen Fall ein frisches Hemd anzuziehen. Auf der anderen Seite heißt es: »Was weiß der Ochs, wann's Sonntag ist, man gibt ihm ja kein weißes Hemd.« Ob das »Hemd« zugleich als »Nachthemd« diente, ist schwer zu sagen. Angeblich war es bis ins 17. Jahrhundert üblich, ohne Hemd ins Bett zu steigen. Ein gewisser Johann Jacob Otho (1628–1669) beruft sich ausdrücklich auf das Hemd unter dem Kopfkissen:

> »Wenn einer sich eines Abends schlafen legt, so wickelt er (wie d. Jac. Andreä von sich zu sagen pflegte) alle Sorgen ins Hemd hinein, steckts unter das Küssen und schläft in Gottes Namen ein.«

Ob Marotte oder Usus, sei dahingestellt. Als 1779 Leopold Friedrich Günther von Göckingk eine Feuersbrunst beschrieb, sprangen die Erschreckten immerhin schon im Hemd ins Freie.

> »Die Trommel gieng, die Glocke klang,
> der Wächter stieß ins Rohr,
> aus jeder Tür und Fenster sprang
> ein bloßes Hemd hervor.«

Ein Hemd war anscheinend immer schon das mindeste, das man anhaben mußte. Dem Ängstlichen flattert das Hemd. Wer kein ganzes Hemd mehr hat, ist wirklich arm. Jemanden bis aufs Hemd auszuziehen ist Räuber-Art. Grimmelshausens »Simplicissimus« läßt sich entnehmen, daß die Räuber es mit dem »letzten Hemde« wörtlich nahmen: »Es war nicht genug, daß sich ein jeder bis auf seine drei Hemder ausziehen mußte, sondern sie wurden auch gezwungen, zwei von denselbigen auszuziehen und nur eins anzubehalten.«

Das Wiener Stadtrecht von 1434 bestimmte ausdrücklich, daß selbst bei erheblichen Spielschulden das Hemd auf dem Leibe unpfändbar blieb. Das Nacktsein galt als unsittlicher, als Haus und Hof zu verspielen. »Besser ein geborgtes Hemd als gar keines«, versichert der Volksmund. Ohne Hemd geht es nicht; denn das Hemd bedeckt die Blöße. Und genau dieser Umstand kommt im Worte »Hemd« zum Tragen.

»Hemden« sind fast so alt wie der Sündenfall. Ihre Herkunft aus uralter Zeit kann nur durch Wortvergleich erschlossen werden. Die Römer trugen eine Toga und darunter eine Tunika. Wahrscheinlich im 4. Jahrhundert lernten römische Soldaten bei den Kelten das »Hemd« kennen. Vermutlich hieß es »kamitia«, denn die Römer machten »camisia« daraus. Dies war ein leinener, auf der Haut getragener Überwurf mit engen Ärmeln. Sprachlich war »camisia« schon nahe bei der französischen »chêmise« und dem »Chemisettchen« unserer Großväter.

Das althochdeutsche »hamidi« gehört zu einem gemeingermanischen Wortstamm »hama«, der für »Haut« oder »Hülle« steht. Derselbe Stamm ist, kaum noch erkennbar, im Wort »Leichnam« enthalten. »Leichnam« geht auf ein älteres »līkhamo« zurück, wobei »līk« für »Körper« oder »Fleisch« und »hamo« für »Hülle« stehen. Der »Leichnam« ist im wahrsten Sinne des Wortes die »sterbliche Hülle«.

Das »Hemd« verdeckt und verhüllt. Es ist verwandt mit dem uralten indogermanischen Verbalstamm »kem«, der »bedekken« und »verhüllen« bedeutete. So kommt es, daß das bedekkende »Hemd« mit dem »Himmel« verwandt ist. Auf einigen Umwegen, die nur der Sprachwissenschaftler entdeckt, übrigens auch mit der »Scham« und mit der »Schande«. Dabei liegt der sachliche Zusammenhang auf der Hand; die »Scham« ist das, was »bedeckt« werden muß, und in diesem Zusammenhang ersetzte das »Hemd« offenbar schon sehr früh das Feigenblatt.

Der Herr

Auch das vermeintliche starke Geschlecht erlebte nachhaltige Schwächeperioden. Die »Männer« sind reihenweise untergegangen. Den Anfang machte »wer«; im »Werwolf« hat er sichtbare, in der »Welt« verblaßte Spuren hinterlassen. In frühalthochdeutscher Zeit wurde der vornehme Herr noch »frô« genannt; auch er hat lange das Zeitliche gesegnet, sieht man von »Frondienst« und »Fronleichnam« ab. Daß die Ableger oft widerstandsfähiger sind als das ursprüngliche Gewächs, beweist die selbstbewußte »Frau« unserer Tage; »Frau« setzt »frô« voraus, den sie lässig überlebt hat. Der Führer der bewaffneten Gefolgschaft hieß in alten Zeiten »truhtin«; weil das Kriegerische Domäne der Mannen war, gab es zu »truhtin« kein weibliches Gegenstück, so daß sich hier die Überlebensfrage nicht stellte. »Wer«, »frô« und »truhtin« widerlegen den männlichen Übermut; sie sind samt und sonders verschieden. Allein der »Herr« hat überlebt.

Daß der »Herr« in der DDR auf Briefumschlägen noch vorkommt, in der Anrede aber vornehmlich Ausländern, Kapitalisten und – mit ironischem Unterton – Nichtparteimitgliedern vorbehalten bleibt, hat mit der ideologisch begründeten Überbetonung des »Genossen« und »Kollegen« zu tun. Wo die Knechtschaft abgeschafft wurde, kann es keine Herren geben, scheint die Parole im sozialistischen Lager zu lauten. Die deklarierte Aufhebung der Klassenunterschiede hat freilich nicht verhindert, daß der unbekümmerte Volksmund statt der »hohen Herren« nun die »Bonzen« bemüht, die sich gegenseitig mit »Genosse« anreden. Im übrigen dürfte auch im sozialistischen Bildungsbetrieb die Regel gelten, daß Lehrjahre keine Herrenjahre sind. Dabei hat der »Herr«, Hegels Überlegungen zur wechselseitigen Abhängigkeit von Herr und Knecht zum Trotz, ursprünglich nichts mit der Knechtschaft, sondern mit dem Alter und den grauen Haaren zu tun.

»Her was hêrôro man«, heißt es im Hildebrandslied; er war der Ältere, ist gemeint. »Hêriro«, »hêroro« ist der Komparativ, die Steigerungsform, des Adjektivs »hêr«, das »vornehm«, »hehr« und ursprünglich »grau« bedeutet haben dürfte. Der »Grauere« wäre der »Ältere«, der Erfahrenere, der Angesehenere. Der »Herr« ist Ausdruck ferner Zeiten, in denen das Alter für sich genommen Ehrfurcht einflößte. Bei genauerem Hinsehen stellt sich heraus, daß dies keine deutsche oder germanische Spezialität gewesen ist. »Senior« ist der Ältere im klassischen Latein; seine Nachfahren in den romanischen Sprachen – »signore« im Italienischen, »señor« im Spanischen, »Sire« und »mon-sieur« im Französischen – haben alle die Bedeutung »Herr« angenommen. Es könnte sich bei »hêriro« um eine sogenannte Lehnübersetzung nach romanischem Vorbild handeln, die im 6. oder 7. Jahrhundert entstanden sein dürfte. Das Gegenstück ist »jungiro«, der »Jüngere«, der als »Jünger« immer noch »Gefolgsmann« bedeutet.

Der »Herr« ist »hehren« Ursprungs. »Heilig und hehr ist sein Name«, übersetzte Luther im 111. Psalm. Um 1800 freilich wurde »hehr« als »im Hochdeutschen völlig veraltet« bezeichnet; anspruchsvolle Dichter wie Klopstock haben es wiederbelebt. Das »Hehre« ist ein außergewöhnliches Wort geblieben; der abgeleitete »Herr« ist Allgemeingut geworden. Der »Herrscher« und die »Herrlichkeit« haben allerdings den hohen Anspruch belebt.

»Ih bin eigan scalc thîn, thu bist hêrero mîn«, »Ich bin dein Knecht, du bist mein Herr«, dichtete Otfrid von Weißenburg, und hier erkennt man noch den Komparativ. Die ersten Missionare nannten Gott »truhtîn fater«; um 1000 wird er von

»fater herro« abgelöst, aus dem sich »Herrgott« entwickelt hat. Im Ludwigslied, das 882 entstanden sein soll, wird Gott »truhtîn« genannt, der König redet ihn mit »herro« an, das Gefolge nennt ihn »frô mîn«.

Wenn Luther sagt: »Man soll mit Herren nicht Kirschen essen, sie werfen einen mit den Steinen«, so sind selbstverständlich die weltlichen Herren gemeint. Von den geistlichen Herren ist immer noch mit einigem Respekt die Rede. Der Herr ist darüber hinaus der »Herr im Haus«, in Mietverträgen schlicht »Hausherr« genannt. »Mein lieber Herr und Ehewirt« aus dem Munde einer Ehefrau gilt inzwischen als übertrieben; in Schillers »Wilhelm Tell« war es zumindest auf der Bühne noch angemessen.

Die Höflichkeit gebietet, jedes männliche Wesen, sofern es den kurzen Hosen entwachsen ist, mit »Herr« anzureden. Die »Herrin« ist erst im 16. Jahrhundert gebildet worden; normalerweise ist das Gegenstück zum unprätentiösen »Herrn« die »Frau«, der man die »Herrin« auch nicht mehr ansieht. Daß man junge und darüber hinaus unverheiratete Frauen aus Gründen der Courtoisie als »Fräulein« bezeichnet, stößt zunehmend auf Widerspruch. Kein Mensch, so heißt es, komme auf den Einfall, junge Männer mit »Herrlein« anzureden. Tatsächlich dachte man in hessischen, bayerischen und rheinischen Landen an den Großvater, wenn vom »Herrchen« oder »Herrlein« die Rede war. Im Spessart stand »Großherrchen« für den Urgroßvater. Der »junge Herr« war derjenige, der demnächst die »Hausherrschaft« antrat; daß »junge Frau« nahe bei der »Jungfrau« und diese für die Unberührtheit steht, ist eine andere Geschichte.

Der Honig

»Handelt einer mit Honig, er leckt bisweilen die Finger«, schreibt Goethe im »Reineke Fuchs«; kein Wunder, denn der Honig ist klebrig und süß, und vor der Entdeckung des Zukkers aus Rüben und aus Zuckerrohr war er das Süße schlechthin. »Das ist ein schlechter Honig, den man erst mit Zucker süß machen muß.« Wer jemandem schmeichelt, schmiert ihm Honig ums Maul oder, falls vorhanden, um den Bart. »Der Honig des Reichtums kommt aus dem Bienenstock des Fleißes.« – »Es ist um den Honig geschehen, wenn der Bär ihn hütet.« Kaum ein anderes Lebensmittel beschäftigt den Volksmund so nachhaltig wie der Honig. Kein Wunder, denn der Honig versüßte schon in mythischer Vorzeit das Leben.

Das Land, »da Milch und Honig fließt«, war das verheißene Land der Seligen. In einer babylonischen Beschwörungsformel tauchte der Honiggott auf. In dem indischen Rigweda besprengen beim Schirren des Wagens die Götter der Morgenröte die Erde mit Butter und Honig: »... mit Gold bekleidet, honigfarben, schmalztriefend rollt euer Wagen.« Den Griechen war der Honig eine Götterspeise; sie strömte vom Himmel als Tau und als Regen von den Sternen. Wo Dionysos auftrat, flossen Milch, Wein und der Nektar der Bienen. In Ovids »Goldenem Zeitalter« tröpfelt Honig von den Bäumen. Nach jüdischem Glauben wird der Messias die Frommen mit Manna und Honig speisen. Die Mystik des Mittelalters machte Christus zur »süßen Honigwabe«, und von der Gottesmutter hieß es: »du waba triefendiu Sancta Maria«. Von der Weltesche Yggdrasil der Germanen tropfte Tau, den man »Honigfall« nannte. In grauslichem Zusammenhang tauchte der Honig im Atlilied der Edda auf: »Du hast Deiner Söhne zersäbelte Glieder und blutige Herzen mit Honig gegessen.«

Der Honig war das Süße und Erfreuliche schlechthin. Er beherrscht Sagen und Mythen zwischen Indien und Germanien, was sicher für die Verbreitung der honigsammelnden Bienen spricht. Der Sache nach ist der Honig uralt. Das Wort »Honig« auch. Aus den germanischen Sprachen hat man ein allen gemeines »hunaga« erschlossen. Diesem entspricht ein noch viel älteres, ebenfalls erschlossenes indogermanisches »kenako«. Dieses bezeichnet die Farbe des Goldes. Das altindische »kancana« für »Gold«, griechisch »knekos« für »gelblich«, das altpreußische »cuncan« für »braun« gehören in diesen Zusammenhang. So darf man vermuten, daß nicht die Süße, sondern die goldene Farbe dem »Honig« den Namen gegeben hat.

Erstaunlicherweise muß es schon in indogermanischer Zeit mit dem ebenfalls erschlossenen »melit« ein weiteres Wort für den »Honig« gegeben haben, das in griechisch »meli«, lateinisch »mel«, französisch »miel«, aber auch in albanisch »mjal« oder armenisch »melr« seine Spuren hinterlassen hat. Im Gotischen wird der Honig »milith« genannt; im Althochdeutschen gab es den Süßtrank »milska«, und »milsken« bedeutete »süßen«. Es ist möglich, daß in unserem »Meltau« ebenfalls der andere indogermanische Uralt-Honig steckt. Der nach seiner Farbe benannte »Honig« hat sich freilich in unseren Breiten durchgesetzt; wiewohl der Sache nach sicher die »Süße« die entscheidende Rolle spielte. Und das nicht nur in der Küche.

»Doch wirst du künftig ohne Leid
sie auf den Händen tragen,
und immer, nach Verdienst, wie heut,
ihr Honigwörtchen sagen.«
(Gottfried August Bürger, 1747–1794)

Mit »Honigplätzchen« verführen, Wieland zufolge, milde Pädagogen die kleinen Zöglinge zum Abc. »Wallet nur hin, ihr hübschen Schmetterlinge, und genießet die ›Honigwoche‹ des kleinen Seins«, schrieb Jean Paul in den »Flegeljahren«, schon nahe bei den »Flitter- und den Honigwochen«. Beim »Honigmond« dürfte das französische »lune de miel« Pate gestanden haben, weniger der englische »honey moon«. Aber die Vorstellung ist dieselbe: Die Süße der ersten Hochzeitstage wird notgedrungen dem Alltag weichen. »Nur flüchtige Minuten währet der Wollust Honigsüßigkeit«, heißt es bei Bürger, woraus man schließen kann, daß der »Honigmond« nicht unbedingt 30 oder 31 Tage zählt.

Die »Flitterwochen« haben nichts mit der Kleidung zu tun; »flittern« hieß »liebkosen«. Das paßt zur norddeutschen »Zärtelwoche«, zur Kußwoche und zur bayerischen »Kuderwoche«, in der »gekudert«, nämlich »gekichert« wird. In der Schweizer »Trütelwoche« steht »trüteln« für »liebkosen«. Eine Besonderheit sind die niederländischen »Wittebroodsweken«, die »Weißbrotwochen«, und die westfälischen »Stutenweken«. Graubrot gab's anscheinend alle Tage. Stuten und Honig passen natürlich ausgezeichnet zusammen.

Die Hose

Die »Hose« ist ein so eindeutiges Kleidungsstück, daß man wider die Regeln der Logik zu behaupten wagt, irgend etwas sei »Hose wie Jacke«. Dabei ist die »Hose« selbst keinesfalls gleichgültig, wie diese Redensart vermuten läßt. Ohne Hose geht fast gar nichts. Schon im 15. Jahrhundert befaßte sich eines der rheinischen Weistümer überraschenderweise mit der Unerläßlichkeit der Hosen bei der Eidesleistung vor Gericht: »Ihr scheffen, steht der man, wie er stan soll? Hat er dann keine hosen an, so mosz er hosen anthon, ehe ihn der scheffen zu dem eidt geleidt; hat er dan hosen ahn, so steth er richt.« Ohne Hosen kein ordentliches Verfahren, könnte man sagen; daß man nackt vor Gericht hätte erscheinen dürfen, wäre uns auch nicht in den Kopf gegangen.

Dabei unterstellen wir aufgrund neuzeitlicher Hosenkenntnisse, daß jemand, der »ohne Hosen« daherkommt und keinen Rock oder Kaftan trägt, mehr oder weniger »im Freien steht«. Dies könnte sich freilich als Kurzschluß erweisen.

»Trug holtschen und zerschnitten schuch, kein hosen, nur ein leine bruch«, heißt es im »Esopus« des Burkhardt Waldis, der 1548 erschien. Wer keine »Hosen« trug, trug immerhin eine »Bruch«. Und spätestens damit hört die »Hose« auf, eindeutig zu sein. Was heißt »Bruch«, und was heißt »Hose«?

Wir Kinder sprachen ohnehin von der »Buxe«, nicht von der »Hose«. Wir konnten nicht wissen, daß die »Buxe« einmal eine »buck-hose« war, eine Hose aus dem Fell eines Bocks. So daß die beliebte »Lederbuxe« doppelt gemoppelt gewesen wär'.

»Herein, was Hosen sein,
Weiber sollen draußen bleiben!«

So liest man es noch in den 1852 erschienenen »Kinder- und Hausmärchen« des Ignaz Vinzenz Zingerle. Vorzeiten waren »Hosen« eindeutig Männersache. Nur so konnte die Redensart entstehen, daß »die Frau die Hosen anhat«, was bedeutet, daß entgegen sonstiger Übung der Mann nicht viel zu sagen hat. Das Mittelalter hat sich in zahlreichen bildlichen Darstellungen über den ehelichen »Kampf um die Hosen« lustig gemacht; das vermutlich älteste sprachliche Zeugnis findet sich in Wittenwilers »Ring« aus dem 14. Jahrhundert. Heinrich Wittenwiler, der Advokat am bischöflichen Hof von Konstanz war, hielt es selbstverständlich mit den Männern; er riet, den widerspenstigen Weibern im Nacken zu sitzen und sie wie den Fuchs im Sack zu halten.

»Bis du herr in deinem haus!
Wiss, und treit dein weib die pruoch,
Sei wirt dein hagel und dein fluoch
Wider gott und sein gespott.«

Da ist sie wieder, die »Bruch«, hier »pruoch« genannt. Wenn das Weib die »Bruch« trägt, braucht man für den Spott nicht zu sorgen. »She wears the breeches«, heißt es im Englischen; »portare le brache« im Italienischen und »de broek aan hebben« im Niederländischen. Das Bild ist immer dasselbe. Kein Wunder, daß die weibliche Emanzipation mit der Eroberung der Männerhosen begann. Aber »breeches«, »brache« und »de broek« sind eindeutig näher bei der unbekannten »Bruch« als bei der angeblich selbstverständlichen »Hose«, die immer rätselhafter wird.

Bei den alten Germanen bestand die Beinkleidung aus der »Bruch«, die in der Regel von der Hüfte bis zu den Knien reichte, und aus den »Hosen« unterhalb der Knie. Die »Bruch« der Männer hatte einen Sitzboden und war im Schritt zugenäht; die »Bruch« war die eigentliche »Hose«; und die »Hosen« waren »Strümpfe« aus Leinen, Tuch oder Leder. Als die Schneider darangingen, »Bruch« und »Hosen« aus einem Stück zu fertigen, rutschte der Begriff »Hose« gewissermaßen nach oben, und die »Bruch« geriet in Vergessenheit. Ursprünglich waren die »Hosen« tatsächlich die »Beinkleider«. Wenn die Bamberger Badeordnung von 1481 verlangte, daß die Badegäste sonn- und feiertags »behost und nicht mit ploßen beinen und on schue« erschienen, bezog sich das »Behoste« noch ausdrücklich auf Beine und Füße und nicht auf das Hinterteil. Das wurde anders, als man daranging, anderen »die Hosen strammzuziehen«.

Die »Hosen« kommen in der Regel im Plural vor; sie bezeichnen die röhrenförmige »Hülle«, den »Schlauch«. Übrigens auch bei der »Wind«- oder »Wasserhose«. »Water hose« ist im Englischen der »Wasserschlauch« im Garten und bei der Feuerwehr, und Strümpfe gibt's immer noch in der »hosiery«.

Der Hut

»Unbehütet« zu sein ist ein trauriges Los. »Den Hut nehmen zu müssen«, sucht jeder in Amt und Würden zu vermeiden. »Hut ab«, heißt es angesichts einer bemerkenswerten Leistung. Wer zurechtgestaucht wurde, hat »einen auf den Hut bekommen«. Wer die Herausforderung annimmt, »wirft seinen Hut in den Ring«. Überraschendes zaubert man »aus dem Hut«; wer keine Vorbereitung braucht, »macht das aus dem Hut«. Und wenn man es nicht für möglich hält, »geht einem der Hut hoch«. Es dürfte kaum ein anderes Kleidungsstück geben, das zu größerer sprachlicher Vielfalt fähig wäre als gerade der Hut. Der Hut war mehr als Modeartikel; aber das war er natürlich auch.

»Der Erste, der mit kluger Hand
der Männer Schmuck, den Hut erfand,
trug seinen Hut unaufgeschlagen;
die Krempen hingen flach herab.«
(Christian Fürchtegott Gellert, 1715–1769)

Modische Angaben sind immer ohne Gewähr. Richtig ist, daß die Waffentechnik um 1700 Jäger und Soldaten zwang, die breiten Hutkrempen der schwedischen Schlapphüte hochzuschlagen; ansonsten hätte das Zündfeuer der Schießeisen ihnen den Kopfputz versengt. Somit dürfte der Dreispitz aus praktischen Erwägungen entstanden sein. In der zweiten Hälfte des 18. Jahrhunderts kehrte der Schlapphut aus Amerika zurück; der Aufruhr nach dem Erscheinen von Goethes »Werther« machte ihn zum Renner wie den blauen Frack. Auch bei den Hüten gibt es im Grunde immer nur alte Hüte.

Ausgerechnet der Honoratioren-Zylinder, 1797 von dem Londoner Hutmacher John Hetherington kreiert, wurde zunächst als revolutionäres Symbol verfolgt. Nach 1813 setzte er sich als »der« Damen- und Herrenhut durch, um 1848 durch die weichen, breitkrempigen und noch freiheitlicheren Demokratenhüte, Heckerhüte, Turner- oder Karbonarihüte abgelöst zu werden. Kaum ein Hutträger ahnt heute, welche historischen Zusammenhänge er auf dem Kopf spazierenträgt.

Der Hut war einst Standeszeichen. Noch heute spricht man vom Kardinals-, vom Markgrafen-, vom Kurhut und vom Doktorhut. Bei den Römern war der Hut Zeichen der Freiheit. Nach der Ermordung Caesars ließ Brutus Denare schlagen, die auf der Rückseite einen Hut zwischen zwei Dolchen zeigten. Der »pileus« genannte Hut gehörte zur Festtracht des römischen Bürgers; auch die freigelassenen Sklaven trugen ihn. Gleich der Fahne war der weithin sichtbare Hut Feld- und Hoheitszeichen. Wer ihn aufsteckte, forderte zu Heer- und Gerichtsfolge auf. Auch Geßlers Hut auf der Stange gehört in diesen Zusammenhang; er war Ausdruck der »Obergewalt zu Gericht und Feld«. Ansonsten wäre die Aufregung um Wilhelm Tell und seine Eidgenossen kaum zu verstehen; einen x-beliebigen Hut auf der Stange grüßen zu müssen wäre idiotisch. Seit 1200 mußten die Juden den zuckerhutförmigen Judenhut tragen. Betrügern setzte man ähnliche Hüte auf. Der spitze Hut war Bauerntracht, bevor er Hanswurst aufgesetzt wurde.

Der Niedere zog vor dem Höheren aus Ehrerbietung den Hut; ihn auf dem Kopfe behalten zu dürfen war das ausdrückliche Vorrecht weniger.

> »Des Menschen Zierat ist der Hut, denn wer
> den Hut nicht sitzen lassen darf vor Kaiser
> und vor Königen, der ist kein Mann der Freiheit.«
> *(Friedrich Schiller, 1759–1805)*

Paulus schrieb an die Korinther: »Der Mann aber soll das Haupt beim Beten nicht bedecken, sintemal er ist Gottes Bild und Ehre.« Andere beten gerade bedeckten Hauptes wie die

Juden. Es ist bemerkenswert, daß Kemal Atatürk sich entschloß, in der Türkei den Fez abzuschaffen und den Hut durchzusetzen. Dabei ging es auch nicht um Modisches.

Die Sitte, beim Gruß den Hut zu ziehen, führte zur bekannten Lebensregel: »Mit dem Hute in der Hand kommst du durch das ganze Land.« Einer der frühesten literarischen Belege findet sich im »Wigalois« des Wirnt von Grafenberg (1204):

»Und als er im sô nâhen quam
sînen huot er abe nam;
hie mit êret er in alsô
der junkherre gruozt in dô.«

Bei aller hintergründigen Bedeutung erstaunt die bescheidene sprachliche Herkunft. Im »Hut« steckt lediglich eine uralte indogermanische Wurzel, die für »bedecken« oder »schützen« steht. Offenkundig hatte man zunächst gegen die Unbilden der Natur nur einen »Deckel« auf dem Kopf, bevor dieser in die gesellschaftliche, politische oder religiöse Symbolik geriet. Dem »Hute« direkt verwandt ist »huota«, »die Hut«, »Obhut«, »Aufsicht« oder »Fürsorge«, von der wiederum das Verb »hüten« abgeleitet ist.

Die Insel

Die Lieblinge der Götter finden sich nach dem Erdenleben auf der »Insel der Seligen« ein. Hesiod hat uns diesen Traum aus der griechischen Inselwelt überliefert, und er lebt weiter in den Reisebüros, in denen Inseln im blauen Meer mit weißen Stränden und Palmenwedeln üblicherweise als »paradiesisch« bezeichnet werden. Strafgefangene wurden auf Inseln verfrachtet, die eher als teuflisch denn als paradiesisch galten. Der Eroberer Napoleon wurde mit wenig Erfolg auf Elba

»ruhiggestellt« und schließlich nach St. Helena verbannt. Es gibt also Inseln ohne Wiederkehr. Den Seeleuten galten die Inseln vorzeiten als unverzichtbare Landmarken, als Rast-, als Nachrichten- und als Bunkerstationen im Fernverkehr. Bevor die Flugzeuge den Sprung über die Großen Teiche mit einem Anlauf schafften, wurden auf den Azoren, den Bermudas, auf Island und anderen Inseln Flugplätze angelegt. Ohne das Hüpfen von Insel zu Insel wären nicht einmal die Flieger angekommen.

Die »Insel« scheint ursprünglich nur die »Insel im Meer« gewesen zu sein. »Insula«, sagten die Römer, und »in salo« heißt »im Salz gelegen«. Bis ins 18. Jahrhundert war auch im Deutschen »Insul« üblich; unsere »Insel« geht tatsächlich auf halbwegs klassisches Latein zurück. Wo wir von »Halbinsel« sprechen, sagt das Inselvolk der Briten »peninsula«. Auch dies ist erkennbar Produkt des Lateinunterrichts; »paene« hieß bei den Römern »fast«, und tatsächlich ist die »peninsula« fast eine Insel.

Die Annahme des Lateinunterrichts bei der »Inselkunde« klingt schlüssig. Aber es wäre über die Maßen seltsam, wenn erst die Romanen des Südens den seefahrenden Völkern des Nordens beigebracht hätten, was eine »Insel« ist. Wiewohl unser Wort »Insel« zweifelsfrei romanischen Ursprungs ist. Im Lago Maggiore liegt die »Isola Bella«. Selbst den Italienern ist der Nasal »n« in der ehemals klassischen »insula« abhanden gekommen. Die Franzosen sprechen von der »île«, die, über den Kanal transportiert, bei den Briten »isle« ergeben hat. Daß die Insulaner der Britischen Inseln das angenommen haben, bleibt erstaunlich.

Nôtre-Dame in Paris liegt auf der Île de la Cité inmitten der Seine. Wir Deutschen pflegten Flußinseln »Werder«, »Werth« oder »Wörth« zu nennen. Von alten Namen wie »Kaiserswerth«, »Nonnenwerth« und »Grafenwerth« abgesehen, hat sich die fremde »Insel« auch in unseren Flußlandschaften durchgesetzt. Lindau liegt im Bodensee auf einer Insel, die man »Isel« nennt. Dabei dürften die ortsansässigen Alemannen die Inseln schon als solche erkannt haben, bevor ihnen die Romanen den Begriff »Isel« oder »Insel« lieferten. Aber wie hätte eine Insel heißen können, bevor man sie »Insel« nannte?

Bei näherem Hinsehen fällt auf, daß andere Inseln im Schwäbischen Meer Mainau, Reichenau und Lustenau heißen. Die Endung »-au« entspricht der »Aue«, althochdeutsch »ouwa«, die nicht nur »feuchte Wiese«, sondern auch »Land am Wasser« und »Land im Wasser«, also »Insel« bedeutete. »Au« ist mit dem germanischen »ahwo«, »Wasser«, verwandt. Es ist im zweiten Wortbestandteil von »Skandinavien« enthalten, das sich sowohl durch eine gewisse Feuchtigkeit als auch durch zahllose Inseln auszeichnet. Ein »Au« entsprechendes altnordisches »ey« hat sich im Norwegischen zu »oy«, im Schwedischen zu »ö« und im Dänischen zu »ø« entwickelt, und das eine wie das andere bedeutet »Insel«. In Namen wie »Mainau«, »Norderney«, »Greifswalder Oi« und »Langeoog« findet man das alte germanische Wort für »Insel«. Darüber hinaus in dem inzwischen exquisit klingenden Begriff »Eiland«, der zuerst im Altfriesischen gebildet wurde. Mit »Eiern« hat das »Eiland« nichts zu tun, wohl aber mit der »Aue«. Die letztlich lateinische »Insel« dürfte im Deutschen eine so große Verbreitung erlangt haben, weil die Flußinsel »Werder« an Boden verlor und die alte »Aue« einen Bedeutungswandel zur »Flußniederung« durchmachte.

Der Einfluß der romanischen »Insel« reicht weiter. Napoleon wurde auf St. Helena »isoliert«. »Isolieren« bedeutet, irgend jemanden oder auch irgend etwas von allem anderen zu trennen, als ob er oder es sich auf einer »isola« befände. Man kommt kaum darauf, wenn man ein Stück Isolierband in Händen hält. Das »Insulin« wurde 1922 »isoliert«, und zwar aus den »Langerhansschen Inseln« der Bauchspeicheldrüse. Inseln gibt es beileibe nicht nur im Reiseprospekt.

Die Intervention

Die »Intervention« ist ein Begriff der höheren Kriegs- und Staatskunst. Normale Menschen greifen ein, wenn sich Nachbarn streiten wie die Kesselflicker, und besonders Handgreifliche schlagen dazwischen. Staaten »intervenieren«, wenn es sich nicht anders machen läßt. Sie versuchen im ursprünglichen Wortsinne »dazwischenzukommen«. Mit einem Argument oder mit einem Knüppel. Das eine wäre die diplomatische, das andere die militärische Intervention. Beides kommt vor, wenn auch nicht unbedingt in dieser Reihenfolge. Man kann natürlich auch mit größeren Geldmengen intervenieren. An der Börse spricht man von Stützungskäufen, ansonsten von Bestechung. Intervenieren kann man immer nur »mit« etwas: mit Geld, mit Argumenten, mit dem Knüppel; heraus kommt immer nur eine »Intervention«, nie etwas »Interveniertes«. Derlei bringt vorerst nur die Europäische Gemeinschaft zuwege. Der Logik der Sprache zum Hohn.

Jedenfalls teilt die Europäische Gemeinschaftsbürokratie immer wieder mit, daß soundso viele Tonnen Äpfel oder Tomaten »interveniert« worden seien. Wer mit Gründen darauf beharren möchte, daß »intervenierte Äpfel« ein schieres Ding der Unmöglichkeit seien, könnte beim Blutspendetermin erleben, daß ihm kostenlos europäischer Apfelsaft - laut Etikett - aus »intervenierten Äpfeln« kredenzt wird. Empfindsamen geht da der Hut hoch. Und mögen sich den Fischen die Gräten sträuben, im sprachlich heruntergekommenen Europa wird »intervenierter Fisch« gleich tonnenweise zu Fischmehl verarbeitet und den Hühnern vorgeworfen.

Wer so die Sprache malträtiert, hat üblicherweise etwas zu verbergen. In diesem Falle die Peinlichkeit, daß Europa in großem Stile Lebensmittel vernichtet. Sie werden »aus dem Markt genommen«, wie es heißt, was auch eine Verschleierung ist. Tatsächlich landen diese Lebensmittel auf dem Mist oder in der Fischmehlfabrik. Dies ist eine Schande, weil Lebensmittel zu vernichten immer eine Schande ist. Damit sich niemand darüber aufregt, ist von der »Intervention« und gegen alle Regeln des gesunden Menschenverstandes von »interveniertem« Fisch oder Gemüse die Rede. Dabei ist den Lebensmitteln überhaupt nichts »dazwischengekommen«; eher ist den Agrarmarktbürokraten etwas abhanden gekommen, nämlich der Respekt vor der Grammatik und wohl auch vor den Lebensmitteln. Man sollte in Notwehr mit dem Knüppel dreinschlagen, also »intervenieren«, wenn dem amtlichen Schindluder anders nicht beizukommen sein sollte.

Das Jahr

»Die Jahre fliegen pfeilgeschwind«, heißt es in Schillers »Glokke«, und ein jeder fühlt es nach. Selbst das lauteste Spektakel zu Silvester übertönt die nachdenkliche Frage nicht, die man sich mit zunehmendem Alter immer häufiger stellt: »War das schon wieder ein Jahr?« – »Die Jahre biegen den stärksten Mann«, sagt der Volksmund. »An Jahren jung ist ein Fehler, der sich alle Tage bessert.« Am Lauf der Jahreszeiten erfährt man das Altern und die Unaufhaltsamkeit der Zeit. Selbst in den heiteren Versen eines Hagedorn schwingt im leisen Unterton Vergänglichkeit:

»Ein freies Weib von zwanzig Jahren
ist zwar in vielem unerfahren;
doch was sie sagt, gefällt.
Gebt ihr noch zwanzig Jahre drüber;
so hört man ihre Tochter lieber.«

Wir alle haben gemeinsam, daß wir unausweichlich »in die Jahre kommen«. Ob wir es wahrhaben wollen oder nicht.

Tag für Tag, jahraus, jahrein dasselbe, bis es eines Tages mit einem Schlag zu Ende geht. Unser Leben ist endlich, und immer wieder mahnen die eilenden Jahre, das Wichtige zu besorgen, »eh der Winter welker Jahre dir die goldgemengten Haare wird mit Silber unterziehn« (Fleming).

»Wer weiß, wie mancher modert
ums Jahr, gesenkt ins Grab.«

Wenn das Altern im Kreislauf der Jahre eine der ursprünglichen Erfahrungen der Menschheit ist, muß das Wort »Jahr« alt sein. Vielleicht so alt, daß man über seinen Ursprung nur noch Mutmaßungen anstellen kann. Sicher ist, daß es ein gemeingermanisches Wort fürs »Jahr« gegeben haben muß. Es wird mit »jera« angenommen, aus dem sich sowohl gotisch »jer«, altnordisch »ar«, altfriesisch »ger«, angelsächsisch »gear« als auch deutsch »Jahr« und englisch »year« entwickelt haben. Wenn die Süddeutschen »heuer« sagen, steckt ein altes »hiu jaru«, »in diesem Jahr«, dahinter. Genauso wie hinter dem Allerweltswort »heute« »hiu tagu«, »an diesem Tage«, steckt.

Das angelsächsische »gear« bedeutete sowohl »Jahr« als auch »Frühling«, was die Vermutung nahelegt, daß die Angelsachsen vornehmlich die Lenze zählten und das Jahr mit dem Frühling beginnen ließen. Aber belegen läßt sich dergleichen nicht. Wiewohl auch das altslawische »jaru« für »Frühling« steht. Ob die Jahre aber nach Sommern oder Wintern gezählt wurden, dürfte vom Klima und der geographischen Breite abhängig gewesen sein. An norwegischen Fjorden fällt der Winter mit Sicherheit eindrucksvoller als an Euphrat oder Tigris aus. Was den Jahresanfang betraf, herrschte schon deshalb ein buntes Durcheinander. Bei Babyloniern, Indern und Persern begann das Jahr im Frühling, bei den Ägyptern im Sommer, bei Juden und Mohammedanern im Herbst. Die Völker des Nordens dürften den Jahresanfang auf den Eintritt des Winters verlegt haben. Spätestens zu diesem Zeitpunkt mußte das Vieh in den Stall. Ein Indiz dafür, daß die Germanen die Lebensalter nach Wintern zählten, liefert tatsächlich der Stall. Am Niederrhein wird die einjährige Ziege oder das einjährige Rind »Einwinter«, in Westfalen das einjährige Pferd »Einter« genannt, der sich im Kreuzworträtsel als »Enter« wiederfindet. Und da sieht man ihm den »Winter« nicht mehr an. Ähnlich ist im Englischen das zweijährige Schaf »twinter« nach dem doppelten Winter, »twi-wintre«, benannt.

In geschichtlicher Zeit könnte das Jahr bei den nördlichen Völkern am 14. Oktober oder zu Martini, um den 11. November, begonnen haben. Beda zufolge begann das Jahr bei den Angelsachsen mit der »Modraneht«, der »Nacht der Mutter«, am 25. Dezember. Derselbe Tag wurde, bevor das Christkind kam, bei Ägyptern, Griechen, Römern und Syrern als Geburtstag des Sonnengottes und bei den Persern als der des Lichtgottes Mithras gefeiert. Unabhängig davon galt in Köln bis Ende des 16. Jahrhunderts der Weihnachtstag als Jahresanfang. Daß Iulius Caesar im Jahre 46 v. Chr. den Beginn des Jahres auf den 1. Januar festsetzte, hat von den Germanen vorerst nur die Westgoten beeindruckt. Franken, Alemannen und Langobarden bevorzugten den 1. März, Karl der Große den Tag der Verkündung Mariä, den 25. März. Dieser Jahresanfang hat sich in Italien, England und Spanien lange gehalten. In Frankreich zählte man bis 1556 die Jahre vom beweglichen Osterfest an, so daß sich zwangsläufig »kurze« und »lange Jahre« ergaben.

Ob man die Jahre nach Winter, Frühling oder Sommer oder wie die Lex Bajuvariorum nach Herbsten zählte, das »Jahr« blieb immer das »Jahr«. Sein sprachlicher Ursprung ist dunkel. Dem germanischen »jera« müßte ein indogermanisches »iero« entsprochen haben. Wenn dieses mit der Wurzel »ie-« gleich »gehen« zu tun gehabt haben sollte, könnte das »Jahr« sich auf den »Gang der Sonne« bezogen haben. Das ist nicht zu belegen; aber sachlich angemessen wäre es schon. Der Rest ist Schweigen. »Das Jahr«, weiß der Volksmund zu berichten, »ist immer länger als die Wurst.«

Der Kalender

Man trägt ihn in der Tasche, er hängt an der Wand, er liegt unübersehbar auf dem Schreibtisch; so wichtige Dinge wie Sonn- und Feiertage werden rot angestrichen. Jedermann hat und braucht inzwischen einen Kalender. Kalender waren einst neben Gebetbuch und Bibel das einzige Gedruckte im Haus. Neben den Monaten, Wochen, den Werk- und Feiertagen vermittelten Kalender seinerzeit auch Ratschläge fürs Aderlassen, die Kindbadtage, das Haar- und Nagelschneiden und zudem Wetterprognosen. Deren notorische Unzuverlässigkeit brachte vorübergehend die Kalender insgesamt in Verruf. »Alle Kalender betrügen« wurde zu einem geflügelten Wort. »Du leugnest wie ein Kalendermacher«, hieß es schon bei Andreas Gryphius. Dabei hat der Volksmund zweifellos recht, wenn er sagt: »Kalender machen die Leute, das Wetter der liebe Gott.«

Trotzdem kümmerten sich im alten Rom die Priester um den Monatsersten. Sie riefen ihn mehrfach laut aus. Denn selbst wenn man akzeptiert, daß das Jahr aus zwölf Monaten besteht und die Woche sieben Tage hat, geben weder Mond noch Sterne verläßliche Hinweise auf den Monatsbeginn. Den mußte der Kundige berechnen, und der Priester rief ihn lauthals aus. Und so sind die römischen »calendae« wie die allseits bekannten »Kalender« zu ihrem Namen gekommen. »Calare« bedeutet »ausrufen«. Der Erste war also der Tag, der ausgerufen werden mußte. So einfach ist das.

Weil an einem jeden Ersten die Zahlungen fällig waren, hat das »calendarium« auch im Deutschen die Bedeutung

»Schuldbuch« gehabt. Jemandem »den Kalender lesen« konnte deshalb bedeuten, ihm das Sündenregister vorzulesen. An die Stelle des neutralen »calendarium« rückte später ein männlicher »calendarius« mit der Bedeutung eines »Wegweisers durchs Jahr«. Dieses spätlateinische Wort wurde erst im 15. Jahrhundert entlehnt und im 16. ähnlich wie »Almanach« in deutschen Landen als Buchtitel üblich.

Ein Leben ohne Kalender kann man sich kaum noch vorstellen. Dabei hat das ganze Mittelalter keine feste Ordnung des Kalenderwesens gekannt. Der Jahresanfang fiel keineswegs überall auf den ersten Januar. Die schreibkundigen Mönche beschränkten sich zunächst darauf, für wenige Jahre im voraus die Festtage und die für das kirchliche Leben wichtigen Gedächtnistage der Heiligen »festzulegen«. Dazu bediente man sich kurioserweise seltsamer Merkverse und der Finger zum Zählen der Silben, die für jeweils einen Tag standen. Nach dem Anfang des Januarverses »Cisio Janus« wurden diese Merkverse »Cisien« genannt.

»Cisio Janus Epi. sibi vendicat Oc. Feli. Mar. An.
Prisca Fab. Agn. Vincenti Pau. Po. nobile lumen.«

Anhand der abgezählten Silben ergibt sich: Die Beschneidung des Herrn (circum-cisio) fällt auf den 1. Januar, Epiphanias auf den 6., Felix auf den 14. und Agnes auf den 21. Januar. Es heißt, daß die Reformatoren vergeblich versucht hätten, die im Volk beliebten Verse abzuschaffen oder umzuformen. Eine deutsche, vermutlich aus den Tagen der Reformation stammende Cisio, »darin alle fürnemliche Fest, Feyr und Heiligen durchs gantze jar künstlich an fingern aus zu rechnen gefunden werden«, hat so viele Wörter wie der entsprechende Monat Tage. In diesen immerwährenden Heiligenkalender wurden jährlich Buchstaben für die Wochentage eingetragen (A für Sonntag, b–g für Montag bis Samstag).

»Jenner, 31 Tage A.
Jesus b. das c. Kindt d. ward e. beschnitten f.,
Drei g. Künig A. von b. Orient c. kamen d. geriten e.
Unnd f. opfferten g. dem A. Herren b. lobesam c.
Anthonius d. sprach e. zu f. Sebastian g.:
Agnes A. ist b. do c. mit d. Paulus e. gewesen f.,
Wir g. sollten A. auch b. mit c. wesen.«

Demnach hätte ein Anthonius, Anton oder Toni am 17. Januar Namenstag, an einem Mittwoch im vorliegenden Beispiel. Das Verfahren war kompliziert, und ohne die Finger zu Hilfe zu nehmen, ging es wirklich nicht. Als ältester erhaltener deutscher Kalender gilt ein handschriftlicher Eintrag im »Lustgarten« der Herrad von Landsperg, einer Äbtissin des elsässischen Klosters Hohenburg im 12. Jahrhundert. Das Germanische Museum in Nürnberg bewahrt einen weltlichen Kalender auf Pergament aus dem Jahre 1398. In einen hölzernen Kalender aus dem Schweizer Wallis des 15. Jahrhunderts konnten Unglückstage eingekerbt werden. Immerwährende in Holz geritzte Runenkalender sind seit dem 12. Jahrhundert aus Skandinavien bekannt. Mit der Erfindung des Buchdrucks nahmen die Kalender den entscheidenden Aufschwung. Es waren zunächst Einblattkalender, immerwährende Kalender und dann erst Jahreskalender. Den ersten gab ein gewisser Peypus 1513 in Nürnberg heraus.

Die Kammer

Die Devise der germanischen Industriegewerkschaft Bau, Steine, Erden kann nur gelautet aben: Den Fortschritt am Bau garantieren die römischen Poliere. »Murus« – »die Mauer«, »cellarium« – »der Keller«, »fenestra« – »das Fenster«, »tegula« – »der Ziegel«, »astricus« – »der Estrich«. Sogar das »solarium« war unseren Lehrmeistern schon bekannt; es entwickelte sich freilich nicht umgehend zur neumodischen Sonnenbank, sondern zunächst zum altfränkischen »Söller«. Die vermeintlich urdeutsche »Kammer« ist ebenfalls eine Errungenschaft der römischen Besatzungsmacht. »Camera« war auf dem römischen Bau ein Raum mit einer gewölbten Decke, analog zu »kamara«, dem Gewölbe der Griechen. Da aber die germanischen Häuslebauer die Kunst, Gewölbtes zu mauern, noch gar nicht beherrschten, nahm die »camera« nördlich der Alpen notgedrungen eine andere Bedeutung an. Wie die neuhochdeutsche Kammer bezeichneten schon die althochdeutsche »chamara« und die mittelhochdeutsche »kamere« einen besonderen Zwecken vorbehaltenen, meist verschließbaren Raum. Ohne dabei besonderen Wert auf die Deckenkonstruktion zu legen.

Ein Haus bestand vorzeiten üblicherweise aus einem Wohnraum, der Stube, und aus einer oder mehreren Kammern. In erster Linie war die Kammer die – eheliche – Schlafkammer. »Und er wandte sich schnell und eilte zur Kammer zu gehen, wo ihm das Ehebett stand«, dichtete Goethe, umständlich, aber immerhin noch verständlich. Dieser Kammer dürfte auch der Kammertopf seinen Namen verdanken, ein mittlerweile aus der Mode gekommenes Nachtgeschirr.

Neben der Schlafkammer gab es die Dach-, die Boden- und natürlich verschiedene Vorratskammern. Jeder Bauer wußte genau zwischen der Speise-, der Brot-, der Milch-, der Räucher- oder Häckselkammer zu unterscheiden. In kleineren Anwesen kam man mit einer Vorratskammer aus. Auf den Burgen der Ritter fand man neben der Rüstkammer die Pulverkammer; bei den Raubrittern kam die Folterkammer hinzu. Alles gewerbliche Räume also mit einem Riegel oder einem Schloß davor. Vor der Schatzkammer wahrscheinlich sogar mehrere.

Verwandt mit der gewölbten »camera« war übrigens auch die »caminus« genannte offene Feuerstelle an der Wand, die

die althochdeutschen Bauherrn »kemin« oder »chemin« nannten; die eigenwilligen Schwaben machten »kemet«, die Bayern »kemich« daraus. Daß der »Kamin« inzwischen wieder »Kamin« heißt, liegt daran, daß wir ihn uns ein zweites Mal, diesmal von den Italienern, ausgeborgt haben. Schon die Betonung auf der zweiten Silbe weist den wärmenden »Kamin« als Importware aus. Nicht die Wurzelsilbe zu betonen ist ungermanisch. Dessenungeachtet hat sich Hölty zu dem gewagten Vers verstiegen:

»Die Tannen glühn
hell im Kamien.«

Die Kammer mit dem Kamin, die »camera caminata«, entwikkelte sich zartfühlenden Burgfräulein zur Freude zur geheizten »Kemenate«.

Die »Kammer« blieb nicht im bescheidenen Bereich des bürgerlich sozialen Wohnungsbaus stecken; sie machte den Aufschwung des heimischen Adels mit und bezeichnete auch die Wohnung eines Fürsten, inklusive des hochherrschaftlichen Personals. Die Kammerherrn, die Kammerzofen, die Kammerdiener und die Kammerpagen waren dem Fürsten zu Diensten. Ihn zu erheitern, veranstaltete die Hofkapelle Kammermusik im Kammerton. Hübsche Kammerzofen wurden Kammerkätzchen genannt; der Kammerjäger freilich war nur der Rattenfänger.

Besonderer Aufmerksamkeit erfreute sich verständlicherweise die hochherrschaftliche Schatzkammer, in die die Abgaben der geschröpften Untertanen flossen. Die öffentliche Kasse hieß mit einem Male auch Kammer, und mit den geordneten Finanzen setzte sich die »Kameralistik« auseinander. Jeder Stadtkämmerer weiß bis heute ein Lied davon zu singen.

»Die kaiserliche und des Reiches Kammer zu Wetzlar« war

allerdings keine Kasse, sondern ein Gericht, das Reichskammergericht. Ein ordentliches Gericht besteht noch heute aus mehreren Kammern. Dortmund, einst Hauptsitz westfälischer Femegerichte, nannte sich »kaiserliche Kammer«, und damit waren weder Schlafkammer noch Vorratskammer oder gar das Finanzamt gemeint.

Soldaten empfangen ihre Uniform üblicherweise auf der Kleiderkammer. Die Italiener waren die ersten, die die Belegschaft einer Stube »camerata« nannten. Das war der Ursprung der Kameradschaft, die inzwischen das Soldatengesetz vorschreibt. Während des Dreißigjährigen Krieges hieß es zur Erläuterung: die »Rott- oder Spießgesellen, die jetzt auff newteutsch Cameraden heißen«. Erstaunlich, was alles der antiken Baubude entstammt.

Die Kampagne

»Kampagnen« haben es in sich. Nicht nur weil auch unser Kanzler immer wieder bekräftigt, wir erlebten gerade mal wieder eine der Opposition, eine unseriöse, versteht sich, womöglich sogar eine »Lügenkampagne«. Dabei ist nicht jede »Kampagne« unerhört. Denken Sie an die »Rübenkampagne«, bei der früher ein jeder auf dem Acker zum Einsatz kam, der des gebeugten Rückens fähig war. Inzwischen werden wohl auch bei der Rübenernte Maschinen eingesetzt.

»Wahlkampagnen« und »Pressekampagnen« mögen unterschiedliche Motive haben; aber sie finden auf demselben »Felde« statt. Das »Feld« ist also nicht unbedingt ein agrarischer Sachverhalt. Neben dem Rübenacker gibt es das Feld der Ehre. Die militärischen Implikationen bei »Feldwebel«, »Feldmarschall« und »Feldgottesdienst« sind kaum zu überhören. Der »Feldzug« war auch nicht unbedingt ein Zug über die Felder anläßlich des Erntedanktages. Ein Zug über die Felder schon; aber ein Zug mit »verheerenden« Folgen, falls die militärische Auseinandersetzung vor der Erntezeit stattfand.

»Feldzug« und »Kampagne« scheinen austauschbar zu sein. Man kann gegen alles mögliche und nicht nur gegen gegnerische Regimenter »zu Felde ziehen«. »Kampagne« wäre mithin das auf irgendeinem »campus« Ausgetragene. Wäre der, der eine Kampagne anzettelt, womöglich ein »Kämpe«? Weil er sich auf einem »Felde« zu behaupten weiß. Auf welchem auch immer. »Der Kämpe wappne sich, eh er zum Kampfe geht«, heißt es bei Rückert. Es fällt auf, daß es neben wackeren vornehmlich »alte Kämpen« gibt. Angeblich ist das treffliche Wort in Napoleonischen Zeiten wegen seines altmodisch deftigen Klangs wiederbelebt worden. Den hochdeutschen »Kämpfen« hat es auch gegeben; der Zusammenhang mit »Kämpfer« und »Kampf« liegt auf der Hand. Offenbar ist der »Kampf« kein altgermanisches Produkt. Als ein Kunstwort des gerichtlichen Zweikampfs geriet der »Kämpfe« auch in den romanischen Raum und wurde hier für den »Champion« verantwortlich, der inzwischen auch deutsche Sportreporter beschäftigt. Es sollte nicht verheimlicht werden, daß der »Kämpe« im Niederdeutschen den Zuchteber bezeichnete. Zumindest auf dem Bauernhof. Dort ging es um die Frucht, »die Sau und Kämpen nährt«.

Wenn »campus« neben dem Acker des Landmanns ausdrücklich auch das Feld der Schlacht bezeichnet, wird verständlich, wieso das Verb »kampieren«, das Lagern auf dem Felde, bei uns ausgerechnet im Kampfgetümmel des Dreißigjährigen Krieges auftauchte. Empfindsame Krieger haben es erstaunlicherweise als modisches Fremdwort verspottet. Heutzutage »kampieren« nur noch Unbehauste unter Brücken oder über U-Bahn-Schächten; Jugendliche im Urlaub »campen« dagegen. So läßt sich belegen, daß ein und dasselbe Wort, zu unterschiedlichen Zeiten aus verschiedenen Sprachen aufgeschnappt, die unterschiedlichsten Lebensbereiche abdeckt.

Zwischen dem französischen »Champion« und dem englischen »Champion« liegen mehr als nur Betonungsunterschiede. Die resoluten Boxer haben ihren »Champ«, die anspruchsvolleren Reitersleut' ihr französisch angehauchtes »Championat«. Der alte »Kämpe« gilt unseren Sportreportern als zu deutsch und zu direkt. »Kämpen« dreschen aufeinander ein, in »Werbe«-, »Wahl«- oder »Verleumdungskampagnen«. Der »Champ« fightet.

Goethe schrieb seine »Champagne in Frankreich«, die im wesentlichen die Beschreibung eines Rückzuges ist. Goethe schrieb »Champagne« mit »ch«. »Campanien« in Italien und die »Champagne« in Frankreich lassen sich auf denselben »campus« zurückführen. Mithin stammte auch der zum »Schampus« verballhornte »Champagner« von ebendiesem »Feld«.

Carl von Clausewitz, der preußische Cheftheoretiker aller späteren Generalstäbe, schrieb von »Feldzügen«, nicht von »Kampagnen«. Auch in dieser Hinsicht ein Stilist. In seinem hinterlassenen Wälzer »Vom Kriege« handelt ein Kapitel ausdrücklich von der Verteidigung von Morästen. Dies ist jedoch nicht die Beschreibung einer Verleumdungskampagne; es geht um Militärisches im Bourtanger Moor.

Wenn die Folgen aller möglichen Kampagnen durchweg als »verheerend« bezeichnet werden, läßt das auf militärische Implikationen schließen. In unseren empfindsamen Zeiten zieht die Bundeswehr es vor, von Flur- und Manöverschäden zu sprechen.

Die Kapelle

Wieso kann eine »Kapelle« zum Tanz aufspielen, wenn anders die »Kapelle« ein Ort der religiösen Andacht und der Gebete ist? Was hat der »Kaplan« der Kirche mit dem »Kapellmeister« des städtischen Orchesters zu tun? Sachlich wenig, sprachlich eine ganze Menge, und die Lösung liegt beim heiligen Martin von Tours. Er war der Sohn eines römischen Tribunen, wurde Gardereiter in Gallien, empfing in jungen Jahren die Taufe und verließ das Heer. Martin missionierte in Pannonien, seiner Heimat, lebte als Mönch bei Genua und seit etwa 360 in der Nähe von Poitiers, wo er das erste Mönchskloster Galliens gründete, um schließlich im Jahre 371 Bischof von Tours zu werden. Das alles hat noch nichts mit der »Kapelle« zu tun. Sie verdanken wir der über eineinhalb Jahrtausende alten Legende, nach der Martin, der Soldat, mit dem Schwert seinen Mantel teilte, um die Hälfte einem frierenden Bettler am Stadttor von Amiens zuzuwerfen.

Nicht Fakten und große Ereignisse, sondern die Geschichten, die man sich darüber erzählte, haben die Menschen bewegt. Martin von Tours, der Mönch, Klostergründer und Apostel Galliens, wurde nicht nur in stiller Andacht als Heiliger verehrt. Er wurde der Schutzpatron des fränkischen Merowingerreichs, und bei den Feldzügen trugen die Franken dem König ein, wie sie glaubten, siegspendendes Reichskleinod voran, den Mantel des heiligen Martin. »Mantel« heißt im Lateinischen »capa«, der kleine Mantel »capella«. »Capella« hieß dann auch der Ort, an dem der verehrungswürdige Mantel in friedlichen Zeiten aufbewahrt wurde. Das muß kein bestimmter Raum, keine bestimmte »Kapelle« gewesen sein, denn das Königtum der Franken war sozusagen ambulant. Selbst Karl der Große wurde erst im Alter von 52 Jahren in Aachen »seßhaft«, und erst die letzte seiner vier Frauen dürfte eine Art Zuhause gehabt haben. »Seine Freunde mußten ihn jeden Winter in einem anderen Hofgut, jedes Frühjahr auf einem anderen März- oder Maifeld, jeden Herbst in anderen Jagdrevieren aufsuchen«, schreibt der Historiker Wolfgang Braunfels; im Sommer fanden die jährlichen Feldzüge statt.

Merowinger und Karolinger haben den Mantel des Martin, die »capella«, stets mit sich geführt, und nicht zufällig heißt

Karls spätere Residenz Aachen im Französischen Aix-la-Chapelle. Vom Mantel des Heiligen färbte der Name gewissermaßen auf den Schrein und den Andachtsraum ab, in dem die Reliquie aufbewahrt wurde. Die »capella« unterlag der Obhut eines geistlichen »capellanus«. So ist unser »Kaplan« entstanden.

Die rund siebzig Jahre nach Martins Tod in Tours erbaute Martinskirche entwickelte sich zu einer bedeutenden Wallfahrtsstätte. In der Folgezeit entstanden überall Martinskirchen. Etwa seit dem Jahre 800, also zur Zeit Karls des Großen, nannte man kleine Gotteshäuser im Gegensatz zu den großen Kirchen und Kathedralen »capella«. Später wurden in die großen Kirchen kleine Kapellen hineingebaut. In dieser Bedeutung wurde das Wort als »kapella«, dann als »kapelle« ins Deutsche übernommen und hat im Hochdeutschen bis heute die »ungermanische« Betonung auf der zweiten Silbe behalten.

Die Geistlichen, die etwa am Hof des fränkischen Königs den Gottesdienst versahen, waren in der sogenannten »Hofkapelle« zusammengefaßt. Offenbar wurde der Name des kirchlichen Raums auf die geistliche »Betriebsmannschaft« übertragen. Die Geistlichen der Hofkapelle waren nicht selten die einzigen am Hofe, die lesen und schreiben konnten, weshalb sie oft mit den Notaren und Schreibern identisch waren und den Schriftverkehr der Hofkanzlei erledigten.

Bliebe zu fragen, was der »Kapellmeister« und die »Blaskapelle« mit der »capella« des heiligen Martin zu tun haben könnten. Im Gottesdienst der Kirchen und Kapellen wurde natürlich auch gesungen, »a cappella« oder mit Instrumentalbegleitung. Ein weiteres Mal erweiterte sich die Bedeutung der »Kapelle«, obwohl der Bezug zur Kirchenmusik zunächst erhalten blieb. Bis gegen 1500 war der »Kapellmeister« durchweg ein Geistlicher, dem die Leitung des höfischen Gottesdienstes und damit auch der Kapellsänger oblag. Später erreichte uns aus Italien die ebenfalls »cappella« genannte nichtkirchliche Musikergesellschaft. Aus dem »Maestro di cappella« hat sich unser »Kapellmeister« entwickelt, der notfalls auch einen Tango zu dirigieren wußte. Ob er ahnt, was er der Legende von Sankt Martin und seinem Mantel verdankt?

Kaputt

Nur von Unverwüstlichen sagt man, sie seien nicht kaputtzukriegen. Ansonsten geht alles mögliche kaputt, die Brille, das Porzellan, die Liebe und das große Geld. Von der Wiege bis zur Bahre begleitet uns das kleine Wörtchen »kaputt«. »Das darfst du aber nicht kaputtmachen«, sagt man, durch Erfahrung gewitzt, dem Kleinkind und gibt ihm dann doch die Rassel in die Hand. Wenig später ruft Hänschen: »Putte macht« und wirft die Reste fröhlich aus dem Kinderwagen. Von den Verblichenen sagt man, sie hätten sich selbst kaputtgemacht oder -gearbeitet. Weniger gefährlich als sarkastisch klingt, »sich kaputt-« oder »totzulachen«. Das Allerweltswort »kaputt« hat nie die höheren Weihen einer gepflegten Diktion erhalten; ebendeshalb nimmt es fast jeder in den Mund.

Dabei deckt »kaputt« weite Bereiche ab. Die Lebensform des Zerrissenen wird derzeit »kaputter Typ« genannt. Als der sowjetische Sputnik mit seinem Piepsen die Amerikaner auf die Palme brachte und die Vanguard-Rakete sich zwei Monate später bestenfalls siebzig Zentimeter vom Boden erhob, bevor sie explodierte, stand in den gefühllosen Zeitungen, es habe sich um den »Kaputnik« gehandelt.

Trotz der Allerweltstauglichkeit bereitet das Wörtchen »kaputt« einige Schwierigkeiten. Auf »kaputt« will sich anscheinend überhaupt nichts reimen. »Kapuze« klingt zwar so ähnlich wie »kaputt«, hilft aber nicht weiter. Die »Kapuze« war ursprünglich der an der »Kappe« hängende Zipfel zum Überschlagen über den Kopf. Die »Kapuze« bringt uns zum Kapuzinermönch und mit einiger Phantasie zum »Cappuccino« im Café; aber nicht zu »kaputt«. Wiewohl sich gewisse Zusammenhänge noch ergeben könnten.

»Kaputt« steht für »bankrott«, »erledigt«, »am Ende«, »zerbrochen« und »entzwei«. Im Überschwang der müden Glieder pflegt man auszurufen, jetzt sei man aber »kaputt«, wenn nicht »kapores«. »Kapores« bedeutet derweil dasselbe wie »kaputt«, ist aber doch nicht nur die Version für die gebildeten Stände mit großem Latinum. »Kapores« und »kaputt« sind sprachlich nicht verwandt. »Kapores« taucht erst im 18. Jahrhundert in der deutschen Umgangssprache auf und geht auf hebräisch »kapparoth«, die Sühneopfer, zurück. Am Vorabend des Versöhnungstages wurden Hühner »kapores geschlagen«, nämlich als Sühneopfer um den Kopf geschwungen. Für die weitere Verbreitung dürften Gauner und Studenten gleichermaßen gesorgt haben. »Capores« bedeutete im Rotwelsch »ermorden«, »kapores gehen« entsprechend »ums Leben kommen«. Als sich die Studenten des »kapores« bemächtigten, war es von »kaputt« der Bedeutung nach kaum noch zu unterscheiden.

Wer beim Skatspiel schläft und die falsche Karte zieht, macht dem Mitspieler das ganze Spiel kaputt. Dergleichen sagt man im Deutschen zwar erst seit 1900; aber andere haben vielleicht schon früher mit Karten andere »kaputtgespielt«. Wer es nicht weiß, kommt auch nicht drauf. Zunächst ging man tatsächlich am Spieltisch »kaputt«. Beim Kartenspiel, das die Franzosen »piquet« nennen, kommt es darauf an, möglichst viele Stiche zu bekommen. Bekommt man alle, bekommt der andere keine; er ist »kaputt«, »il est capot«, man macht ihn »kaputt«, auf französisch »faire capot«. Dieses »capot« drang wahrscheinlich mit dem Piquetspiel im 17. Jahrhundert ins Deutsche und hieß bald »kaputt«. »Kaputtspielen« bedeutete bei den wenig zimperlichen Landsknechten des

Dreißigjährigen Krieges »jemandem alles abnehmen« und stand für »ausrauben«. Dann wurde es noch drastischer; »kaputtmachen« stand für »jemanden erschlagen«, bevor es ein Allerweltswort wurde und nur noch »entzweigehen« bedeutete. »Was ist denn nun kaputt?« ersetzt inzwischen bestenfalls noch ein ungehaltenes: »Was ist denn jetzt schon wieder passiert?«

Fragt sich, wie das französische Kartenspiel zum spielentscheidenden »capot« kam. Das französische Verb »capoter« stammt aus der Schiffahrt und bedeutet »kentern«. »Caput« war im Lateinischen der »Kopf« und diente anscheinend auch zur Bezeichnung des Schiffsbugs. »Capoter« als »kentern« hätte »über Kopf gehen« bedeutet. Also hätte das Allerweltswort »kaputt« einen weiten Weg von der Seefahrt über den Spieltisch hinter sich. Wäre dann also doch um einige Ecken mit »Kappe« und »Kapuze« verwandt. Auch sie gehen letztlich auf den »caput« genannten lateinischen »Kopf« zurück. Wie auch der rheinische »Kappes«, der anderwärts zurückhaltender »Kohlkopf« heißt.

Karg

Einen Boden, der wenig hergibt, nennen wir karg und entsprechend die Ernte. Das Auskommen der Bauern auf solchen Böden ist ebenfalls karg; wir sagen, daß sie ein karges Leben führen oder fristen, was den Eindruck der Schwere verstärkt. Karg ist ein Ausdruck des Mangels und der unfreiwilligen Bescheidenheit. Karg ist das Gegenteil zur Leichtigkeit und auch zur Freigebigkeit. »In Worten karg, verschwenderisch in Gedanken«, heißt es bei Hagedorn, und der Verschlossene wird bis heute »wortkarg« genannt. Bei dem Wörtchen »karg« schwingt die Bedeutung mit, daß einem, womöglich ungerechtfertigterweise, etwas vorenthalten wird.

»Ein betrübter Esel heulte,
weil des Schicksals karge Hand
ihm nicht Hörner zugewandt,
die sie doch dem Stier erteilte.«
(Friedrich von Hagedorn, 1798–1754)

Die »karge Hand«, das klingt nach »knauserig«. Und so dekretierte einst Christian Wolff, den Friedrich der Große 1740 im ersten Regierungsjahr als Professor des Natur- und des Völkerrechts nach Halle berief: »Wer weniger ausgiebet als die Nothdurft, der Wohlstand und ein zulässiges Vergnügen erfordert, der ist karg.« Also fast schon geizig. Es sei denn, man akzeptierte die feine Grenze, die Grimmelshausen im Simplicissimus zog: »Karg, genau, hausräthig und sparsam zu sein, ist löblich; aber gar geizig zu sein … ist eine gräuliche und abscheuliche Sündenthorheit.«

Das Sparsame, das »Hausräthige«, ist das Bindeglied zu einer älteren Bedeutung von »karg«, die noch um 1200 ausweislich der Quellen überwog, nämlich »klug«, »listig« und »gewitzt«. Die Magd im »Gregorius« des Hartmann von Aue, die das Geheimnis des aus der Blutschande geborenen Gregorius entdeckt, ist »karc«, und das heißt nicht »sparsam«, sondern eindeutig »listig« und »gewitzt«. Im »Erec« desselben Hartmann steht der Vers: »Er tete alsam der karge sol.« – »Er handelte, wie es dem klugen Mann geziemt.«

So hat es den Anschein, daß die Klugheit in der Haushaltsführung zur Bescheidenheit geführt hat und darüber hinaus zum latenten Vorwurf der Knauserigkeit. Schon das ist bemerkenswert, aber noch nicht die Lösung. Im Althochdeutschen, also vor rund tausend Jahren, bedeutete »karag« soviel wie »besorgt« und »betrübt«. Parallel verlief die Entwicklung im Englischen; »chary« heißt »umsichtig« und »sparsam«, das ältere angelsächsische »cearig« heißt »traurig«. »Karg« wie »chary« gehen letztlich auf ein gemeingermanisches wort »karo« zurück, das für »Sorge« steht. Somit wäre die Grundbedeutung von »karg«, »besorgt zu sein« – in mehrfacher Hinsicht. Im Althochdeutschen gab es ein Verb »karon« oder »karen«, das wir mit »wehklagen« übersetzen; das Mittelhochdeutsche »carmen« bedeutete »seufzen«, beides Äußerungen der Sorge und des Leids. Der Tag, an dem ein Verstorbener unter Wehklagen und Seufzen der Trauernden beerdigt wird, wurde früher »Kartag« genannt. So versteht man, warum der Tag, an dem Christus ans Kreuz geschlagen wurde, Karfreitag heißt.

Der Karneval

Das meiste, was sich zwischen »Alaaf« und »Helau« verkrümelt, bleibt nebulös und insofern der Heiterkeit der Sache angemessen. Der »Karneval« ist erstaunlicherweise erst 1699 ins deutsche Brauchtum einmarschiert. Ein Jahr später wurden in Berlin die unverheirateten Frauen besteuert. Beides ist seltsam, hat aber nichts miteinander zu tun. Der »Karneval« ist italienischen Ursprungs, und seinen Namen dürfte er der scherzhaften Floskel »Carne vale!« verdanken. »Ihr Fleischtöpfe, lebet wohl«, könnte man übersetzen. Dies ist allerdings weniger Losung der Vegetarier als dezenter Hinweis auf die bevorstehende Fastenzeit und wohl auch Entschluß, so kurz vor Toresschluß noch einmal kräftig fröhlich-sündig zuzulangen. So lautet jedenfalls die plausibelste Erklärung für das Wort »Karneval«. Ein »carrus navalis«, ein Schiffskarren, ein Schiff auf Rädern also, ist nicht minder originell; tatsächlich hat es dergleichen in festlichen Umzügen zur Feier der Wiedereröffnung der Schiffahrt im Frühjahr gegeben. Und wenn es schon wie in einem Tollhause zugeht, warum soll man nicht Schiffe auf Rädern hinter sich herziehen; aber die Parallele zur heimischen »Fastnacht« ließe sich nur mit allergrößten Klimmzügen in der Brauchtumstakelage finden.

In deutschen Landen ist die »Fastnacht« ein halbes Jahrtausend älter als der »Karneval«. Das Fasten zielt auf die vom Kirchenjahr verordnete Enthaltsamkeit; die »Fastnacht« wäre der Wirbel vor dem Unvermeidlichen. Wieso aber »Fast-Nacht«? Unsere Altvorderen zählten den Abend und die Nacht zum folgenden Tag; mithin wäre die »Fastnacht« der Vorabend der Fastenzeit. Insofern liegt der kölsche »Fastelovend« durchaus richtig. Selbstverständlich hat die Kirche dergleichen Allotria präzise geregelt. Seit dem Konzil von Benevent, das vor fast 900 Jahren stattfand, beginnt das österliche Fasten am Mittwoch vor Invokavit. Also müßte die Fastnacht grundsätzlich auf einen Dienstag fallen. Tatsächlich muß man nach dem Spektakel auf bayerischen oder österreichischen Skipisten davon ausgehen, daß im Süden des deutschen Sprachraums tatsächlich der Dienstag der Tag der karnevalistischen Tage ist.

Die Betonung des »Rosenmontags« am mittleren und niederen Rhein läßt vermuten, daß man sich in den karnevalistischen Hochburgen mit einem Dienstag nicht zufriedengeben wollte. Die Fastnacht wurde gewissermaßen des großen Erfolges wegen ausgebaut. Mit den drei tollen Tagen ist es auf Dauer wahrscheinlich auch nicht getan. So kapitulierte zur Session 1987 bereits der Kultusminister des Landes Nordrhein-Westfalen vor dem Argument eines Kölner Schulmeisters, wonach die Schüler nicht nur am Rosenmontag und am Dienstag, sondern bereits am voraufgehenden Samstag schulfrei haben müßten, weil die Schule sonst zur Unehrlichkeit erziehe. Sie kämen ohnehin nicht, die Schüler, und damit sie sich keine Entschuldigungen zusammenflunkern müßten, müßte die Schule ausfallen. Im Karneval steht eben alles kopf. Die Logik zuerst.

Der »Rosenmontag« hat nichts mit empfindsam duftenden Blumen zu tun, sondern mit dem aufgeregten »Rasen«, das auf kölsch »Roasen« heißt. Wer sich durch nachhaltige Unruhe auszeichnet, wird unter Umständen auch als »rösig« bezeichnet, ohne daß wir dies weiter vertiefen sollten.

»Fasching« meint dasselbe wie »Fastnacht«, sagt es aber anders. Diese bayerisch-österreichische Variante wurde zuerst »vast-schang« oder »vaschanc« intoniert, was die naheliegende Vermutung ausdrücklich bestätigt, daß in der Fastnacht, im Karneval, vor Ausbruch der Fastenzeit immer schon gebechert wurde. »Vastschanc« wäre der Ausschank, bevor die Fastenzeit der Trunkenheit ein Ende macht. Wohl bekomm's der Narretei!

Wo der hochdeutsche »Narr« entsprungen ist, liegt im unübersichtlichen Dunkel der menschlichen Torheit. Wenn der »Narr« mit dem spätlateinischen »nario« verwandt sein sollte, wäre er von Hause aus ein »Spötter« oder »Nasenrümpfer«. Aber gesichert ist das nicht.

Von besonderem Reiz ist die zum Karneval wie zum Fasching gehörende »Narretei«. Diese Narrenposse ist ein verschlissenes »Narren-teiding«. »Teiding« steht bei Luther für »leeres Gerede«; dieses stammt aber nicht aus der Bütt, sondern aus dem weniger turbulenten Gerichtssaal. »Tagading« war die auf einen bestimmten Tag angesetzte Verhandlung vor Gericht. Wieso daraus »leeres Gerede« werden konnte, müßte den Justizminister beschäftigen. Jedenfalls lebt das »Teiding« in zwei Erscheinungsformen mit diametral entgegengesetzten Gefühlswerten fort. In der »Narretei« und in der »Verteidigung«, vor allem vor Gericht. Es wäre demnach zu empfehlen, daß an den tollen Tagen neben den Schulen vorsichtshalber auch die Gerichte schlössen.

Der Kater

Da hilft kein Hering, und gutes Zureden nützt auch nichts; der »Kater« folgt dem Suffe auf dem Fuß. Hebt man nur das müde

Haupt, ist das ganze Elend wieder da. »Hundeelend« ist einem zumute. Wieso dann »Kater«? Was hat der schnurrende, bukkelnde Kater mit dem brummenden Schädel zu tun? Was die Zoologie mit dem Jammer? Mit dem »Katzenjammer«. Immer wenn es einem schlechtgeht, tauchen Katzen und Kater auf. Nur beim »Katzbalgen« möchte es vergnüglich zugehen. Bei der »Katzenmusik« freilich hört die Gemütlichkeit schon wieder auf. Haben das Katzbalgen und das Katzbuckeln offensichtlich mit der Art zu tun, wie sich Katzen bewegen, ist der Kater nach übermäßigem Alkoholgenuß offenkundig anderer Natur.

»Hang over«, sagen die Angelsachsen, und das ist nachzufühlen. Man hatte einen hängen, wie man sagt, und von dem ist dann noch eine ganze Menge hängengeblieben. »Mal de cheveux« steht im französischen Wörterbuch, und auch dieses kommt einem bekannt vor. »Haarspitzenkatarrh« sagen in liebenswerter Untertreibung die Katergeschädigten. Weder Briten noch Franzosen, so scheint es, bemühen die Zoologie, wenn sie einen in der Krone haben. Demnach stünden wir mit unserem Kater allein. Wie sich die pokulierenden Römer aus der Affäre zogen, sei dahingestellt. Wenn es aber richtig ist, daß Kater und Katze, »cattus« und »catta«, erst durchs unklassische Mittellatein streunten, hatten besagte Römer womöglich früher einen hängen als besagten Kater im Haus.

Was steckt hinter dem alkoholisierten Kater? Was ist mit dem artverwandten »Muskelkater«? Der ist ja auch nicht von Pappe. Ein Sportlehrer, in Entwicklungsdiensten unterwegs, hat mir von der Schwierigkeit erzählt, den deutschen »Muskelkater« ins Spanische zu übersetzen. Er habe ihn der besseren Verständlichkeit wegen zum »Muskel-Katarrh« gemacht. Mit diesem Einfall hätten wir unseren Kater fast schon aus dem Sack gelassen. Der Kater im Kopf hat keinen Buckel, er schnurrt nicht, und auf Baldrian reagiert er auch nicht. Dieser Kater ist gar nicht zoologischer Natur. Im Sächsischen muß

»Katarrh« immer schon wie »Gader« geklungen haben; die Studenten von Halle und Leipzig als die in den Trinksitten und ihren Folgen Erfahrensten haben mit einiger Sicherheit für die Verbreitung des wie »Kater« klingenden »Katarrhs« gesorgt.

Sollten Sie also einen Kater haben und tatsächlich einen solchen sehen, wird es daran liegen, daß sie tierlieb sind. Im Kopf haben Sie einen vergleichsweise unpossierlichen Katarrh.

Das Kerbholz

Wer noch etwas auf dem Kerbholz hat, muß die Abrechnung fürchten. Es sei denn, daß er als Zechpreller laufen ginge. In diesem Zusammenhang aufschlußreiche Verse fanden wir in der »Schelmenzunft« des Thomas Murner, als wir uns mit dem »Fersengeld« beschäftigten.

»Un do der wirt wolt haben gelt,
do draff ichs loch weit ubers feldt,
mit meinen fersen bzalt ich das,
was an der kerben zeichnet was.«

An der offensichtlich landläufig bekannten »Kerbe«, anderwärts Kerbholz geheißen, ist das Maß der Schuld abzulesen. Auf dem Kerbholz ist markiert, was noch aussteht, was noch zu begleichen ist. Als man im allgemeinen Rechnungswesen, möglicherweise auch in der Kneipe, zum Schriftverkehr überging, stand man mit einem Male mit dem, was man bisher auf dem Kerbholz hatte, »in der Kreide«. Die Gaststube ist offensichtlich auch Sprachwerkstatt. Wer heute auf dem Bierdeckel die Striche zählt, hat womöglich eine ganze »Latte« zu zahlen. Dieser Ausdruck könnte an das alte Kerbholz, an das Stück Holz mit den teuren Kerben, erinnern.

Der eine läßt anschreiben, der andere aufs Kerbholz nehmen. Nicht nur in der Kneipe. Das Kerbholz war zugleich Rechnung und Lieferschein im allgemeinen Warenverkehr. Das Kerbholz stand vornehmlich für die Schuld, und dies auch im übertragenen Sinne. »Der beste Sohn hat immer zu viel Vaterschweiß und Muttertränen auf dem Kerbholz« (Friedrich Müller).

Ein Kerbholz konnte gespalten werden und bestand demnach aus zwei Hölzern, die wie Rechnung und Lieferschein zusammengehörten. In einem schwäbischen Wörterbuch heißt es unter »Kerbhilzer«: »Zwei gleiche Hölzchen, eins dem Gläubiger, das andere dem Schuldner gehörig, die man zum Behuf einer Eintragung ineinanderlegt und so durch einen Kerbschnitt über beide weg einen Posten bezeichnet.« Ein schlüssiges Verfahren, das wohl verhindern sollte, daß der Gläubiger in Heimarbeit die Schuld des Schuldners durch zusätzliche Kerben größer machte, als sie tatsächlich war. Die Kerbhölzer mußten zusammenpassen, was die Maserung des Holzes und die Zahl der Kerben betraf. Eine Ulmer Gerichtsordnung aus dem Jahre 1621 erkannte diesem Verfahren noch gerichtliche Beweiskraft zu. Das Kerbholz des Gläubigers wurde »Stock«, das des Schuldners »Einsatz« genannt, weil es zu dem anderen passen mußte, um beweiskräftig zu sein. Kerbhölzer sollen auf dem Lande Tagelöhnern, Müllern, Dreschern, übrigens auch den Bergleuten als Quasiquittung für die geleistete Arbeit gedient haben. Die Forstknechte machten für jeden verkauften Klafter Holz eine Kerbe in ihr Kerbholz, das sie anschließend dem Forstmeister vorlegten.

Ein Frauenzimmerlexikon, 1715 in Leipzig erschienen, stellt wieder den Zusammenhang mit dem Bierkonsum her: »Ein langes schmales Hölzlein, gedoppelt ineinandergelegt, worauf das Gesind, so das Tischbier außer dem Hause zu holen pfleget, kannenweise einkerben und anschneiden läßt.« – »Anschneiden«, nicht »anschreiben«; obwohl dies der Sache nach auf dasselbe hinausliefe. Man stand in der Kreide oder hatte noch etwas auf dem Kerbholz, je nachdem, ob sich der Gläubiger der Schrift oder aber des Kerbmessers bediente. Wurde die Schuld beglichen, wurde »abgekerbt«, das heißt mit einem Messer die Kerben weggeschnitten, was zur unvermeidlichen Folge gehabt haben müßte, daß die Kerbhölzer im Laufe ihrer Nutzung immer dünner wurden.

Das Kerbholzverfahren war so einfach wie zweckmäßig und offenbar nicht nur in deutschen Landen in Gebrauch. Eine ganz besondere Kerbe wird hierzulande nach wie vor als »Taille« bezeichnet. Das französische Verb »tailler« heißt »schneiden«. Hinter der französischen Taille steckt »talea«, ein lateinisches Stück Holz. Ein Kerbholz vielleicht? Im Englischen jedenfalls wurde aus »taille« »tally«. Und »tally« meint, wie nicht anders zu erwarten, das »Kerbholz«. »To keep a tally« heißt »Buch führen«. Der »tally clerk« ist der Kontrolleur. Und derjenige, der beim Beladen des Schiffs für jedes Bananenbüschel einen Strich machte, hieß »tallyman«. So landet man, vom »Kerbholz« kommend, überraschenderweise bei Harry Belafonte. »Hey, Mister tallyman, tally me banana.«

Die Kirche

Die Kirche ist das schlechthin Bekannte. Schneidet jemand auf, erzählt jemand wilde Geschichten, führt jemand verwegene Neuerungen ein, rät man ihm unversehens, die Kirche im Dorfe zu lassen. Da gehört sie offenbar hin. Am Kirchturm und am Glockenschlag kann man sich orientieren. »Wo die Kirche ist, da ist der Krug nicht weit.« Lebensweisheiten machen sich immer wieder an der Kirche fest. »Keine Kirche so klein, der Teufel baut eine Kapelle daneben.« Die Kirche wird zum Bezugspunkt zwischen Himmel und Hölle, das überragende Gebäude im Dorf und die Gemeinde der Gläubigen dazu.

»Die Kirche ist's, die heilige, die hohe,
die zu dem Himmel uns die Leiter baut.«
(Friedrich Schiller, 1759–1805)

In alten Zeiten wurden auch Dome und Kathedralen »Kirchen« genannt, wie man noch an der »Marienkirche« und der »Peterskirche« sehen kann. Luther gebrauchte »Kirche« für die Tempel der Heiden im Gegensatz zum Tempel Jehovas. Ausgangspunkt war immer wieder die Kirche im Dorf. Neuvermählte gingen »zu kirchen und zu straßen«, um Gott und den Menschen zu zeigen, daß sie rechtmäßig vermählt seien. »Zu Kirche und Markt führen« hieß geradezu die Heirat vollziehen. Im Dorf ist die Kirche das Bekannte schlechthin; aber das Wort gibt uns trotzdem gewaltige Rätsel auf.

Man hat vermutet, daß hinter der »Kirche« der römische »circus« stecke. Das war offenbar abwegig. Inzwischen ist man überzeugt, daß »Kirche« auf das griechische »kyrikon« zurückgeht, die Vulgärform von »kyriakon«, das »Haus des Herrn«. Das ist nicht neu, denn schon Walahfrid Strabo schrieb im 9. Jahrhundert: »ab ipsis Grecis kyrikon«.

Die »Kirche« findet sich in allen westgermanischen Sprachen. Das Verbreitungsgebiet reicht von der englischen »church« bis zur dänischen »kirke« und schwedischen »kyrka«. Erstaunlich ist, daß »Kirche« von der räumlich wie sachlich viel näher liegenden lateinischen »ecclesia« nicht verdrängt werden konnte. »Ecclesia«, die im Italienischen zu »chiesa«, im Französischen zu »église«, im Spanischen zu »iglesia« und im Portugiesischen zu »igreja« führte, konnte der »Kirche« nichts anhaben. Also muß sie bei Franken, Alemannen und Angelsachsen schon fest verwurzelt gewesen sein, als diese unter den beherrschenden Einfluß der lateinischen Kirchensprache gerieten. Und damit wird die Sache rätselhaft.

Der erste schriftliche Beleg für das Wort »Kirche« im Deutschen stammt aus dem Jahre 718; in einer Urkunde wird der elsässische Ort »Chirihhunwilari«, also »Kirchenweiler«, erwähnt. Die vollständige Durchführung der zweiten Lautverschiebung - »chiriche« statt »kerk« - könnte Indiz für die frühzeitige Einwanderung des Worts aus dem Süden sein. Aber wer hatte überhaupt Beziehungen zum »griechischen Christentum«? Auch andere christliche Grundbegriffe wie »Engel«, »Teufel«, »Pfaffe« und »Samstag« haben griechische Ahnen.

Missionare von den Britischen Inseln haben auf dem Kontinent das Christentum gepredigt. Aber die Angelsachsen hatten keine Berührung mit Griechenland, und Winfried brachte den Deutschen das römische Christentum. Frühere irische und schottische Mönche gebrauchten ebenfalls lateinische Wörter. Dem irischen »teampall« und dem kymrischen »teml« sieht man die Herkunft vom lateinischen »templum« noch an.

Auch Bonifatius, der in Fulda beerdigt wurde, kann das Wort »Kirche« nicht importiert haben, da der erwähnte Ortsname »Chirihhunwilari« älter ist. Im übrigen hat man gerade Bonifatius vorgeworfen, romhörig zu sein.

Das merkwürdige Wort »Kirche« setzte einen durchgreifenden griechischen Einfluß voraus, den aber die Kirchengeschichte nicht kennt. In merowingischer Zeit sollen sich zahlreiche Griechen im Raum Trier aufgehalten haben; aber das vermag die großflächige Verbreitung des Worts »Kirche« nicht zu erklären. Wörter reisen nicht beliebig; ohne die zugehörige Sache schon gar nicht. Es könnte eine Rolle gespielt haben, daß sich das Christentum der Arianer im 4. Jahrhundert in direktem Gegensatz zur römischen Kirche befand. Zu den Arianern gehörten auch Goten, Langobarden und Burgunder. Dem Goten Ulfilas, der um 341 in Konstantinopel zum Missionsbischof gewählt wurde, verdanken wir die großartige Bibelübersetzung. Aber ausgerechnet das Wort »Kirche« kommt im erhaltenen gotischen Text nicht vor. Von einer weiträumigen gotischen Mission ist wenig bekannt, die über die Donau den Rhein erreicht haben müßte. Tatsächlich hat der Arianismus der Goten um 400 durch die Burgunden am Mittelrhein Fuß gefaßt. Aber das Rätsel bleibt. Wir lassen die Kirche notgedrungen im Dorf. Wir wissen nicht genau, wer sie uns überliefert hat.

Das Kleinod

Was sorgt dafür, daß das Kleine klein ist und nicht vielmehr groß. Die »Kleine«, denke ich, wie die »Größe« das Große groß macht. Das klingt zwar logisch, wiewohl »die Kleine« – als die Wesenseigenschaft des Kleinen – seltener zu sein scheint als die Größe. Das könnte mit dem Verlangen nach Größe zusammenhängen. Wo das Kleinsein eine Auszeichnung sein könnte, ist ausweichend von »Mini« oder »Miniatur« die Rede. Die »Kleine« oder die »Kleinheit«, auch die gibt es, ist nicht weit von der »Kleinigkeit« entfernt, von der es heißt, daß man sie vernachlässigen könne. Wesensverwandt mit der Kleinigkeit ist das Charaktermerkmal der »Kleinlichkeit«, und die scheint nun auch nicht gerade eine Empfehlung zu sein. Wenn überhaupt mit positivem Akzent, dann heißt es: »Klein, aber oho!« Will sagen, irgend jemand ist zwar bedauerlicherweise klein geraten; aber helle ist er trotzdem. Erstaunlicherweise.

Der vermeintliche Unterschied zwischen »klein« von Gestalt, aber »helle« im Sinne von »aufgeweckt« ist deshalb erstaunlich, weil unser Wörtchen »klein«, bevor es in Gegensatz zu »groß« geriet, möglicherweise selbst »hell« bedeutet hat. »Hell« oder »glänzend« und dann »zierlich«, was nach Anmut klingt. Faßt Mut, ihr Kleinen, dem englischen »clean« sieht man die Herkunft des »Kleinen« noch an. Es steht für »sauber«, wenn auch nicht für »gescheit«; braucht sich deshalb aber nicht zu verstecken. Die neueste Bedeutung von »clean« ist

»drogenfrei«, was wiederum auf eine gewisse »Helligkeit« im Kopfe schließen läßt.

Das »Klein-Sein« selbst ist keine Kleinigkeit. Es macht, daß alles eine Nummer kleiner ist. Die »Kleinbahn« ist kein TEE, der »Kleinmut« ist kein Übermut, der »Kleinstaat« kein Imperium. Wenn die »Kleinstadt« kleiner ist als eine große Stadt, wie wird es mit dem »Kleinod« sein? Ein »Od« kommt ohne »klein« gar nicht vor, wie's scheint. Die »Öde« schon, die »Ode« auch; aber beides hat wenig mit dem »Kleinod« zu tun. Es ist ja auch nicht so, als hätten Sprachakrobaten in fernen Zeiten beliebig den Wortschatz montiert.

Die »Armut« ist nicht etwa der Mut, den man in den Armen verspürt; »Armut« macht das Armsein aus wie die »Heimat« die Eigenschaft des Zuhause. Tatsächlich vergleicht sich das »Kleinod« der Bildung nach mit »Armut« und »Heimat«. Das »Kleinod« ist zunächst »das Kleine«, und von wertvoll ist noch gar nicht die Rede. Wie wäre es zu verstehen, daß vorzeiten die Fleischer die kleineren, als Zugabe in den Kauf gewogenen Schlachtstücke, als da waren Kalbsköpfe, Kuhfüße, Schweinepfötchen und Kaldauen, als »kleinot« bezeichneten. Mit dem ursprünglichen »t« am Ende. Das »kleinot« oder »kleinet« konnten auch Kraut und Gemüse aus dem Garten sein; der »Kleinotgarten« war der Gemüsegarten beim Haus. Mit den »Reichskleinodien«, den Insignien der Kaiserwürde, hatte das noch wenig zu tun.

Die kleinen Dinge, die der Goldschmied fertigte, müssen dazu geführt haben, daß das »Kleinod«, seine Herkunft aus dem dörflichen Fleischer- oder Gemüsegartenmilieu verleugnend, unter die Pretiosen geriet. Das »Kleinod« folgte seinem Hang zum Geschenk, zur Kostbarkeit, zum Edelgestein, zur Minnegabe. Gar nicht so öde, nicht wahr.

Die Kneipe

Wenn mehrere Männer - oder neuerdings auch Frauen - beschließen, einen »Zug durch die Gemeinde« zu machen, wird man sie in der einen oder anderen Kneipe wiederfinden. Eine augenzwinkernde »Reintour« führt zu demselben Ergebnis; man zieht hier rein und da rein. Eine »Kneipp-Kur« klingt auch nicht schlecht; wiewohl die Kaltwasseranwendungen nach Pfarrer Kneipp mit dem heimeligen »Platz an der Theke« nicht das mindeste zu tun haben. Eine »Kneipp-Kur« ist eben keine »Kneipen-Tour«. Im Familiennamen »Kneip« oder »Kniep« verbirgt sich eine Berufsbezeichnung für den Schuhmacher, die sich am »Kneip« genannten Schustermesser orientierte. Aber was sollte ausgerechnet die »Kneipe« mit einem »Messer« zu tun haben?

»In seiner Werkstatt sonntags früh
steht unser theurer Meister hie ...
läßt Pechdraht, Hammer und Kneipe rasten.«

Goethes Verse aus »Hans Sachsens poetischer Sendung« sind kaum noch verständlich; wer weiß schon, was ein Schuster vorzeiten unter »Kneipe« verstand. Dabei saßen auch unsere Vorfahren schon »in der Kneipe«; aber kaum entspannt und heiter gestimmt, weil sie nämlich »in der Klemme« saßen. Dies kann man in den Wörterbüchern des Johann Christoph Adelung (1732–1806) nachschlagen. Adelung kannte die »Bauchkneipe« und den Ausdruck »die Kneipe haben«, und beides stand für »Grimmen im Bauch«. Diese »Kneipe« hatte offenkundig mit dem »Kneifen« zu tun. Wie man von dort allerdings zur gemütlichen »Eckkneipe« kommen soll, bleibt vorerst unerfindlich.

»Was hast du? Was kneipt dich denn so sehr? So kein Gesicht sah ich in meinem Leben.« Offenbar hilft Goethes

»Faust« auch nicht weiter, der geliebten »Kneipe« auf die Spur zu kommen. Die »Kneipe«, zumal die angestammte, ist vielen der Inbegriff der Gemütlichkeit. Manch einer weiß Eindrucksvolles aus fremden Landen zu berichten; aber nicht selten hört man die Einschränkung: »Richtige Kneipen haben sie aber nicht.« Eine »Bar« ist sicher auch sehr schön; aber doch mit einer gemütlichen Kneipe nicht zu vergleichen.

Trotz der offenkundigen Wertschätzung der heimischen Kneipenkultur beginnt ihre Geschichte mit Stirnrunzeln und Naserümpfen. Der bereits erwähnte Adelung übersetzt »Kneipschenke« erstaunlicherweise mit »kleine schlechte Schenke«. Auch ein 1781 in Halle erschienenes Studentenlexikon betont: »schlechte Bierschenke«. Wohl nicht zufällig tauchte die »Kneipschenke« in der Sprache der Gauner auf und bedeutete »Diebesherberge«. Als Gegensatz wurde der »Kneipe« das »gute Wirtshaus« gegenübergestellt.

»Der Weg dahin ist höchst traurig, das Dorf selbst kothig, die Schenke eine wahre Kneipe«, liest man in den »Vertrauten Briefen über den politischen und moralischen Zustand von Leipzig« des Detlev Prasch, die 1787 in London erschienen. »Der Wirt, der in seiner Kneipschenke wissentlich morden läßt, ist nicht ein Haar besser als der Mörder«, urteilte Gotthold Ephraim Lessing und gab damit zu erkennen, daß er die »Kneipschenke« immer noch für ein finsteres Loch hielt. Daß trotzdem in Sachsen ein Ort »Kneipschenke« heißt, läßt auf studentischen Übermut schließen.

Sächsische Studenten haben der übel beleumdeten »Kneipe« zu Ansehen verholfen. Das Wort »Kneipe« sei nun unersetzlich, schrieb 1873 der Herausgeber des 5. Bandes des Grimmschen Wörterbuches: »Die Ehre des Namens gehört vor allem der Verbindungskneipe, der studentischen Herberge mit ihrer Gemütlichkeit; aber es ist auch erweitert auf den Begriff Wirtshaus, Trinkstube überhaupt. Ein neueres studentisches Lied feiert Kneipe als der deutschen Sprache schönsten Klang, wie Orgelton und Glockenklang.« Dergleichen kommt dem Lebensgefühl so mancher Kneipen-Stammbesatzung schon wesentlich näher.

Sächsische Studenten haben aus der niederen Spelunke einen Ort der Behaglichkeit gemacht; das Wort der Gaunersprache wurde literaturfähig. Bleibt trotzdem die Frage, warum die »Kneipe« »Kneipe« heißt. Nicht einmal an der Theke bekommt man eine klare Antwort. Offenbar gibt es zu viele Möglichkeiten. Die alte »Kneipschenke« könnte ähnlich abwertend gebildet worden sein wie die »Klippschule«; tatsächlich sind sowohl die »Knipschule« als auch die »Klippschenke« belegt. Beide Vorsilben sollten die »Schule« wie auch die »Schenke« verächtlich machen, vermutet Kluges »Etymologisches Wörterbuch«. Aber was bedeutet »Kneipe«? Sie war ein finsteres und zudem »enges Loch«, das auch »Quetsche« genannt werden konnte. Also könnte doch die »kneifende Enge« zur »Kneipe« geführt haben. Daß inzwischen der eine oder andere zu Hause »auskneift«, um in der »Kneipe« Ruhe und Behagen zu finden, kommt sicher auch vor; könnte aber nicht erklären, warum zunächst die Gauner von der »Kneipe« reden. Eindeutig ist an und in der »Kneipe« gar nichts. Wen wundert's.

Der Knoten

»Knoten« sitzen überall und sind nicht leicht zu lösen. Sie sitzen im Halse, im Taschentuch, im Garn; den »Fruchtknoten« gibt es, den »Knotenstock«, am Wiesenrand den »Knöterich«, an Bord den »Seemannsknoten« und in der Mythologie den berühmtesten aller Knoten, den »Gordischen Knoten«. Alexander der Große hat ihn bekanntlich kurzerhand mit dem Schwerte zerhauen, bevor er den Marsch zum Indus antrat. »Drei, drei, drei, da gab's bei Issos Keilerei.« Dabei hat das klassische Militärspektakel nur bedingt mit dem vertrackten Knoten des Gordios zu tun. Dieser, von Hause aus Bauer, war aufgrund eines Orakels König der Phrygier geworden. Seine Unsterblichkeit verdankt er dem Knoten, mit dem er Joch und Deichsel seines Wagens verband. Wiewohl das Orakel dem Knotenlöser die Herrschaft über ganz Asien prophezeite, widerstand der Knoten allen Lösungsversuchen, bis der gewalttätige Makedonier vorbeikam und das Problem mit einem Schwerthieb anging. Das war die Lösung; aber die übliche, dem vertrackten Knoten angemessene Fingerspitzenmethode war es nicht. Als die Galater 189 v.Chr. die Hauptstadt des Gordios zerstörten, dürfte auch sein im Tempel verwahrter Wagen Schaden genommen haben; aber die Erinnerung an den Knoten hat Jahrtausende überdauert. Der »Knoten« ist dem Mythos zufolge das Verworrene, Verzwickte und kaum Lösbare. Friedfertige Hausfrauen kann dergleichen schon beim Häkeln zur Verzweiflung treiben.

Anders als die Schlinge widersetzt sich der Knoten unbekümmerten Lösungsversuchen. Ein Knoten leistet Widerstand. Insofern wären die Seemannsknoten keine gewöhnlichen Knoten, sondern solche höheren Niveaus. Auch der »Knöterich« genannte Ackerspargel zeigt sichtbare Knoten; aber von Hand »geknüpft« oder »geknotet« sind sie nicht. Das hat der Knöterich mit dem »Fruchtknoten« gemein. Anscheinend gibt es natürliche und kunstvolle Knoten; die einen sind gottgegeben, die anderen kaum zu entwirren. Der »Gichtknoten« ist vergleichsweise eindeutig gegenüber dem »Knotenstock«. Sieht der nun wie »geknotet« aus, oder stammt er aus dem harten Holz des »Knorren«, den man anderwärts auch »Knotze« nennt? So ungestalt der »Knoten« sich gibt, er taucht in den unterschiedlichsten Zusammenhängen auf. Eine Nebenform des »Knotens« ist der »Knoden«, dem wir den beliebten »Knödel« verdanken. Und der sieht beim besten Willen nicht so aus, als ob es der Geduld bedürfe, ihn auf dem Teller zu entwirren.

Aber die Verwirrung hält an. Das zum Dutt geknotete Haar wird auch »Knutz« genannt, und das ist verdächtig nahe beim »Knoten«. Dem vertrackten »Knoten« ähnelt eine Reihe von Wörtern, die mit ihm verwandt sein dürften: der »Knochen« und damit der »Knöchel«, der »Knopf« und höchstwahrscheinlich auch die »Knospe«. Wenn der »Knorpel« nicht zur selben Verwandtschaft gehörte, sollte es mich wundern. Der unordentlich geknüpfte »Knittelvers« geht ebenfalls auf den »Knoten« zurück. Die »Knute«, unter der ganze Völker stöhnten, ist eine dem Russischen entlehnte »Knotenpeitsche«. »Auch ein kleiner Knoten gibt schmerzhafte Hiebe«, sagt der Volksmund. So manche Sache hat, wenn keinen Haken, dann doch einen Knoten. Der »Knorren« am Ast, die »Fruchtbolle«, dürfte der ursprüngliche »Knochen« sein.

Erstaunlicherweise wird der »Knorren« auch als »Knopf« bezeichnet. Der »Schwertknopf« war der »Knauf« am Griff, und der »Knopf« gehört sicher zu »knüpfen«. Kein Knüpfen aber ohne Knoten. Bis ins Mittelalter wurden die heimischen Gewänder nicht »geknöpft«, sondern durch Fibeln, Spangen, Nadeln oder Kordeln gehalten; mithin kann der »Hosenknopf« dem »Knopf« nicht den Namen gegeben haben. Der »Knoten« dürfte auch in dieser Hinsicht ursprünglicher sein. Wer in der Kneipe »knobelt«, »knöchelt«, denn vorzeiten wurden die Würfel aus Knochen gefertigt. Der »Knochen« ist dem »Knorrigen« und »Knotigen« verwandt. Nicht nur der Gordische Knoten scheint vertrackt und kaum lösbar zu sein.

Der Krawall

Erhebend ist die Vorstellung nicht, daß Schiller schwäbelte und Goethe hessisch sprach. Nur Sächsisch wäre schlimmer; aber ausgerechnet das hätten beide sich in Weimar angewöhnen können. Daß Goethe hessisch sprach, stützt sich auf die Beobachtung, daß Gretchens »Ach neige, Du Schmerzensreiche« erst im Hessischen – »Ach neische, Du Schmerzensreische« – den vollen Reim entfaltet hätte. Überzeugend klingt das nicht. Auf der anderen Seite hat das Hessische den nicht eben reichhaltigen revolutionären Wortschatz der Deutschen um den »Krawall« bereichert.

Im Juli 1830 jagten die Franzosen ihren König Karl X. zum Teufel und machten Louis Philippe zum »Barrikadenkönig« einer konstitutionellen Monarchie. Eine Konstitution, eine Verfassung, zu haben war keine Kleinigkeit. In Brüssel gingen die Belgier auf die Straße und beschlossen, von den Niederlanden unabhängig zu werden. In deutschen Landen wurden immer noch Zeitungen zensiert, die angeblichen »Demagogen« verfolgt und jene Professoren entlassen, die »durch Verbreitung verderblicher, der öffentlichen Ordnung und Ruhe feindseliger oder die Grundlagen der bestehenden Staatseinrichtungen untergrabender Lehren ihre Unfähigkeit zur Verwaltung des ihnen anvertrauten wichtigen Amts unverkennbar an den Tag gelegt haben«. So wurden die liberalen und nationalen Bestrebungen unterdrückt und die Ruhe zur Bürgerpflicht erklärt. Um so erstaunlicher die Reaktion auf die Nachrichten aus Brüssel und Paris.

In Braunschweig vertrieben die Bürger den Herzog; die Landstände übernahmen die Staatsgewalt und machten den Bruder des vertriebenen Landesherrn zum Nachfolger, der eine liberale Verfassung erließ. In Kassel wurde der hessische Kurfürst im eigenen Schloß belagert und gezwungen, die revolutionäre Bürgergarde anzuerkennen und endlich die Landstände einzuberufen. Bauern zerstörten die Abgabenregister der Grundherren, und in Hanau steckten Gewerbetreibende das Zollhaus mit den Akten in Brand. Am Ende verkündete der hessische Kurfürst eine Verfassung, die vor 1848 als die demokratischste in deutschen Landen galt. Eine nationale Revolution haben auch die Hessen nicht zuwege gebracht;

aber sie waren näher dran als andere. Kein Wunder, daß sich dies im Wortschatz niederschlug.

Heinrich König, 1790 in Fulda geboren, beschrieb im Alter die Tage der Unruhe, die täglichen Aufläufe und Zerstörungen in den dreißiger Jahren, »die man, ich weiß nicht woher, ›Krawall‹ nannte«. Friedrich Ludwig Karl Weigand, dessen »Deutsches Wörterbuch« seit 1857 in Gießen erschien, erläuterte »Krawall« als »ein aus den großentheils rath- und thatlosen Aufständen des Herbstes 1830 herrührendes, nach einem dunklen Sprachgefühl gebildetes Wort, welches ursprünglich nur landschaftlich und zwar im westlichen Mitteldeutschen üblich ward«.

Erstaunlich schnell eroberte der hessische »Krawall« die übrigen Mundarten und wanderte sogar ins Tschechische, Dänische und Schwedische ein. Das wäre kaum verständlich, wenn der »Krawall« von Anfang an nur der »Radau« gewesen wäre. Könnte es sein, daß sich am »Krawall« die Hoffnung auf demokratischere Zeiten festmachte? Einen Monat nach dem Hambacher Fest von 1832 fand wiederum bei Hanau ein politisches Volksfest statt; eines der Agitationsblätter trug die Überschrift »Der Sieg des Bürgertums oder Kampf der neuen mit der alten Zeit«. Wenn der »Krawall« zu dieser Zeitenwende gehörte, müßte er mehr gewesen sein als Radau und Katzenmusik, die im Französischen »charivari« und im Provenzalischen »caravil« hießen.

Der hessische Aufstand von 1830 wurde an Ort und Stelle wohl als »Graball« bezeichnet. Dies entspräche dem bayerischen »Grebell«, das für »Lärm« steht und auf das Verb »rebellen« gleich »lärmen« zurückgeht. Mag auch der Radau im Vordergrund stehen, ist die Verwandtschaft mit dem »Rebellen«, der sich gegen die Obrigkeit auflehnt, nicht zu überhören. Sprachlich ist der »Rebell« im Deutschen seit dem 16. Jahrhundert zu Hause; der Augsburger Reichstagsabschied von 1551 befaßte sich ausführlich mit den »Rebellen von Magdenburg«. Neben »rebellieren« gab es »rebellen« und »rebellern«. »Unsere Leute wollten längst rebellern, ich habe nur immer abgewehrt«, schrieb der Frankfurter Goethe.

Das Abwehren hat in der deutschen Geschichte größeres Gewicht als die Rebellion. Vielleicht hat deshalb das Getümmel und Getöse die politische Dimension des »Krawalls« verdrängt. »Schade, daß ich nicht in Paris bin«, schrieb Max Waldau, »ich säh gar zu gern einmal etwas anderes als einen Münchner Bier- oder Lokalkrawall.« Im hessischen »Krawall« des Jahres 1830 lebte noch die Erinnerung an die »Rebellion«. Ob »Aufständischer« oder »Freiheitskämpfer«, ist bis heute eine Frage der Perspektive. »Euch heißt Rebell der entschiedene Mann«, dichtete mit revolutionärem Elan der unbequeme Freiligrath.

Der Krieg

Hannibal ante portas, Hitler in der Sowjetunion, die Türken vor Wien, der Peloponnesische Krieg, die Hunnen und die deutsch-französische Erbfeindschaft - die Welt war immer voller Kriege. Seit Erfindung der Keule jagte eine Nachrüstung die andere, und die Menschheit beschäftigte sich vorzugsweise mit Angriff, Verteidigung, mit Einmarsch und Eroberung. Wir kennen Welt- und Bürgerkriege, Land-, See- und Gebirgskriege, Kabinetts- und Koalitionskriege, Eroberungskriege, Befreiungskriege, Kolonialkriege, Erbfolgekriege, Religionskriege und andere Kriege mehr. Der Haus- und Ehekrieg ist anscheinend nur die ironische Reminiszenz des großen Kriegsgeschreis der Weltgeschichte.

»Ihr Männer, habt eure Weiber lieb,
daß ihr nit habt einen stäten Krieg!«
(Ludwig Uhland, 1787–1862)

Die Vorstellung, daß der »Krieg« vorzugsweise handgreiflicher Natur sei, ist gar nicht abwegig. »Der herre ... huop einen krieg mit siner frowen an, unt wart der krieg also starg, da er ir einen beckeling gab«, heißt es bereits im Mittelhochdeutschen. Zu deutsch: »Der Mann begann mit seiner Frau eine Auseinandersetzung, die so weit eskalierte, daß er ihr eine knallte.« Dieser Satz ist bemerkenswert, was das Temperament der Beteiligten, aber auch den Gebrauch des Wortes »Krieg« betrifft. Im Vordergrund steht die Handgreiflichkeit. So kriegerisch die alten Germanen gewesen sein mögen, bei ihnen hieß der »Krieg« noch gar nicht »Krieg«. »Urliugi« hieß im Althochdeutschen, »orlag« im Altsächsischen und »orlog« im Altnordischen der Krieg. Erstaunlicherweise erlosch dieses Wort erst im 16. Jahrhundert zugunsten des »Krieges«. Aber nur im Deutschen, nicht in den anderen germanischen Sprachen.

Ein früher Beleg für »Krieg« neben »urliuge« findet sich in Gottfrieds »Tristan«. Gottfried variiert hier den Gedanken, daß ein Krieg Verlust als auch Gewinn von hinnen trage.

»Wan ze urliuge unt ze ritterschaft
hoeret vlust und ouch gewin.
hie mite sô gânt urliuge hin.
verliesen unde gewinnen
daz treit die kriege hinnen.«

Aus stilistischen Gründen, sagen die Gelehrten, suche Gottfried die Begriffe zu variieren. Somit war der »Krieg« zwar um 1200 noch nicht gebräuchlich, aber doch schon vorhanden. »Krieg« war zunächst die »Anstrengung«, der »Streit«, das »Streben nach oder gegen etwas«, die »Anfechtung«, der »Wortstreit«, der »Wettstreit«, der »Rechtsstreit«, der »Kampf«. »Krieg« könnte sodann die »handgreifliche Auseinandersetzung« gewesen sein; der bewaffnete Kampf war der »Streit«.

In den Wörterbüchern des 15. Jahrhunderts steht für »bellum«, also Krieg, noch »Streit«. Anfang des 16. Jahrhunderts fehlt der »Krieg« immer noch; wenig später muß er sich durchgesetzt haben. Das Verb »kriegen« hat »sich anstrengen«, »streben«, »ringen« und »gewinnen« bedeutet, während mittlerweile der Aspekt des bloßen »Erlangens« im Vordergrund steht. »Wart, Bürschchen, dich krieg' ich noch!« heißt es oder versöhnlicher: »Und am Ende kriegten sie sich doch!«

»Widarkregi« war der »Streit«, »widarkriegelin« bedeutete »halsstarrig«, und dies war wahrscheinlich die Ausgangsbedeutung. Ähnlich bezeichneten die alten Friesen mit »hlaskriga« die »Steifheit des Nackens«, die man wohl braucht, um in den Angriff überzugehen. Als man überlegte, ob der »Krieger« nicht älter als der »Krieg« sein und römische Ahnen haben könnte, reklamierte das ansonsten friedfertige »Etymologische Wörterbuch der deutschen Sprache« von Friedrich Kluge indigniert das germanische Erstgeburtsrecht des »Krieges«: »Auch haben die Germanen in dem Gebiet des Kampfs, in dem sie Lehrmeister aller Nachbarn geworden sind, nicht nötig gehabt, zu Anleihen zu greifen. Krieg ist als germanisches Erbwort aufzufassen.«

Ob die Deutschen, ob die Germanen nicht besser Anleihen bei anderen Völkern in Sachen Friedfertigkeit genommen hätten, ist eine andere Frage. Tatsächlich hat es für den »Kampf« eine Reihe von Begriffen gegeben, die – wie »gund«, »wic« und »hadu« – untergingen und nur noch in Eigennamen fortleben. Die althochdeutsche »werra« genannte »Verwirrung« ist in der Bedeutung »Krieg« als »guerre« oder »guerra« in romanische Sprachen eingedrungen. Dafür ist in neuer Bedeutung der spanische »Kleinkrieg« als »guerilla« zurückgekehrt. Damit sind die Zeiten, in denen wir anderen kriegerischen Nachhilfeunterricht geben konnten, hoffentlich endgültig vorbei. Sachlich und sprachlich dazu.

Der Kummer

Wer Kummer und Sorgen hat, frißt leicht zuviel in sich hinein. Wie anders wäre das mitfühlende Wort vom »Kummerspeck« zu verstehen. Mag der »Kummerbund« auch hilfreich sein, im Smoking die Leibesfülle zu verdecken; sprachlich kann der »Kummerbund« nur als witziger Einfall gelten. Die Bauchschärpe der Männer stammt aus dem fernen Indien und heißt dort »Kamarband«; von »Kummer« keine Spur. Trotzdem entzündet sich derzeit manche Kümmernis an den überflüssigen Pfunden. Die leptosomen Hüpfer haben Konjunktur. Aber von Hause aus hat der »Kummer« nichts mit Übergewicht zu tun. Zum einen gibt es auch »Kummerfalten«, und gerade die mageren Ergebnisse werden »kümmerlich« genannt.

»Es sang ein nachtigall wilde
von sunnenschein in grünem hag,
sie mant ein frauenbilde
in stillem kummer sie da lag.«

Hier dürfte es sich um den »Liebeskummer« handeln, den mit diesen Versen im 15. Jahrhundert die Hetzlerin besang. Der »Kummer« ist das, was »bedrückt« und »auf der Seele liegt«. Wir alle sind Kummer gewöhnt, auch wenn es immer noch ärger kommen kann.

»Der Hut, den er ergrimmt tief in die Augen rückte,
verrieth des Kummers Last, der ihn im Herzen drückte.«
(Heinrich A. Zachariä, 1806–1875)

Dasselbe Bild findet sich bereits im »Parzifal« des Wolfram von Eschenbach; »bi sînem herzen kumber lac«. Es scheint, daß sich die Bedeutung des »Kummers« in den letzten 800 Jahren kaum verändert hat. Es ist freilich erstaunlich, daß der »kumber« erst um 1200 als neues Wort im Deutschen auftauchte. Im älteren Althochdeutschen war der »Kummer« unbekannt, wiewohl die Sache so alt wie die Menschheit sein dürfte.

Wir alle sind »Kummer« gewöhnt; aber seine sprachliche Herkunft fällt nachhaltig aus dem Rahmen. Der »Kummer« ist kein deutsches, kein germanisches und kein lateinisches, sondern allem Anschein nach ein gallisch-romanisches Mischprodukt. Dabei läßt die ursprüngliche Schreibweise »kumber« nur ahnen, daß »cum-« Vorsilbe war und »-ber« die Bedeutung trug. Dieses »-ber« entspricht der indogermanischen Wurzel »bher-«, die für »tragen« steht und beispielsweise im lateinischen Verb »ferre« gleich »tragen«, aber auch in »Bahre«, »Bürde« und »gebären« auftaucht. »Com-boros« hieß bei den latinisierten Galliern das »Zusammengetragene«, und gemeint war ein »Schutt«- oder »Trümmerhaufen«. Auch in dieser Bedeutung ist der »Kumber« ins Deutsche geraten. Noch der Sprachmeister Adelung (1732–1806) vermerkte unter dem Stichwort »Kummer«: »allerhand zusammengeschüttete Stein«. Eine Stadt »in Kummer zu legen« war eine militärische Operation, die mit einem Trümmerhaufen endete. Johann Georg Scherz (1678–1754) beschrieb ein Grab, das die Ungläubigen »mit Kummer und Erden oder Steinhaufen« bedeckt hatten.

Die Vermutung liegt nahe, daß das Gewicht des Steinhaufens im übertragenen Sinne als »seelische Last« verstanden wurde. Diese Übertragung fand bereits im Altfranzösischen statt; »encombrer« bedeutet »beschweren«, »belästigen«, »in Verlegenheit setzen«, das Substantiv »encombrier« »Unglück« und »Beschwerde«. Von hier aus dürfte der »kumber« auch in seiner Bedeutung für die Seele ins Mittelhochdeutsche geraten sein.

In der Rechtssprache hatte der »Kummer« eine weitere Bedeutung, nämlich die der vorläufigen Beschlagnahme bei einem angeblichen Schuldner. Erst im 16. Jahrhundert wurde dieser »Kummer« durch »Arrest« ersetzt. Landwirtschaftlicher

Besitz konnte »in Kummer gelegt werden«; die »gekümmerte« Frucht blieb auf dem Felde, wo sie womöglich »verkümmerte«. Zum großen Kummer des Bauern.

Wie der »Kummer« zu dieser rechtlichen Bedeutung gekommen ist, bleibt rätselhaft. Vielleicht hat man ursprünglich auf dem »gekümmerten Acker« Steinhaufen oder dergleichen aufgeschüttet; aber gesichert ist das nicht. Am Oberrhein soll man einen Bach durch einen eingeschütteten Damm »vergummern« können.

Die seelische Last des Kummers hat alle anderen Bedeutungen hinter sich gelassen. »Sich um etwas kümmern« ist ein Allerweltswort geworden, dem die »Kümmernis« abhanden gekommen ist. So wie bei »be-sorgen«, »ver-sorgen« und »entsorgen« die Gram der Sorge auch nicht mehr im Vordergrund steht. Den wohlgemeinten Rat »Kümmere dich nicht um Eier, mein Töchterchen, eh sie gelegt sind« brachte Johann Heinrich Voss schon 1795 zu Papier.

»Ich werde mich darum kümmern« ist eine beruhigende Zusage. Trotzdem hat der »Kummer« nichts von seiner Last verloren. »Jeder Kummer ist ein Stein fürs Herz«, diese Redensart trifft den Kern. Am Anfang allen »Kummers« dürfte ein großer Haufen Steine gelegen haben.

Die Kunst

Die »Kunst« ist keine Kleinigkeit; »Kunst« kommt von »können«. Und »können« kann noch lange nicht jeder. Obwohl es immer wieder versucht wird. »Kunst« ist ähnlich gebildet wie »Brunst« zu »brennen« und »Gunst« zu »gönnen«. Insofern ist nichts Geheimnisvolles dabei. Die »Kunst« taucht im Althochdeutschen auf, ist aber erstaunlicherweise in anderen germanischen Sprachen unbekannt. Die englische »art« beispielsweise stützt sich auf die lateinische »ars«, die so mancher

Kunsttheorie die Einsicht vermittelt hat, daß »Kunst« etwas mit »Artikulation« zu tun haben müßte und nicht nur mit dem edlen Überschwang der Gefühle. »Op-art«, »Pop-art« und vergleichbare Happenings scheuen sich offenbar, den ehrwürdigen Begriff »Kunst« zu strapazieren; denn »Kunst« kommt eindeutig von »können«.

»Die Kunst keinen größern Feind kann han
dann denselbigen, der sie nicht kann.«

Üblicherweise werden Sprüche – wie der zitierte aus Hoffmann von Fallerslebens »Spenden zur deutschen Literaturgeschichte« – dazu benutzt, Pharisäern und anderen Ahnungslosen klarzumachen, daß der geliebte Hirsch am Bergsee im altdeutschen Schlafzimmer nicht notwendigerweise »die ganze Kunst« sein muß. Alfred Döblin, der Schriftsteller war und zugleich Nervenarzt, dekretierte, kein Kunstwerk falle vom Himmel, um wieviel weniger ein Kunstverständnis; also habe das Publikum vor einem Kunstwerk in jeder Hinsicht den Mund zu halten.

»Kunst« kommt von »können«, und weniger die »Kunst« als das »Können« ist das Problem. Wer etwas kann, bringt etwas zuwege, weil er die Sache beherrscht. Wenn etwas sein kann, ist es möglich; aber ganz sicher ist es nicht. Weder das »vermögen« noch das unverbindliche »sein können« entsprechen der ursprünglichen Bedeutung von »können«. Dieses war ein exquisites Verb, dem aus unerfindlichen Gründen das Präsens abhanden gekommen ist. »Ich kann« ist grammatisch eine Vergangenheitsform wie »ich band« oder »fand«; ein ursprüngliches »ich kinn« hat sich offenbar in Wohlgefallen aufgelöst. Von »können« ist das Verb »kennen« abgeleitet, und das könnte nun bedeuten, daß auch »können« und damit die »Kunst« weniger mit der »Kunstfertigkeit« als mit der »Erkenntnis« des Verstandes zu tun hätten.

»Können« bedeutete ursprünglich anders als heute »wissen«, »kennen«, »verstehen« und erst in zweiter Linie »zu etwas imstande sein«. Das abgeleitete »kennen« bedeutete zunächst »wissen machen«. Die »Kunst« hat ursprünglich also nur wenig mit La Bohème und Atelier zu tun. Die »Kunst« war ein Wissen besonderer Art; man nannte die Gelehrsamkeit »Kunst« und die Bildung und den Anstand dazu. Reuchlin nannte Plato den »Schrein aller Künste«, weil er ein großer Denker und nicht etwa Dichter oder Maler war. Bei Justus Georg Schottel (1612 bis 1676) findet man »Sprachkunst« für Grammatik, »Redekunst« für Rhetorik, »Messekunst« für Geometrie, »Beweiskunst« für Logik und schließlich »Zergliederkunst« für Anatomie. Bis weit ins 18. Jahrhundert hielt sich die Bedeutung »Kunst« für »Wissenschaft«.

»Wir stolzen Menschenkinder
sind eitel arme Sünder und wissen gar nicht viel.
Wir spinnen Luftgespinste
und suchen viele Künste und kommen doch weiter von dem Ziel.«

(Matthias Claudius, 1740–1815)

Entsprechend der heutigen Bedeutung von »können« bezeichnet »Kunst« dann auch eine Fertigkeit und Geschicklichkeit. »Kunst« stand sogar für Handwerkszeug und für Maschine; die Dampfmaschine wurde »Feuerkunst« genannt; die »Kunst« im Bergbau ist eine Fördereinrichtung. Von Handwerkern sagen wir, daß sie eine Kunst ausüben. Die erforderlichen Fertigkeiten werden »Kunstgriffe« genannt. »Das ist ja keine Kunst«, sagt man, wenn man hinter den Dreh gekommen ist. Der »Kunsthonig« war dagegen eine Ausflucht wie das »Kunstleder« auch, das inzwischen durch »Plastik« ersetzt wurde.

Der hehre Sinn von »Kunst« und von der Einzigartigkeit des »Künstlers« ist ein Produkt der deutschen Klassik des

18. Jahrhunderts und mit Namen wie Winckelmann, Lessing, Herder, Goethe und Schiller verknüpft.

»Im Fleiß kann dich die Biene meistern,
in der Geschicklichkeit ein Wurm dein Lehrer sein,
dein Wissen theilest du mit vorgezognen Geistern,
die Kunst, o Mensch, hast du allein.«
(Friedrich Schiller, 1759–1805)

Daß das nicht ganz stimmen kann, erfährt jeder, der Strümpfe oder Vergleichbares »kunststopfen« läßt.

Der Lehrling

»Hat jemand ein Amt, so warte er des Amts. Lehret jemand, so warte er der Lehre«, schrieb Paulus der Gemeinde in Rom. Goethe bemerkt, die Stufen von Lehrling, Gesell und Meister müßten aufs strengste beobachtet werden, und im übrigen hat er den »Zauberlehrling« geschrieben. Der »Lehrling« ist ein altes und zudem treffliches Wort. Dessenungeachtet haben ihm hierzulande Ahnungslose böse mitgespielt. Ausgerechnet Bildungspolitiker haben sich am »Lehrling« vergriffen und so getan, als ließe sich an Wörtern beliebig herumbosseln wie an Parteiprogrammen. Ausgerechnet Bildungspolitiker ohne Sprachgefühl haben den unglücklichen »Auszubildenden« in die Welt gesetzt. Und wir alle haben es uns gefallen lassen.

Den parlamentarischen Sprachschöpfern ging es um die Reform der beruflichen Bildung, und das mag sie ehren. Aber dergleichen entschuldigt die sprachliche Grausamkeit nicht. Ausgerechnet jene, die den »Lehrling« von der repressiven Gewalt der Lehrjahre befreien wollten, setzen den »Auszubildenden« an seine Stelle, dem man das Passiv und die fehlende Selbständigkeit schon von ferne ansieht. Der »Auszubildende«

ist jemand, an dem erklärtermaßen herumgedoktert werden muß. Der »Lehrling« war demgegenüber geradezu ein Ausbund an Selbständigkeit. Es ist deshalb an der Zeit, für ihn eine Lanze zu brechen.

Der »Lehrling« gehörte einst zur »Lehre« wie der »Liebling« zur »Liebe« und der »Häuptling« zum »Haupt«. »Lehre« ist, wenn mindestens einer lehrt und einer lernt; »Lehre« ist »Lernen« und »Lehren« zugleich, weshalb der Lehrling »Lehrling« und nicht »Lernling« heißt. Diesem entspräche der »Auszubildende«, an dem »herumgebildet« werden muß.

Der »Auszubildende« war eine späte Frucht der großen Koalition und zudem der Beweis, daß man solche Probleme, denen man sprachlich nicht gewachsen ist, nicht verbal angehen darf. Nachdem die CDU/CSU den von ihr 1969 mit ausgebrüteten »Auszubildenden« ein Dutzend Jahre lang ertragen hatte, überfiel sie, durch Jahre der Opposition geläutert, offenbar ein später Anfall von Sprachgefühl. Im zuständigen Ausschuß des Bundestages stellten die Vertreter der Union den Antrag, den ungelenken »Auszubildenden« wieder eingehen und den unter Wert geschlagenen »Lehrling« auferstehen zu lassen. Zumal auch schon der sozialdemokratische Kanzler Witze über das Unikum »Azubi« machte.

Die Sozialdemokraten im Ausschuß räumten ein, daß der »Auszubildende« ein wenig geliebter Zungenbrecher sei; aber dem »Lehrling« gegenüber klammerten sie sich an die alten Vorurteile. Laut Ausschußprotokoll verbiete sich, so meinten die Vertreter der einstigen Arbeiterpartei, zum »Lehrling« zurückzukehren, weil schon das Wort »das Gefühl erwecke, daß es sich bei den Betroffenen um in gewisser Weise verkleinerte Objekte fremden Tuns handele«. Als ich das las, habe ich schallend gelacht. Von einem Gefühl ist da die Rede und von einem unbestimmten »in gewisser Weise« dazu. Unpräziser geht es nicht. Ein »Lehrling« gehört zur »Lehre«, und von einer irgendwie gearteten Verkleinerung kann keine Rede sein.

Wenn es überhaupt ein »Objekt fremden Tuns« geben sollte, dann wäre das der »Auszubildende«, der »Lehrling« sicher nicht.

Der Rettungsversuch des »Lehrlings« scheiterte seinerzeit, und den Ausschlag gab, wie üblich, die kleine FDP. Zunächst teilten die Liberalen mit, sie hätten bei der Geburt des »Auszubildenden« keine Regierungsverantwortung getragen. Das war in der Tat überraschend; aber der Sprache hat es nichts genutzt. Zwar bemühten die Liberalen anders als andere Ausschußmitglieder immerhin ein Wörterbuch. Sie stellten richtig, daß der »Lehrling« keineswegs verkleinernd oder herabsetzend gemeint sein könne. Sowenig wie der »Fremdling«, der »Häuptling« oder der »Rohling«. Somit befanden sich die Liberalen im beneidenswerten Zustand fortgeschrittener Erkenntnis; aber sie beugten sich trotzdem der Koalitionsräson. Der Antrag, dem »Lehrling« Genugtuung widerfahren zu lassen, wurde mit acht zu neun Stimmen bei einer Enthaltung abgelehnt. Auch die 82er Wende half dem »Lehrling« nicht. Die Union hat ihren damaligen Anlauf längst vergessen. Der »Lehrling« liegt nicht mehr im Kanzlerblick. Der ist auf ferneres gerichtet. Von Sprachgefühl ist keine Rede mehr.

»Lehren« ist nicht niedlich; »lehren« heißt »wissend machen«. Welch ein Anspruch! Der »Lehrling« gehörte einst zur »Lehre«; der »Lehrling« war, zumindest sprachlich, auf dem Wege, ein Wissender zu werden. Mit dem Werkstattfegen und derlei Belanglosigkeiten hat das nichts zu tun. Aber ausgerechnet Bildungspolitiker unterstellten das. Also muß man die Sprache auch vor politischen Mehrheiten schützen. Als »Auszubildender« käm' ich mir entmündigt, als »Azubi« veralbert vor. »Zu früh aus der Lehr' ersetzt sich schwer.«

Der Lenz

»Es ist schon so. Der Frühling kommt in Gang.
Die Bäume räkeln sich. Die Fenster staunen.
Die Luft ist weich, als wäre sie aus Daunen.
Und alles andere ist nicht von Belang.«

Erich Kästner, ganz recht. »Besagter Lenz ist da.«

»Man sollte wieder mal spazierengehn.
Das Blau und Grün und Rot war ganz verblichen.
Der Lenz ist da! Die Welt wird frisch gestrichen!
Die Menschen lächeln, bis sie sich verstehen.«

Der »Lenz« ist anscheinend die poetische Variante des ordinären Frühjahrs. Allerdings ist der »Lenz« älter als »Frühling« oder »Frühjahr«. Tatsächlich hat der »Lenz« wenig mit literarischem Anspruch und veredeltem Gefühlsbetrieb zu tun. »Lenz« nennt genau das, was ist, wenn es soweit ist. Nicht das Knospen, Sprießen und Beschwingte der Natur, sondern den simplen, aber unübersehbaren Tatbestand, daß die Tage endlich wieder länger werden. In fernen Zeiten, da man ohne Zentralheizung über den Winter kommen mußte, dürfte dergleichen mit großer Erleichterung zur Kenntnis genommen worden sein. In einigen Alpenregionen hat sich ein ursprüngliches »Langs« oder »Langes« erhalten, das letztlich auf ein gemeingermanisches »langatin« zurückgehen dürfte, auf den langen oder längeren Tag. »Langsi« hat sich in der Schweiz gehalten, »Längs« in Schwaben und »Langis« in Kärnten und Tirol.

»Frühjahr« und »Frühling« tauchen erst im 17. Jahrhundert auf. Folgerichtig wurde und wird der Herbst in einigen Regionen »Spätjahr« oder »Spätling« genannt. An der Donau gibt es den Lenz als »Einwärts« und den Herbst als »Auswärts«. Dabei hatte Tacitus behauptet, die Germanen kennten überhaupt keinen Herbst. Die Mediterranen haben eben andere Vorstellungen, wenn es ums Klimatische geht.

Von allen Jahreszeiten dürfte der Lenz die am sehnlichsten erwartete sein. Er löst die Starre des Winters; der Lenz ist heiter. Bei jungen Mädchen wird das Alter überhaupt nur nach Lenzen gezählt. »Wer wollte sich mit Grillen plagen, so lang uns Lenz und Jugend blühn?« heißt es bei Hölty. Die wehmütige Ergänzung findet sich bei Schiller: »Laß – ich fühls – laß, Laura, noch zween kurze Lenze fliegen – und dies Moderhaus wiegt sich schwankend über mir zum Sturze.« Alles in allem behält der Lenz die angestammte Heiterkeit. »War das ein Lenz!« sagen die Leute in der Erinnerung an heitere, unbeschwerte Zeiten.

In den germanischen Sprachen wird der Sommer übereinstimmend »Sommer« genannt und ebenso der Winter »Winter«. Bei »Lenz« und »Herbst« dagegen gibt es Unterschiede. Das ist weniger ein sprachliches als ein geographisches Problem. In einigen schwedischen Mundarten soll es bis heute kein Wort für den »Herbst« geben. Wahrscheinlich bricht der Winter so plötzlich herein und dauert dann so lange, daß Herbst und Frühjahr kaum als eigenständige Jahreszeiten erfahren werden. Dafür kommt der Lenz im milden spanischen Süden so eindrucksvoll daher, daß er noch einmal als »primavera« und »verano« unterschieden werden kann.

Für die Viehzüchter des Nordens spielte der Herbst keine wesentliche Rolle im landwirtschaftlichen Jahresablauf; ganz anders bei den Obstbauern und Winzern des Südens. Für sie war der Herbst die Zeit der Ernte, also die wichtigste Jahreszeit überhaupt. »Herbst« ist sprachlich die »Zeit des Pflückens oder der Früchte«. In den Weinbaugebieten bedeuten »Herbsten« und Weinlese dasselbe. So daß man sich hier auch im Herbst noch einen gewissen »Lenz« machen kann. Wie lang die Tage und kurz die Nächte auch sein mögen.

Der Löffel

Die Menschheit löffelt seit Jahrtausenden aus, was sie sich eingebrockt hat, und zwar in jeder Hinsicht. Von dem, der stirbt, sagt man, daß er den Löffel hinlege, abgebe oder aufstecke. Wer den Löffel fallen läßt, wird bald sterben, fürchtete man vorzeiten. Wer mit dem Teufel essen will, muß einen langen Löffel haben. Das Hochzeitspaar löffelte den Hochzeitsbrei gemeinsam mit einem Löffel aus. Ohne Löffel war man immer schon aufgeschmissen, wenn man Goethe glauben darf.

»Daß Glück ihm günstig sei,
was hilft's dem Stöffel?
Denn regnet's Brei,
fehlt ihm der Löffel.«

Es gibt Hinweise, daß »Löffel« zunächst aus Holz gefertigt wurden. Im Englischen heißt der »Löffel« bis heute »spoon«; die Nachbarschaft zum hölzernen »Span« ist nicht zu überhören. Sinnigerweise hat man den Löffel als »Schnabelhölzle« bezeichnet. Der witzige Einfall des Johann Heinrich Voss (1751–1826) in seiner »Luise« läßt Kenntnisse der Löffelfabrikation vermuten.

»Nehmen Sie mirs nicht übel, Mama hat die Löffel
vergessen. Also sagte Luis';
und des Mütterchens lachten sie alle, schadenfroh ...
Aber der Jüngling sprang zu der Birke behende, der
hangenden, und von den Zweiglein glättet er zierliche
Stäb, und vertheilte sie rings der Gesellschaft.«

Daß es weit kostbarere Löffel gab, erfährt man im Alten Testament im 4. Buch Mose; Nathanael, der Sohn Zuars, der

Fürst Isachars, opferte zur Einweihung der Stiftshütte am zweiten Tage »einen goldenen Löffel, zehn Lot schwer, voll Räucherwerk«.

Der »Löffel«, niederdeutsch »lepel« genannt, ist ein »Gerät zum Einschlürfen von Flüssigem«, und das auch in sprachlicher Hinsicht. Der »Löffel« ist das Instrument zum »laffen«, das im Althochdeutschen noch »lecken« oder »schlürfen« bedeutete. Insofern ist nichts Geheimnisvolles am »Löffel«. Das laute Schlürfen bei Tisch war aber vor 800 Jahren schon nicht mehr jedermanns Sache; in Tannhäusers »Hofzucht« heißt es jedenfalls schon, die Grundermahnungen mancher Mutter vorwegnehmend:

> »Kein edeler man selbander sol
> mit einem leffel sûfen niht.«

Die Ohren der Hasen werden auch »Löffel« genannt, ohne daß sie unbedingt so aussähen wie ein Teil des Eßbestecks. Der »Laffe« könnte hier hereinspielen, ursprünglich der Gaffer, der mit »hängender Lippe oder offenem Maul dasteht, wenn andere sich plagen«. Mit »Laffe« bezeichnet man die »Hängelippe«, und auch die »Hasenlöffel« hängen schlaff herab. Der »Ohrlepel« ist das »Ohrläppchen«. Jemandem eins hinter die Löffel zu geben gilt nicht nur für die Hasenjagd. Wichtiges soll man sich hinter die Löffel schreiben; auch diese Löffel haben mit dem Eßlöffel bestenfalls die Buchstaben gemein.

Die Sache wird noch komplizierter. Der »Läffel«, der zum »Laffen« gehört, wird auch »Löffel« genannt; gemeint ist aber ein Tolpatsch, ein Schelm oder ein verliebter Narr. So kommt es, daß »Löffelei« für »verliebtes Gebaren« steht, wie die folgenden Sätze des Christian Weise belegen:

> »Doch ein ehrlicher Wittwer, der die Löffelei wieder von vorn anfangen soll, der wird auch verdrießlich.«

Mit dieser »Löffelei« war kaum der Küchendienst gemeint. »Löffelhaft« bedeutete »nach Art eines verliebten Gecken« und »löffeln« »sich wie ein verliebter Narr gebärden«.

»Ein alter Leffeler und ein alter Soldat
sind beide nicht viel nutz, es fehlt ihn an der Tat.«
(Hartmann Creidius, 1606–1656)

Auf sprachlich nicht ganz durchsichtigen Wegen geriet das »Löffeln« in den Verdacht des leichtfertigen Umgangs mit der Weiblichkeit. Diese Art des »Löffelns« hätte man auch »aufgabeln« nennen können.

»Traut, Mädchen, leichten Rittern nicht!
Manch Ritter ist ein Bösewicht.
Sie löffeln wohl und wandern
von einer zu der andern,
und freien keine nicht.«
(Gottfried August Bürger, 1747–1794)

Die Makrele

Die literarische Wertschätzung der »Makrele« hält sich in Grenzen, wie es scheint. »Land ist nun so wohlfeil zu kaufen wie stinkende Makrelen«, heißt es in Shakespeares »Heinrich IV.«. Der Dichter Seume polierte den ramponierten Ruf der Makrele wieder auf, als er bekannte: »Von den Fischen waren Aale, Makrelen, Kabeljaus und einige Schollenarten meine Lieblinge.« Daß an Rhein und Mosel, im Elsaß und in Westfalen auch ein »Weibsbild« in verächtlicher Absicht als »Makrele« bezeichnet worden sein soll, kann vorerst unberücksichtigt bleiben. Daß auch ein Flußfisch, Cyprinus nasus, »Makrele« genannt wird, mag man in den Küstenländern mit Stirnrunzeln zur Kenntnis nehmen; aber Barthold Hinrich Brockes, dem die folgenden Verse aus der Feder flossen, kam immerhin in Hamburg auf die Welt.

»Wer kann jede Gattung zählen,
die in Flüß und Bächen sind?
Karpfen, Quappen, Lachs, Makrelen,
Dorsch, Forellen, Zungen, Stint.«

Die gewöhnliche Makrele - Scomber scombrus, zoologisch gesprochen - ist ein Seefisch und dem Feinschmecker vornehmlich in geräucherter Form bekannt. Bevor ein Fisch in die Räucherkammer gerät, muß er allerdings gefangen werden. In diesem Zusammenhang trifft es sich gut, daß die Makrele, einem unerklärlichen Drange folgend, immer wieder zum Laichen in die atlantischen Küstengewässer schwimmt. Die Makrele kommt den Netzen gewissermaßen entgegen, und die Fischer, die sie sehnlich erwarten, danken es ihr. Insofern ist nichts Geheimnisvolles an dem Fisch. Allein der Name »Makrele« gibt Anlaß zur Verwunderung.

Zunächst hat es den Anschein, daß sich anders als beim Umweltschutz die Nordseeanrainer in der Einschätzung der Makrele ziemlich einig waren, was ihren Namen betrifft. »Makreel« im Niederländischen, »mackarel« im Englischen und »maquereau« im Französischen lassen auf weitgehende Namensgleichheit schließen. Wer unter den genannten Begriffen in den entsprechenden Wörterbüchern nachschaut, stößt freilich auf Erstaunliches. Im Französischen ist mit »maquereau« auch der »Kuppler« gemeint, was fast so klingt, wie wenn im Ruhrgebiet nicht eben feinfühlig vom »Macker« einer bestimmten Dame die Rede ist.

Der Berufsstand der »Makler« mag sich wundern, daß er zur »Makrele« offenbar verwandtschaftliche Beziehungen unterhält. Wer »maggelt« oder »makelt«, stellt Beziehungen zwischen Angebot und Nachfrage, Kunde und Verkäufer her. Daran ist wieder nichts Besonderes. Trotzdem wird man einen Ehevermittler nicht unbedingt als »Makler« bezeichnen wollen; aber vorzeiten war das anders. Eine Kupplerin wurde im Mittelhochdeutschen »mechele« genannt, und auch im küstennahen Friesischen galt die »meckere« als ehrenwerte »Eheunterhändlerin«.

Wenn hier ein Zusammenhang bestehen sollte, kann das eigentlich nur bedeuten, daß über die »Makrele« überaus wunderliche Geschichten in Umlauf waren. Ausweislich meines Biologiebuches vertilgt die ordinäre Makrele mit Vorliebe junge und zarte Heringe. Das erklärt aber nicht, wie die Makrele zu ihrem Makler-Namen gekommen sein könnte. Bei allem Verständnis ist auch schwer auszumachen, wie ausgerechnet die traditionelle Form der Eheanbahnung und Geräuchertes aus dem Fischgeschäft zusammengehen sollen. Es sei denn, man hätte ausgerechnet der »Makrele« die Fähigkeit des Makelns und der Ehestiftung zugeschrieben.

Ist es Seemannsgarn, daß besagte Makrele sich als Mittlerin um die kopulierfreudigen Matjesheringe hätte verdient machen können? Wiewohl uns Landratten gar nicht in den Kopf will, daß es ausgerechnet unter der Wasseroberfläche zu Kupplungsgeschäften kommen könnte. Sind Heringe vielleicht dumm und auf Assistenz beim Laichen und Besamen angewiesen? Wurde dergleichen je untersucht? Mit einiger Sicherheit hat die Makrele junge Heringe zum Fressen gern. Insofern könnte der Name der »Makrele« den Verdacht nahelegen, daß die Namensgeber wieder einmal den Bock zum Gärtner, den Raubfisch zum Makler und den Heringfresser zur »Makrele« gemacht hätten. »Der Satan mag seine Leute kennen, daß er dich zu seinem Makler gemacht hat«, heißt es bei Schiller. Da geht es zwar auch um die Räuber, aber nicht um die Fischwirtschaft.

Der Mensch

»Der Mensch meint, gläubig wie ein Kind,
Daß alle Menschen Menschen sind.«

Es muß zu denken geben, daß Eugen Roth diesem Zweizeiler den hinterhältigen Titel »Irrtum« gab. »Es gibt kein größer Leid, als das sich der Mensch selbst antut«, sagen die weisen Großmütter. Schillers »Glocke« erscheint inzwischen zu lang, als daß man sie noch auswendig lernen könnte; aber Vers 377 ist schon lange unter die sprichwörtlichen Alltagsweisheiten geraten: »Jedoch der schrecklichste der Schrecken, das ist der Mensch in seinem Wahn.« Der Mensch ist sich selbst ein Rätsel. Das beginnt mit der irritierenden Feststellung, daß sich im Deutschen auf »Mensch« kein einziges respektables Wort reimt.

Der »Mensch« erlebt alle Höhen und alle Tiefen. Gottvater schickte seinen Sohn, auf daß er Mensch werde. »Der Bauer ist auch ein Mensch – so zu sagen«, heißt es in »Wallensteins Lager«. Manches, was Menschen anrichten, ist direkt »unmenschlich«. Wenn wer »wie der erste Mensch« Auto fährt, fällt er durch die Fahrprüfung; läuft er »wie der letzte Mensch« herum, ist er auch nicht angesehen. Wir alle sind Menschen. Trotzdem sagen wir entschuldigend, dieser oder jener sei doch auch »nur ein Mensch«. Die Gesamtheit der Menschen wird »Menschheit« genannt; jemanden »auf die Menschheit loszulassen« scheint ein Risiko anzudeuten, und zwar für alle Beteiligten.

»Hans Adam war ein Erdenkloß, den Gott zum Menschen machte.« Selbstverständlich kannte Goethe das Alte Testament und die Schöpfungsgeschichte. »Und Gott der Herr machet den Menschen aus dem Erdenkloß, und er blies ihm ein den lebendigen Odem in die Nasen. Und also ward der Mensch eine lebendige Seele.« Der »Mensch« war Adam und Eva »sein

Weib«. »Und sie waren beide nackt, der Mensch und sein Weib, und schämten sich nicht.« Adams Überlegung »Man wird sie Männin heißen, darum, daß sie vom Manne genommen ist« hat sich freilich nicht durchgesetzt. In der deutschen Sprache jedenfalls nicht. Der Mann ist »der« Mann, und der Mensch ist »der« Mensch, und das ist hintergründiger, als man denkt. »Alle Mann hoch« meint nicht notgedrungen nur Männer, und »der Mensch« kann selbstverständlich auch weiblich sein. Trotzdem gibt es neuzeitlich emanzipatorisches Stirnrunzeln.

»Es steht geschrieben: Der Mensch lebt nicht vom Brot allein«, heißt es im Matthäus-Evangelium. In einer alten englischen Bibel steht an dieser Stelle: »Not on bread alone is man to live«; in einer modernen amerikanischen Fassung, die sich ausdrücklich bemüht, die Diskriminierung der Frau zu vermeiden, wurde der im Englischen »man« genannte »Mensch« aus dem Verkehr gezogen und durch den eher beliebigen »einen« ersetzt: »One does not live by bread alone.« Es ist nicht ausgeschlossen, daß solcher Fortschritt bald auch den Alten Kontinent erreicht. Der »Mensch« ist gefährdet, weil er – nicht nur im Englischen – mit dem »Manne« zu tun hat. Der »Mensch« ist nicht nur »männlich zentriert«, wie ein feministischer Vorwurf lautet; er ist aus dem Adjektiv »männisch« entstanden.

»Mannisk« im Althochdeutschen bedeutete »männlich« oder »menschlich«, bevor es sich zum Substantiv mauserte und am Ende »Mensch« ergab. Kein Wunder, daß sich auf dieses Wort nichts reimen will. Daß der »Mensch« vorwiegend männlich sei, ist damit natürlich nicht gesagt. Schon in mittelhochdeutscher Zeit gab es »das Mensch«, Männlein wie Weiblein umfassend, und zwar ohne jeden Hintersinn.

»Reht als eine heubluome
lebet daz mensche, anders nicht.«

So heißt es um 1200 bei Otto von Freising, und noch Luther verwendet für die Jungfrau Maria »das heilige edle Mensch«. Später verengt sich die Bedeutung von »das Mensch« auf dienende Personen, auf Knechte wie Mägde, und erst seit dem 15./16. Jahrhundert ist »das Mensch« vorzugsweise ein weibliches Wesen. Der abfällige Unterton taucht freilich erst wesentlich später auf. Heute ist »das Mensch« kaum noch von »Weibsstück« oder »Frauenzimmer« zu unterscheiden. Allerdings nicht in allen deutschsprachigen Gauen. Wenn der Bauer in Nieder- oder Oberösterreich seine Frau »Mensch« ruft, hat diese angeblich keinen Anlaß, pikiert zu sein. Im Schwäbischen steht »das Mensch«, so heißt es, noch immer für »ledige Weibsperson«.

»Im ganzen Dorf ist kein Gesicht
der flinken Hanne gleich.
Das Mensch gefällt, auch ungeputzt.«
(Friedrich von Hagedorn, 1708–1754)

Daß Friedrich Schiller in seinen Jugendwerken statt Mädchen »das Mensch« verwendet, wird auf den Einfluß des hochanständigen Honoratiorenschwäbisch zurückgeführt. Mithin hätte auch die feministische Sprachkritik dem »Menschen« wenig vorzuwerfen. Ganz abgesehen davon, daß man ihm das »Männische« schon lange nicht mehr anmerkt. Im übrigen ist nicht auszuschließen, daß hinter »mannisk« am Ende doch »Mannus«, der Urvater aller Germanen, steckt. Der Römer Tacitus hat ihn bezeugt; aber er kannte ihn natürlich auch nur vom Hörensagen.

Das Messer

An Alter wird das Messer bestenfalls noch vom Hammer übertroffen. Man darf davon ausgehen, daß es wie ein altes Küchenmesser im wahrsten Sinne des Wortes »abgewetzt« ist. So einfach, wie das Wort »Messer« aussieht, kann seine Geschichte nicht sein; denn sie ist uralt.

»Schnell fertig ist die Jugend mit dem Wort,
das schwer sich handhabt, wie des Messers Schneide.«

Sagt Wallenstein, und zwar laut Schillers Regieanweisung: »Mit finsteren Stirnfalten, doch gemäßigt.« Er äußert sich zum »Verrat« und nicht zum »Messer«; aber das Heikle des Worts im allgemeinen gilt für das Wort »Messer« im besonderen. Es sagt sich leicht dahin, ist aber nur äußerst schwer in den Griff zu bekommen.

Dabei hat das Messer eigens einen Griff, und der heißt bekanntlich »Heft«. Wer das Heft fest in der Hand hat, kommt also nicht etwa mit einem Stenoblock, sondern mit einer Stichwaffe daher. Heft und Klinge machen das Messer aus. »Ein Messer ohne Klinge, an dem der Stiel fehlt«, ist also ein Garnichts, und in diesem Sinne hat Georg Christoph Lichtenberg den Ausdruck im Göttingischen Taschenkalender von 1798 gebraucht. Das Schlachtvieh wurde seit alters ans Messer geliefert, und der Aufschneider kann sich auf Grimmelshausen berufen: »Es werden etliche sich finden, die sagen, Simplicius schneide hier mit einem großen Messer auf.« Auf des Messers schmaler Schneide ist nur wenig Platz. Jemandem das Messer an die Gurgel zu setzen ist zu direkt, um unverständlich zu sein. Man kann dummerweise ins eigene Messer laufen. Ein gebrauchtes Messer rostet nicht. Ein gutes Messer findet überall einen Schleifstein. Ein langes Messer läßt sich gerne Säbel nennen.

Derjenige, der mißt, wird auch »Messer« genannt; denn er hat das »Maß«. Aber mit dem »Messer, das schneidet« hat dieser »Messer« nichts zu tun. Im 1885 erschienenen 6. Band des Grimmschen Wörterbuches vermerkte der Bearbeiter mitfühlend, das »Messer« sei »ein früh verdunkeltes Compositum von hohem Alterthume«. Das ist zuhöchst erstaunlich, daß es sich um ein Kompositum, also um eine Zusammensetzung, handeln soll; denn sprachlich wirkt das »Messer« wie aus einem Guß. Man ahnt nicht einmal, wo der erste Wortbestandteil aufhören und der zweite beginnen könnte. Das ändert sich freilich, wenn man die allerältesten Schreibungen des »Messers« ins Auge faßt. Sie lauten »mezziras«, »messirahs« und »mezzisahs«, was einigermaßen unverständlich klingt. Trotzdem wird bei genauerem Hinsehen die »Komposition« durchschaubar und darüber hinaus der lange Schleifprozeß verständlich, den das Wort »Messer« hinter sich haben muß. Die mit dem Messer hantierten, haben mit Sicherheit keine sprachlichen Studien betrieben. Also blieb ihnen verborgen, daß das »Messer« jenseits von Heft und Klinge tatsächlich aus zwei sehr unterschiedlichen Bestandteilen besteht.

Die Schreibungen »Mezzi-rahs« und insbesondere »mezzisahs« geben den entscheidenden Hinweis. Beide gehen auf ein ursprüngliches westgermanisches »mati-sahs« zurück. Die Bestandteile sind relativ leicht durchschaubar. »Sahs« steht für eine bekannte Hieb- und Stichwaffe; der Stamm der Schwertleute ist bis heute als der der »Sachsen« bekannt.

»Mati« hat mit dem »Essen« und der »Speise« zu tun; das »Mus«, die »Mettwurst« und das »Mästen« sind mit »mati« verwandt. »Maat« und der »Matrose« sind ursprüngliche »Tisch-« oder »Speisegenossen« der christlichen Seefahrt. Mithin wäre das Urmesser »mati-sahs« die bei den Mahlzeiten benutzte Stichwaffe, gewissermaßen der »Essensdolch«. Daß der eine oder andere allen Ermahnungen der Mutter zum Trotz bei

Tisch das »Messer« immer noch wie einen Dolch handhabt, könnte den historischen Zusammenhang bekräftigen.

»Ir sult die zende stüren niht
mit mezzern als etlicher tuot.«

Man solle nicht, wiewohl viele es tun, mit den Messern in den Zähnen herumfuhrwerken, riet schon Tannhäusers »Hofzucht«. Dieses wenig manierliche Verfahren erwies sich indes über viele Jahrhunderte als unausrottbar. Erst Armand Jean du Plessis, der Herzog von Richelieu, hat die Spitzen seiner Tafelmesser abfeilen lassen, um der Unsitte des Zähnereinigens mit Hilfe des Messers wenigstens bei Tisch Einhalt zu gebieten. Mithin sind die heute üblichen Rundungen der Tafelmesser ein kaum beachteter Beitrag zur abendländischen Eßkultur.

Die allerersten Messer wurden sicher aus Stein gefertigt; das ist aber nicht unbedingt ein zeitlicher Hinweis auf die Steinzeit. Das »sahs« genannte Schwert ist zwar mit dem lateinischen »saxum« gleich »Stein« verwandt, trotzdem ist vor einem Kurzschluß zu warnen. Der »Sachs« hieß nicht »Sachs«, weil er aus Stein gefertigt war, sondern der Felsbrocken hieß bei den Römern »saxum«, weil er »abgebrochen«, »abgeschnitten« war; »saxum« gehört zu »secare« gleich »schneiden«. »Matisahs«, unser »Messer«, ist tatsächlich das »Speise-Schwert«.

Die Mitte

Nach 1945 sprach man wie selbstverständlich vom totalen Zusammenbruch. Die Nation der Dichter und Denker, von bedenkenlosen Demagogen in den Abgrund getrieben, hatte jede Orientierung verloren, die Normen und die Mitte, die das Maß abgibt. Nicht zufällig wurde der »Verlust der Mitte«, der

Titel einer Veröffentlichung des Münchner Kunsthistorikers Hans Sedlmayer, zum geflügelten Wort. Die Mitte zu verlieren bedeutet Orientierungsverlust.

Die Wahlen werden, wenn überhaupt, in der Mitte gewonnen, sagen die Parteistrategen, und schon aus diesem Grunde wird jede der großen Parteien behaupten, die eigentliche Partei der Mitte zu sein. Wie weit die politische Mitte sich freilich strecken läßt, ist nachhaltig umstritten zwischen Heiner Geißler, dem CDU-Generalsekretär, und dem Bayernkurier. Die Mitte nach links verschieben, ohne die Traditionswähler auf der Rechten zu verscheuchen, ist offenkundig das Problem der Unionsparteien. Die Mitte besetzt man nicht im Spagat.

Die Mitte ist wichtig, nicht nur für die parlamentarisch-politische Gesäßgeometrie. Es gäbe wahrscheinlich weder rechts noch links, wenn es die Mitte nicht gäbe. Die Mitte ist das Maß; alles andere ist relativ. Bezogen auf ebendiese Mitte. Es gibt die geometrische »Mitte«, aber das arithmetische »Mittel« und die geheime »Mitte«, um die sich vieles dreht. Wer in die Mitte tritt, kann, wenn er geschickt ist, als »Vermittler« fungieren. Heißt der »Mittelstand« nun Mittelstand, weil er in der Mitte zwischen groß und klein agiert oder weil er über die Mittel verfügt, die der Masse der Lohnabhängigen fehlen? Was hat das »Mittel« mit der »Mitte« zu tun? Mehr, als man denkt; denn »Mitte« und »Mittel« waren lange Zeit bedeutungsgleich.

»Ist denn kein Mittel? Muß denn der Mensch eines von beiden, hassen oder lieben«, heißt es bei Lessing. Und bei Wieland: »Wenn zehn Millionen Menschen urteilen, daß zwei oder drei aus ihrem Mittel Narren sind, so sind sie es auch.« Das »Mittel« ist ursprünglich gerade nicht Mittel zum Zweck, sondern »Mitte«, Mittelpunkt oder Mittelweg, vielleicht ein Mittelding zwischen diesem und jenem.

»Sie, als des Haders Apfel, warf ein Gott
erzürnt ins Mittel zwischen zwei Parteien,
die sich, auf ewig nun getrennt, bekämpfen.«

Das ist von Goethe und natürlich ein anderes »Mittel« als jenes, das Dichterfreund Schiller in »Wallensteins Tod« bemüht:

»Zum blinden Werkzeug wollt ihr euch, zum Mittel
verworfner Zwecke auch verächtlich brauchen.«

Das ist das »Mittel zum Zweck«. Zwischen der »Mitte« einerseits und dem »Mittel zum Zweck« andererseits fehlt anscheinend eine Art Mittelglied, und dies könnte das »Hilfsmittel« sein, das »Mittlere« zwischen Anfang und Ende, das Mittel, um vom Anfang zum Ende zu gelangen. Was zwischen Anfang und Ende ist, ist nicht weit von Ursache und Wirkung entfernt. »Mittel sind alle Zwischenursachen, die der Mensch in seiner Gewalt hat, um dadurch eine gewisse Absicht zu bewirken«, spezifiziert Kant.

Das neuzeitliche »Mittel« bewirkt etwas. Wer Mittel und Wege kennt, der kennt sich aus und weiß sich und – oftmals auch anderen zu helfen. So kennt der Heilkundige die Mittel, gesund zu machen, die sogenannten Arzneimittel, die vielen Mittel gegen Fieber, Husten, Heiserkeit.

»Die Ärzte, die ihre Mittel erschöpft hatten, sprachen, er sei nicht zu retten.«

Nachzulesen in Kleists »Käthchen von Heilbronn«. Daß derjenige, der die Mittel kennt und über diese verfügt, nicht mittellos sein kann, versteht sich unter den Bedingungen des gemäßigten Kapitalismus von selbst. Das aus der Mittelstellung geratene Mittel wird zum Inbegriff von Einfluß und Besitz: »Die großen Mittel machen große Titel«, wußten schon Grimmelshausen und sein Simplicissimus.

Die »Mitte« und das »Mittel« gehen auf ein altes Eigenschaftswort »mitte«, althochdeutsch »mitti«, zurück. Als selbständiges Wort ist es untergegangen; aber in Mittwoch oder Mittag lebt es noch. Wenn die Sonne den höchsten Stand erreicht, ist Mittag. »Mitti tag« oder »mitter tag« hieß es in alten Zeiten.

»... ez was wol mitter tac.
daz edel ingesinde da niht lenger lac.«

Nachzulesen im Nibelungenlied. Zu deutsch: Um Mittag lag kein Mensch mehr auf der faulen Haut. Sehr frei übersetzt.

Noten und Notizen

Diplomatische Geschäftsträger überbringen mit ernstem Gesicht fremden Regierungen gewichtige »Noten«. Wird daraufhin mit einer anderen Note geantwortet, spricht das Auswärtige Amt von einem »Notenaustausch«. Wo sich unsereiner bestenfalls »Notizen« macht, »notifizieren« die Diplomaten einander den Eingang dieser »Noten«. Den »Notenumlauf« allerdings kontrolliert die jeweilige »Notenbank«; die »Notenpresse« natürlich auch. Das »Notenheft« hingegen hat mit der »Notendeckung« sowenig zu tun wie die »Notenkonferenz« der Lehrer mit der »persönlichen Note«, die jemand pflegt. Es gibt »ganze Noten«, »halbe Noten«, »schlechte Noten«, »herbe Noten«. Daß es »wie nach Noten« geht, kommt selten vor. An der Börse werden die Kurse »notiert«; der »Notar« führt ein amtliches Siegel.

Der »Notarius« in römischen Zeiten war der Geschwindschreiber, eine Art Stenograph also. Offenbar beherrschte er die Kunst des Schreibens so verläßlich, daß ihm auch die Aufnahme und Beglaubigung von Rechtsakten anvertraut werden konnte. Wie sang der Dichter gleich? »Er lag ächzend in den letzten Zügen und sandte plötzlich zum Notar« (Langbein, 1884).

Beim »Notar« wird es einigermaßen ernst, bei »schlechten Noten« nicht minder. Diese »Noten« stehen im Zusammenhang mit der »Zensur« des Lehrers. Der Lehrer zensuriert das Gelernte, und heraus kommt eine »Note«. Die Summe der Noten legt halbjährlich Zeugnis ab von Einsichten und Ausflüchten. Die »Notizen«, die der Lehrer darüber anfertigt, werden unter Umständen »Eintrag« genannt. Die Kurse der »Banknoten« werden an der Börse »notiert«, also aufgeschrieben, festgehalten, festgesetzt. Diplomatische Noten werden zur Kenntnis genommen und notfalls energisch zurückgewiesen. Sie unterscheiden sich damit nachhaltig von den Zeugnisnoten, die man zumindest als Schüler nicht zurückweisen kann, und den ganz großen Scheinen, die man nicht zurückweisen wird. Dies sind die »Banknoten«, auf denen die Notenbank kunstreich und fälschungssicher den Gegenwert hat »notieren« lassen.

Bleiben die halben und die ganzen Noten, die der Notenstecher ins Notenalbum sticht, bevor dieses auf dem Notenständer landet. »Noten« dieser Art waren vor Erfindung der Notenlinien über den Text gesetzte Buchstaben oder Zeichen. Ein Zeichen, das etwas anzeigt, vielleicht sogar etwas Bestimmtes bedeutet, mag die ursprüngliche Bedeutung der »Note« überhaupt gewesen sein. »Nota« steht denn auch im Lateinischen für Zeichen, Kennzeichen oder Merkmal schlechthin; ein Zeichen, das man auch »notieren«, also aufschreiben kann, so man nur schreiben kann. Merkmale zu bemerken setzt geistiges Unterscheidungsvermögen voraus. »Erfahren«, »erkennen« buchstabierten die römischen Schüler bekanntlich »nosco, novi, notus«. Und genau das ist der Ursprung der »Note«. Die besondere und die eigene, die eine wie die andere setzen die Fähigkeit zu unterscheiden voraus. Wer das nicht versteht und noch schulpflichtig ist, müßte wohl mit einer enttäuschenden Note auf einem entsprechenden Zeugnis rechnen.

Die Null

Als »Null« bezeichnet zu werden ist keine Auszeichnung. Eine »Null« gilt als »Niete«. Vorzeiten waren die »Nieten« unter den Losen offenbar auch mit einer Null gekennzeichnet. »Dieses bunte Lotto des Lebens, worein so mancher seine Unschuld und - seinen Himmel setzt, einen Treffer zu haschen, und - Nullen sind der Auszug - am Ende war kein Treffer darin«, heißt es in Schillers »Räubern«. Ungültige Verträge sind »null und nichtig«; »das Jurament ist Null«, heißt es in »Wallensteins Lager«. Eine »Null« ist ein »Nichts«, und »0,0« heißt in Berlin »Null Komma nischt«. »Nullbock« nennt man die moderne Version der absichtsvollen Interesselosigkeit. Das Einerlei von »08/15« gehört allerdings in einen ganz anderen Zusammenhang; das 1908 im deutschen Heer eingeführte Maschinengewehr wurde 1915 verbessert. Im Landserjargon des Zweiten Weltkriegs wurde »08/15« zum Inbegriff der überalterten Massenware und des zum Überdruß Wiederholten. Die Ursache war die Knarre, nicht die »Null«.

»Nullen, tretend hinter eine Eins, würden Tausende zählen«, heißt es bei Friedrich Rückert. »Nullen« sind mithin nicht unbedeutend; aber für sich genommen, haben sie keinerlei Wert. Um so erstaunlicher ist deshalb der Lobgesang, den 1871 die »Schlesische Zeitung« auf besagte »Null« anstimmte: »Gibt es im Himmel goldene Kronen für die hehren Wohltäter der Menschheit, dann flimmert auf deinem Haupte, du herrlicher Null-Entdecker, das von Engeln aus Licht und Sternenglanz gegossene Diadem im Ruhmesschein; dann kreisest du mit denen, die der Menschheit das Beste vom Himmel heruntergeholt haben.« Ohne die sogenannten arabischen Ziffern sei der ungeheure Fortschritt der Zivilisation in den letzten Jahrhunderten, seien die stolzen Entdeckungen im Bereich der Natur und ihrer Geheimnisse nicht möglich gewesen. »Zwei Momente sind es, wodurch sie diese außerordentliche

Wirkung hervorbringen: das eine ist der Stellenwerth, das andere – die Null mit ihrer selbstlos bescheidenen Allmacht.«

Die »Null« ist eine mathematische Errungenschaft. Hunderte und Millionen unterscheiden sich kurioserweise allein durch die Zahl der Nullen, die, für sich genommen, gar nichts bedeuten. Das »Nichts« der »Null« geht letztlich auf ein lateinisches »nullum« zurück; aber paradoxerweise kannten die römischen Mathematiker gar keine »Null«. Diese haben die anscheinend begabteren Inder erfunden. Die indischen Zahlzeichen von 1 bis 9 dürften schon den Römern des sechsten nachchristlichen Jahrhunderts bekannt gewesen sein; allgemeiner Besitz des Abendlandes wurden sie aber erst um 1200 durch Vermittlung arabischer Gelehrter. Zugleich begann die abendländische Karriere der indischen Null, deren Zeichen, der Kreis, übernommen wurde. Die Inder nannten die »Null« »sunyam«, die Araber »as-sifr«, und beides bedeutete »Leere«. Aus der arabischen »cifr« entwickelte sich zunächst in den romanischen Sprachen »cifra«, im Deutschen die »Ziffer«. Die »Ziffer« war ursprünglich also die »Null« und nichts anderes. Die französisch vornehme »zero« der Croupiers beim Roulette geht wie die englische »zero« auf die alte »cifra« zurück.

Die »Null« gibt es im Deutschen erst seit Ende des 15. Jahrhunderts, und seitdem ging einiges durcheinander. Sobald die »Null« »Null« genannt wurde, verlor »Ziffer« die spezielle Bedeutung »Null« und wurde frei für die allgemeineren »Zahlzeichen«. Bis zu diesem Zeitpunkt wurden die »Ziffern« 1 bis 9 »Figuren« genannt. Auf den Britischen Inseln ist immer noch, wenn es um Daten und Fakten geht, von »facts and figures« die Rede. Im Deutschen wurden diese »Figuren« durch »Ziffern« abgelöst. Andere »Figuren« blieben erhalten.

»Arismetrica, der zale behende ausrichterin, hilfet da nicht mit irer rechnung, mit irer reitung mit iren behenden ziffern.«

Dieser Satz aus dem »Ackermann aus Böhmen« (um 1400) gilt gemeinhin als der erste Beleg für die »Ziffer« in ihrer neuen Bedeutung im Deutschen.

Die Sache wird noch komplizierter. Im 15./16. Jahrhundert wurden in Geheimschriften anstelle der Buchstaben »Ziffern«, also Zahlzeichen benutzt. Mit dem Ergebnis, daß die französische »Chiffre« im Deutschen die Bedeutung »Geheimzeichen« erhielt. Das ebenfalls französische »dechiffrieren« wurde 1771 von Wieland folgerichtig mit »entziffern« übersetzt. Von der ursprünglichen Bedeutung »Null« war schon lange keine Rede mehr.

Ostern

Im Jahre 1789, als die Franzosen die Bastille stürmten, tauchte in einem Schweizer Kinderlied der Osterhase auf. Deutsche Einwanderer haben das possierliche Tier in die Neue Welt verpflanzt. Dabei war Quäkern, Puritanern und Presbyterianern der Osterhase durchaus suspekt. Niemand ahnte, was der »Playboy« noch draus machen sollte.

Die Legende will wissen, daß Simon von Kyrene, der Christus das Kreuz tragen half, mit Eiern handelte und daß sich auf seinem Hühnerhof das Wunder der Auferstehung in bunten Eiern niederschlug. Seit dem 12. Jahrhundert wurden Ende der Fastenzeit Eier gesegnet wie andere Lebensmittel auch. Gefärbte Ostereier lassen sich in unseren Breiten aber erst für das 17. Jahrhundert nachweisen.

Osterbräuche sind heiter, steht doch der Frühling vor der Tür. Nach Ostern könne man ohne Schaden für die Gesundheit wieder barfuß gehen, hieß es einst im Bayerischen Wald. Was auf Abhärtung wie auf Schuhmangel schließen ließ. Der Frohsinn machte selbst vor der Kirche nicht halt. »Um diese Zeit pflegte man Ostermärlein und närrische Gedichte zu predigen, damit man die Leute, so in der Fasten durch ihre Buße betrübet und in der Marterwoche mit dem Herrn Christo Mitleiden getragen, durch solch ungereimtes und loses Geschwätz erfreut und wieder getröstet«, schrieb Johann Mathesius im 16. Jahrhundert. Die Gelehrten sprachen vom »risus paschalis«, vom österlichen Gelächter.

Zu Ostern feiert die Christenheit Christi Auferstehung. Das vom Kaiser Konstantin berufene Konzil zu Nicäa legte im Jahre 325 das Hauptfest des Kirchenjahres auf den ersten Sonntag nach dem Frühlingsvollmond. Seitdem liegt Ostern zwischen dem 22. März und dem 25. April. Demnach hat der Volksmund recht, wenn er behauptet: »Kommt Ostern nicht im März, kommt's im April.«

Die Bindung des Osterfestes an den Vollmond nach Frühlingsbeginn geht auf das jüdische Passahfest zurück; auch »pasca«, der Name für »Ostern« im Kirchenlatein, ist hebräischen Ursprungs. Ob »pâque« im Französischen oder »paschen« im Niederländischen, in den meisten europäischen Sprachen hat der Name des Osterfestes mit dem lateinischen »pasca« zu tun. Nur das Deutsche und das Englische fallen aus dem Rahmen. »Ostern« und »Easter« haben mit »pasca« sprachlich nichts zu tun.

»Ostern« ist Mehrzahl; die Einzahl taucht nur in Zusammensetzungen wie »Osterfest« und »Osterhase« auf. Das althochdeutsche »ostarun« hat von Süden ein norddeutsches »Paschen« verdrängt. Dieses »Paschen« ging natürlich auch auf das lateinische »pasca« zurück; es fand sich im Mittelalter nördlich einer Linie Trier-Halle-Magdeburg. Inzwischen ist das deutsche »Paschen« auf einen schmalen Streifen vom Niederrhein zur Nordsee längs der niederländischen Grenze zurückgedrängt worden.

Der erste, der den Ursprung des Wortes »Ostern« zu erläutern versuchte, war Beda Venerabilis, der große englische Historiker, der von 672 bis 735 lebte. »Ostern« wie das englische »Easter« gingen demnach auf den heidnischen Kult einer angelsächsischen Frühlingsgöttin »Eostrae« zurück. Ihr Symbol soll der Hase gewesen sein; was erklärte, daß ausgerechnet ein Hase durchs österliche Brauchtum hoppelt. Der angelsächsischen »Eostrae« hätte eine germanische »Ostara« entsprochen, die mit »Eos« und »Aurora« hätte verwandt sein können. Daß es sich bei Griechen und Römern um die Göttin der Morgenröte, bei den Germanen aber um die des Frühlings handelte, ließe sich erklären, haben doch alle mit dem Licht zu tun.

Daß das Christentum ältere, heidnische Kulte umfunktionierte, erscheint plausibel. Es ist auch nicht auszuschließen, daß »Ostern« und »Easter« auf den Namen dieser heidnischen Gottheit zurückgehen; aber sicher ist es nicht. Beda könnte allein vom Namen des Osterfestes auf jenen Frühlingskult geschlossen haben. Da hilft auch der Hase nicht weiter.

Neuerdings sucht man nach anderen Erklärungen. Im fränkischen Kirchenlatein findet man im Zusammenhang mit Ostern die Bezeichnung »albae paschales«. Die Getauften durchwachten mit der Gemeinde die Osternacht bis zum Frühgottesdienst. »Albae« stand für »Tagesgrauen«, und das althochdeutsche »ostarun« könnte die Lehnübersetzung der lateinischen »albae« sein. Fränkische Dolmetscher, die den Bekehrer der Angelsachsen Augustin begleiteten, hätten dieses Wort um 600 auf die Britischen Inseln gebracht. Beda hätte den Zusammenhang nicht durchschaut, und besagten Eostraekult hätte es womöglich gar nicht gegeben. Aber auch das ist nicht sicher.

Ob germanische Frühlingsgöttin oder lateinisches Morgengrauen, im einem wie im anderen Fall hätte »Ostern« mit dem Licht zu tun. So oder so wäre »Ostern« mit dem »Osten« verwandt, der Himmelsrichtung, aus der tagtäglich das Licht zu uns kommt. Man kann sich morgens überzeugen.

Mit Pauken und Trompeten

Man muß kein Musiker sein, um hin und wieder einmal kräftig »auf die Pauke zu hauen«. Auch amusische Mathematiklehrer können als »Pauker« gelten. Sogar zartfühlende Eheweiber mögen bei passender Gelegenheit ihrem Gemahl eine deftige »Standpauke« halten. Studenten, die nicht nur organisiert trinken, sondern sich auch noch schlagen, wissen selbstredend, was ein »Paukboden« ist. Die Zusammenhänge liegen schließlich auf der Hand; im Hintergrund steht allemal die Pauke, das Instrument, das weit ausholende Bewegungen verlangt. Der Pauke ist eine markige Lautstärke zu eigen, was sie sicher auch zur »Standpauke« in erzieherischer Absicht befähigt. Weil vor der Abschaffung der Prügelstrafe die Lehrer im Falle wiederholter Insubordination der Schüler diesen den Hosenboden bearbeiteten, als hätten sie es mit einer Pauke zu tun, mußten sie sich die unverblümte Bezeichnung »Hosen«- oder »Arschpauker« gefallen lassen. Wenn die Lehrer im undurchsichtigen Rotwelsch als »Bildhauer« bezeichnet werden, ist das nicht zartfühlender. Die »Bille« ist die Hinterbacke. Der »Steißtrommler« ist offenbar von derselben handgreiflichen Art.

Außerhalb des Orchesters werden »Pauke« und »Trommel« kaum unterschieden. Beim Schimpfen schon gar nicht. Die »Pauke«, inzwischen in der Tonhöhe verstellbar, ist nicht als konzerttaugliche Maschinen-, Pedal- oder Drehkesselpauke auf die Welt gekommen. Die in der Lutherbibel mehrfach erwähnte »Pauke« wurde den oberdeutschen Stämmen als »trummen« erläutert. Die »decke Trumm« ist die landläufige »Trommel« in einer besonders großen Ausführung; jeder im rheinischen Straßenkarneval bewanderte Jeck weiß die »dekke Trumm« zu malträtieren.

Mit »Pauken und Trompeten« wird getrommelt und gepfiffen. Im Mittelalter waren die Trommler und die Pfeiffer in derselben Zunft organisiert; sie traten schließlich auch gemeinsam auf. Der Ursprung des Worts »Pauke« ist ungeklärt und umstritten. Manch einer hat bei der mittelhochdeutschen »puke« oder »buke« allzu vordergründig an den gespannten Bauch gedacht. Zu weiterführenden Einsichten hat das allerdings nicht geführt.

»Und horch, da klangen von ferne
dunkel die Pauken heran.«

Bei der Pauke ist einiges dunkel. »Die Pauken der alten Morgenländer«, verrät das auch in diesem Zusammenhang überaus empfehlenswerte Grimmsche Wörterbuch, »bestanden aus halben hohlen Kugeln von Ertz, die hinten Handhaben oder Rinken hatten, die Finger hineinzustecken und dann die hohlen Enden aneinander zu schlagen.« Diese Pauke wurde also schon im Stehen bedient. »Na, dann sei mir Gott gnädig, der Pastor wird mir eine schöne Pauke halten.« Das dürfte dann wohl die »Standpauke« sein; wobei nicht gesagt ist, daß der Paukant, der Pastor in diesem Fall, besonders musikalisch oder auch nur taktfest sein müßte. Aber energisch müßte er schon sein.

»Der Tambour zieht voran,
er schaut nicht um
und schlägt die Trumm.«
(Johann Peter Hebel, 1760–1826)

Wahrscheinlich schon des Reimes wegen. Trommel und Pauke gehören zu den Haupt- und Staatsaktionen, also zum Militär und vorzeiten auch zu den Exekutionen.

»Hör ich die kupfernen Drummeln sich regen,
wenn sich die Kleppel der Pauken bewegen,
wallt mein Gemüte, die Augen entbrennen.«

So dichtete Andreas Gryphius. Mit Trommelwirbel wurden die Söldner gelockt und geworben. Hieße es sonst bei Hans Sachs:

»Wo sich ein drummel rühret laut,
so lauffen tzu die lantzknecht gleich.«

Oder bei Ludwig Uhland:

»Mit Trommelwirbel, Trommetenschall,
so zieht das Heer zum Sturme.«

Wer der Trommel folgte, zog zu den Soldaten. Wer bei der Wahrheit stand wie der Has' bei der Pauke, mußte leicht in die Flucht zu schlagen sein.

Das Pferd

»Das Pferd heißt Pferd, weil es fährt.« Die so kalauern, ahnen nicht, wie nahe sie der Wahrheit sind; auch wenn es ganze Reitervereinigungen aus dem Sattel heben sollte. Selbst im Vergleich zu den eher übel beleumdeten »Gäulen« und »Mähren« ist das »Pferd« von noch peinlicherer Abstammung. Im krassen Gegensatz zum »hochtrabenden« Selbstverständnis mancher Reitersleute stammt das »Pferd« aus dem Stall einer abgelegenen spätrömischen Poststation. Unser »Pferd« verdanken wir einem Karrengaul im überregionalen Personennahverkehr der römischen Provinz. Ohne ein ausgebautes Postkutschen-Wegenetz wären wir vermutlich nicht auf unser »Pferd« gekommen. Man sollte es nicht für möglich halten.

»Und man brachte dem Salomo Pferde aus Ägypten und allerlei Ware, und die Kaufleute des Königs kauften die Ware«, liest man im Alten Testament. Dem großen König Salomo offerierte man keine Kleinigkeiten. Pferde waren begehrt. »Ein Pferd! Ein Pferd! Mein Königreich für'n Pferd!« rief Shakespeares dritter Richard in der Not. Allah hat das Pferd aus dem Wind geschaffen. Poseidon fährt in Pferdegestalt empor, die Menschen in sein Reich zu holen. Tacitus hat beschrieben, daß das Schnaufen und Wiehern der Pferde ein zuverlässiges Zeichen zur Deutung der Zukunft sei. Und wenn die Spanier das Pferd nicht in die Neue Welt verschifft hätten, wäre uns Winnetou als Fußgänger in Erinnerung.

»Nur wenige Völkerschaften würdigen das Pferd, wie es gewürdigt zu werden verdient«, konnte man einst in Brehms »Tierleben« lesen. »Unter ihnen stehen die Araber, Türken und Perser obenan; dann folgen die Engländer und Spanier, hernach erst die Deutschen, Italiener, Portugiesen und Dänen.« Ob der gute alte Brehm den »Pferdefuß« kannte, wie nämlich das Pferd zu seinem deutschen Namen kam? Was die Sprachwissenschaftler ein Mischwort nennen, stellt sich bei näherem Hinsehen als eine krude Promenadenmischung heraus. Die Germanen waren aufs »Roß«, auf den »Gaul«, die »Mähre«, auf »Hengst« und »Stute«, auf »Schimmel« und »Rappen«, aber nicht aufs »Pferd« gekommen. Das »Pferd« taugte überhaupt nicht zum Reiten. Das »Pferd« entstammt dem frühen Mittellatein, kurioserweise um eine pseudogriechische Vorsilbe bereichert. Das fremdsprachliche »Pferd« trabt seit dem 8. Jahrhundert durch die deutschen Lande. Die Völkerwanderung hatte ohnehin schon eine ganze Menge durcheinandergebracht.

Das »Pferd« ist Produkt des öffentlichen Personennahverkehrs. »Reda« hieß in fernen Zeiten der vierrädrige Reisewagen bei den römischen Postbetrieben. »Veredus« nannte man den Vierbeiner, der diesen Reisekarren zog. Auf den Magistralen jedenfalls, auf den verkehrsreichen Strecken zwischen den Zentren des Handels und der Macht. Wie heute bei der Bundesbahn gab es aber auch schon damals abgelegene

Nebenlinien mit geringem Verkehrsaufkommen und bescheidener Rendite. Wahrscheinlich waren diese spätrömischen Nebenlinien auch schon von der Stillegung bedroht. Entsprechend heruntergekommen dürften der Fuhr- und auch der Pferdepark gewesen sein. Jedenfalls gab es für die auf den Nebenlinien eingesetzten Gäule der Post erstaunlicherweise eine eigene, wahrscheinlich leicht abwertende Bezeichnung. Nicht »veredus«, sondern »para-veredus« wurden besagte Nebenlinien-Zugtiere genannt.

Ausgerechnet diesen wunderlichen Postnebenlinien-Zugtieren verdanken wir unser hochgemutes deutsches »Pferd«. Beim Nebenlinienpersonal wurde ohnehin kaum passables Latein gesprochen; man befand sich schließlich in der Provinz. In fränkischen Postkutscherkreisen verschliß sich das amtliche »paraveredus« aus dem Kursbuch sehr schnell über »parifrit« und »pharit« zu »pfert«.

Im nachhinein ist allerdings bemerkenswert, wie schnell diese Postgäule ihren wenig respektablen Stallgeruch verloren haben. »Ein barfuoz pfäret daz muose tragen eine frouwen«, heißt es im »Parzival«; »ein unbeschlagen Pferd muß eine Herrin tragen«. Von Zugtier und von Nebenstrecken ist da keine Rede mehr. Erec befahl, ihm das »Streitroß« und Enite das »Reitpferd« zu satteln. Und allein für die Beschreibung dieses »Pferdes« brauchte Hartmann von Aue fast 500 Verse. Das war, die Reiter werden es erleichtert zur Kenntnis nehmen, keine Kleinigkeit mehr. Der in jenen höfischen Tagen besonders geschätzte, des Paßgangs fähige »Zelter« heißt im Französischen immer noch »palefroi«; eine nur dem Kundigen verständliche Erinnerung an »parifrit« und »paraveredus« im postalischen Nebenlinieneinsatz. Zum Wiehern, nicht wahr.

Pfingsten

Zu Pfingsten feiert die Christenheit die Ausgießung des Heiligen Geistes über Apostel und Jünger und damit, wie es heißt, den Geburtstag der ersten Christengemeinde. »Und als der Tag der Pfingsten erfüllet war, waren sie alle einmütig bey einander. Und es geschach schnelle ein Brausen vom Himel, als eines gewaltigen Windes, und erfüllet das gantze Haus, da sie sassen. Und man sahe an inen die Zungen zerteilet, als weren sie fewrig. Und er satzte sich auff einen jeglichen unter inen, und wurden alle vol des heiligen Geists.« So lautet das Pfingstwunder der Apostelgeschichte in der Übersetzung Martin Luthers.

Der »Tag der Pfingsten« ist eine seltsame Formulierung. An anderer Stelle verzichtete Luther auf den Artikel und schrieb »auff Pfingsten« oder »nach Pfingsten«, und diese Übung hat sich durchgesetzt. Grammatisch ist »Pfingsten« ein erstarrter Dativ Plural wie »Ostern« und »Weihnachten«. Ein einzelner »Pfingst« kommt allem Anschein nach auch gar nicht vor. Überhaupt scheint es zu »Pfingsten« keine verwandten Wörter zu geben. Es sei denn, der bayerische »Pfinztag« gehörte hierher, den andere Stämme »Donnerstag« nennen.

Für den Christen stehen »Ostern« und »Pfingsten« in einem heilsgeschichtlichen Zusammenhang. Dieser taucht im Begriff »Pfingsten« allerdings nicht auf. Im Sinne des Kalenders gehören »Ostern« wie »Pfingsten« zu den beweglichen Festen; aber »Pfingsten« steht zu »Ostern« in einem festen Zusammenhang. Die Ausgießung des Heiligen Geistes zu »Pfingsten« findet sieben Wochen nach der Auferstehung zu »Ostern« statt. »Pfingsten« fällt auf den 50. Tag nach Ostern. Und nichts anderes sagt das Wort »Pfingsten«, wenn man den Ursprung im Griechischen sucht.

»Pentekoste hemera« oder kurz »pentekoste«, »der fünfzigste Tag«, nach Ostern nämlich, hieß das Fest im Griechischen.

Als sich der Gote Ulfilas an die Übersetzung der Bibel machte, stieß er auf dieses »pentekoste« und ließ es unverändert. Ulfilas schrieb »paintekoste«, und dieses Wort dürfte schon im 6. Jahrhundert von gotisch-arianischen Missionaren die Donau hinauf- und den Rhein hinabgetragen worden sein. Wie beispielsweise auch »Pfaffe«, »Samstag«, »Teufel« und »taufen«. Das griechische »pentekoste« ist zwar nahezu unverändert als »pentecoste« ins Kirchenlatein eingegangen, und deshalb sagen die Engländer heute noch »Pentekost«. Wir Deutschen dürften »Pfingsten« früher aus der griechischen Kirchensprache übernommen haben; ansonsten hätte es die zweite Lautverschiebung nicht mitgemacht und hieße auch im Hochdeutschen noch »Pingsten«.

Das Pfingstfest hatte im Germanischen anscheinend kein Vorbild, so daß der Name »pentekoste« einfach übernommen wurde; die Frage nach der Bedeutung ist anscheinend nicht gestellt worden. Aus dem frühen 9. Jahrhundert ist allerdings die alemannische Schreibung »fona fimfchustim« überliefert, die vermuten läßt, daß der gelehrte Schreiber zumindest einen Wortbestandteil erkannt und deshalb »pente« mit »fimf« gleich »fünf« übersetzt hat. Der bayerische »Pfinztag« ist tatsächlich der fünfte Wochentag; der wie »Pfingsten« griechischer Herkunft ist. Außerhalb Bayerns bemühen wir bekanntlich Thor, den germanischen Donnergott, und sprechen vom »Donnerstag«.

Die fünfzig Tage von Ostern bis Pfingsten galten der Kirche von alters her als Zeit der Freude. Nach dem Volksglauben war in dieser Zeit das Höllentor geschlossen, und die Himmelstore waren weit geöffnet, so daß die Seelen mühelos in den Himmel fliegen konnten. Also mußte ein guter Mensch gewesen sein, wer zwischen Ostern und Pfingsten starb.

Eine Fülle von pfingstlichen Volksbräuchen und Redensarten orientiert sich weniger am Heiligen Geist als vielmehr an der Jahreszeit. »Uns hat die schöne Sommerzeit zum Pfingstbier eingeladen«, heißt es bei Voss. »Bis Pfingsten laß den Pelz nicht fahren, nach Pfingsten ist' gut, ihn zu bewahren.« – »Wenn Pfingsten die Böcke auf dem Eise tanzen« ist eine fröhliche Umschreibung für den »Sankt-Nimmerleins-Tag«. »Der bezahlt zu Pfingsten auf dem Eise«, hieß es schon in der »Narrenbeschwörung« des Thomas Murner, die zuerst 1512 erschien.

Der »Pfingstkönig« war der Schützenkönig beim Pfingstschießen, der »Pfingstmeister« der Sieger beim Pfingstreiten in Schwaben und der »Pfingstlümmel« der Unterlegene. Den »Pfingstochsen« gab es auch; er wurde an vielen Orten, reich mit Bändern und Kränzen behangen, durchs Dorf geführt, und an seinen Hörnern wurden zusätzlich bunte Taschentücher befestigt. »Aufgeputzt wie ein Pfingstochse« ist also ein direkter Hinweis auf die übertriebene und nicht eben sonderlich geschmackvolle Gewandung. Im übrigen wurde der Pfingstochse zum Feste geschlachtet.

Das Picknick

Gebrauchspoeten komponieren nicht selten nach dem Motto: »Reim dich, oder ich fress' dich«; Köche können das auch: Tuttifrutti, Risi-Pisi, Pêlemêle, das große Durcheinander. Auch das französische »pique-nique« gehört mit einiger Sicherheit hierher. Wiewohl gerade beim Picknick auf übertriebenen Küchenbetrieb verzichtet werden kann; hätte man sonst 1770 in Hamburg das folgende zu Papier bringen können: »Neulich war hier in einem gewissen öffentlichen Hause ein Pickenick. Der Koch, der die Speisen zurichten sollte, ward unvermuthet krank«? Das Picknick hat offenbar dessenungeachtet stattgefunden.

Ein Picknick lebt von der Improvisation und dem Verzicht auf Etikette; es findet vorzugsweise im Freien und hier wiederum auf einer Decke im Grase statt. »So wollen wir bald wieder einen Piknik geben«, schrieb Schiller an Goethe, als bedürfe es des Beweises, daß auch die gebildeten Stände derlei rustikalen Lustbarkeiten nicht entsagten. Goethe setzte dies voraus, als er – laut Riemer – an Meyer schrieb: »Jede Zeitepoche, und so auch die unsrige, läßt sich mit einem Pikenik vergleichen, wozu jeder das Seinige beitragen möchte.«

Hier wird offensichtlich auf die ursprüngliche Sitte angespielt, daß zum Picknick ein jeder nach Maßgabe der eigenen Speisekammer beizutragen hatte. Will sagen, ein jeder steuerte Eßbares bei, und so begann der Spaß mit der überraschenden Feststellung, daß man mit dieser oder jener Zutat nun wirklich nicht gerechnet hatte. So konnte der Kartoffelsalat unvermittelt neben die rote Grütze geraten.

Zu einem richtigen Picknick gehört das kunterbunte Durcheinander. Hätte ein Jean Paul sonst schreiben können: »Es ist mit den deutschen Köpfen wie mit den deutschen Gesichtern; an keiner Wirthtafel sitzt ein solches physiognomisches Pikkenick und Allerlei, als an einer deutschen«?

Das bei Jean Paul wie bei Goethe geläufige »Pickenick« läßt den Schluß zu, daß wir das ländlich-sittliche Vergnügen dem französischen »pique-nique«, weniger dem englischen »picnic« verdanken. Letzteres meint zwar dasselbe, wurde aber ebenfalls aus Frankreich importiert. Was für die internationale Beliebtheit dieser Veranstaltung spricht. Im Slang der Amerikaner ist »picnic« das Erfreuliche schlechthin; »no picnic« dagegen ist ein ernster Fall; kein Zuckerschlecken, wie wir sagen.

»Pique-nique« reimt sich, und dies dürfte am Ende wichtiger sein als die präzise Bedeutung. Ob hinter dem zweiten Wortbestandteil »-nique« der aus dem »Pumpernickel« bekannte Schlingel steckt, wäre zu untersuchen. »Faire la nique« heißt »jemandem die kalte Schulter zeigen«; dergleichen ist beim Picknick kaum vorgesehen. »Pique-« könnte mit dem Verb

»piquer« zusammenhängen, mit »stechen«, »pieken«, auch im Sinne des »Zusammenpickens«. Auch mit der »Picke« läßt sich einiges »aufgabeln«. »Piquer les tables« heißt überraschenderweise »herumschmarotzen«; dergleichen ist beim Picknick immerhin möglich.

»Pieke«, »Picke« oder »Pickel« kommen im Deutschen im Militärmuseum, bei den Bergsteigern oder aber in der Werkzeugkiste vor. »Von der Pieke auf« bezieht sich entweder auf die Fron der Lehrjahre oder der Soldatenlaufbahn. »Auf jemanden einen Pick zu haben« verdeutlicht den Wandel von der Waffe zum Groll, mit der man jene führt. Wer sich durch »Pieksereien« seiner Umwelt getroffen fühlt, zeigt sich »pikiert«. Immer ist derselbe spitze Gegenstand im Spiel. Was wir mit französischem Akzent »pikant« nennen, war ursprünglich »stachelnd« oder »stichelnd«; inzwischen ist es »reizend« bis »gewagt«, wenn nicht gar »gepfeffert«.

»Ach ich merke, Freund, du möchtest
gern pikant dein süß Gedicht;
aber in der Pfeffermühle
mahlt man keinen Zucker nicht.«

Reimte Mörike und bringt uns damit zurück zum kunterbunt kulinarischen Durcheinander des Picknicks im Grünen. Wer auf dem Rasen zu lagern beabsichtigt, kommt nicht »piekfein« daher. Das nimmt nicht wunder; denn dieses »piekfein« hat ausnahmsweise nichts mit der spitzen Pieke oder Picke zu tun. Dem »piek-« entsprach ein niederdeutsches langes »puk-«, das mit »pflücken« zu tun haben könnte. »Piekfein« meinte demnach das »Ausgesuchte« und im betonten Sinn »Erlesene«; »piek-« oder »pukfein« war eine Güteklasse im hansischen Handel. Also Handelsklasse A für die »fürnehmen Stände« mit spitzem »st«.

Der Pumpernickel

Es wird deftig und drastisch; schließlich handelt es sich beim Pumpernickel um eine westfälische Spezialität. Um das dunkle, süßliche Roggenschrotbrot, das nach Butter, Schinken und von Rechts wegen auch nach einem Klaren verlangt. Das Wort »Pumpernickel« ist wahrscheinlich älter als das Brot, das spätestens seit 1628 so genannt wird. Das war im Dreißigjährigen Krieg, als Wallenstein Herzog von Mecklenburg wurde und ihm der aus den Kreuzworträtseln bekannte Seni das Horoskop stellte. Ob Sterngucker Seni den Pumpernickel schätzte, müßte man die Sterne fragen.

Auf den ersten Blick muß es bedenklich stimmen, daß sich im Lebensmittel »Pumpernickel« ein Schwermetall versteckt. Bevor jedoch die Bäckerinnung protestiert, müssen wir zur Kenntnis nehmen, daß unser »Nickel« von Hause aus ein Schelt- und Schimpfwort ist. Auch im »Pumpernickel«. Die Bergknappen, die vorzeiten nach wertvollen Erzen schürften, fühlten sich von Kobolden und Berggeistern an der Nase herumgeführt, wenn sich das vermeintlich wertvolle Erz bei näherem Hinsehen als scheinbar minderwertiges Gestein herausstellte. Der Vorwurf, genasführt worden zu sein, blieb an den Mineralien hängen. Hinter dem »Kobalt« steckt ein »Kobold«; den tatsächlichen Wert des Kobalts hat man erst sehr viel später entdeckt. »Wolfram« meint »Wolfsruß«; auch hier fühlte sich der Namensgeber von finsteren Mächten an der Nase herumgeführt. Das Erz, das wie Kupfer aussah, aber keines war, nannte man »Kupfernickel«; weil ein »Nickel«, ein »Schlingel«, dahinterstecken mußte, der den Knappen aus Schabernack das Pseudokupfer untergejubelt hatte. Heute heißt der »Kupfernickel« nur noch »Nickel«, gilt aber als wertvoll.

Daß auch hinter diesem »Nickel« letztendlich der »Nikolaus« steht – die Heiligen seien uns gnädig –, ist eine andere

Geschichte. Unbeeindruckt wenden wir uns dem anrüchigen »Pumper« zu. Wir landen hier im womöglich lautmalerischen Bereich der Kinderstube. »Pupen«, »pumpen« oder »pumpern« ist eine freundliche Umschreibung für das ungebremste Entfleuchen der Leibeswinde. Der »Pumper« wär' mithin jener Wind, der anderwärts als »Furz« bezeichnet wird. Luther sprach vom »bompart«. »Crepitus ventris« ist die Blähung oder Leibesexplosion.

Der »Pumpernickel« führt ins Allzumenschliche. Hinter ihm steckt ein fremder Schlingel, der für die eigenen Blähungen verantwortlich gemacht wird, für den »Pumper«, den »Pumpf« oder auch gleich mehrere, je nachdem. Die Schwerverdaulichkeit und eine genaue Beobachtungsgabe könnten dem schwarzen süßlichen Brot zu seinem Namen verholfen haben. Der »Pumpf« war übrigens auch unabhängig von der Brotspezialität aus Westfalen eine abschätzige Bemerkung über die jungen Leute, die zwar den Mund schon voll nehmen, aber noch keinen kräftigen »Pumpf« zuwege bringen. Erst gegen 1920 ist der »Pumpf« durch den geruchfreieren »Pimpf« ersetzt und in die wohlanständige deutsche Jugendbewegung verpflanzt worden. Der alte Hintersinn lebt unverdrossen in einem Vers, den Marburger Studenten vor rund einhundert Jahren fahren ließen:

> »Leis, wie Zephyrs Geflüster, entschlüpft dem Fräulein der Teepimpf;
> aber mit Boreas Wucht entfährt dem Jüngling der Bierpumpf.«

Ein Schuft, der Böses dabei denkt.

Der Schmuggel

Einem Schmuggler liegt nichts am Mondenschein. Schmuggler lieben aus naheliegenden Gründen die Finsternis. Im Gegenzug werden Zöllner mit Taschenlampen ausgerüstet. »Zeitweise wurden an der deutschen Westgrenze Kinderbanden zum Kaffeeschmuggel eingesetzt«, schreibt der Brockhaus, und man spürt die Mißbilligung. Angelsächsische Lexika wirken gelassener: »Das Schmuggeln ist wahrscheinlich so alt wie die erste Steuer oder Handelsbeschränkung.« Die hohe Zeit der Schmuggler, so erfährt man, sei das 18. Jahrhundert gewesen. Die nach England geschmuggelten Mengen an Tee, Tabak, Seide, Gewürzen und Alkoholika waren größer als die legal eingeführten. In Frankreich lieferten das Tabakmonopol und die ungewöhnlich hohe Salzsteuer den Schmugglern den Vorwand. Versuche der chinesischen Obrigkeit, den Opiumschmuggel zu stoppen, führten zum Opiumkrieg. Zölle und Handelssperren beflügelten die Schmuggler zwischen Gibraltar und Spanien, zwischen Goa und Indien. In Indien wurde wegen unterschiedlicher Steuersätze zwischen den einzelnen Landesteilen Salz hin und her geschmuggelt. Als die Prohibition die Vereinigten Staaten auszutrocknen drohte, steuerten ganze Flotten von Schmugglerschiffen aus Europa und der Karibik den verdurstenden Kontinent an.

Mancher sieht im Schmuggel die Selbsthilfe Findiger gegen staatliche Handelshemmnisse. »Das war der ganze Nutzen der berühmten Getreidesperre; die gegen arme Nachbarn unnöthig, gegen reichere aber ebenso vergeblich ist wie die Wachsamkeit der Engländer gegen die Schmuggler«, schrieb Justus Möser um 1775 in seinen »Patriotischen Phantasien«. Der Historiker Heinrich von Treitschke (1834–1896) befand: »Die junge Industrie des Erzgebirges sah sich bald ... auf den Schmuggel nach Österreich angewiesen, und die Geschäftsleute der alten Schule fanden diesen Schleichhandel segensreich.« Darüber hinaus hat der Schmuggel aber auch eine kriminelle Seite. Nicht einmal die Abschaffung sämtlicher Zölle und Zollkontrollen würde den weltweiten Waffen- und Rauschgiftschmuggel unterbinden.

Vom »Schleichhandel« schrieb Treitschke. Schleichend zur Nacht schleppten Schmuggler zollpflichtige Güter am Schlagbaum vorbei. Bald auch im übertragenen Sinne. Turnvater Jahn setzte sich mit einem Nachdruck, der zeitgenössische Sportreporter verwirren müßte, für die deutsche Sprache ein: »Arge Wortschnüffler und Schleichwarenriecher witterten hier gleich verbotenen Smuggel, und verdammten das echtdeutsche Turnen geradezu als französisches Erzeugnis.« Daß Jahn beim vermeintlich urdeutschen Ursprung des »Turnens« auf dem Holzwege war, mindert keinesfalls die Prägnanz der »Wortschnüffler« und »Schleichwarenriecher«, die den verbotenen »Smuggel« zu wittern meinten.

Die Schreibweise »Smuggel« gibt einen Hinweis; der »Schmuggel« ist niederdeutsch und offenbar nordseewassergetauft. »Schmuggeln« sei ein Seemannswort der germanischen Nordseevölker, urteilen die Sprachhistoriker. Erst im 17. Jahrhundert taucht das Wort im deutschen Norden auf. Im äußersten Süden schaffte man ebenfalls Waren heimlich über die Grenzen und sprach vom »Schwärzen«, was das »Schwarzschlachten« und die »Schwarzarbeit« in neuem Licht erscheinen läßt. Der »Tobackschwarzer« war Schmuggler, auf Tabak spezialisiert. Im Südwesten sprachen die Kundigen vom »Paschen«, das Adelung 1777 mit »auf verbothene Art handeln, schwärzen, smuggeln« gleichsetzte. Goethe muß den Zusammenhang gekannt haben; ruft Mephisto doch nach der Entführung von Fausts Seele durch die Engel:

»Mir ist ein großer, einziger Schatz entwendet:
Die hohe Seele, die sich mir verpfändet,
Die haben sie mir pfiffig weggepascht.«

Das »Schmuggeln« stammt aus dem Norden. Erstaunlicherweise ist das Zollvergehen mit »schmiegen« und »schmücken« verwandt. »Schmiegen« bedeutete zunächst »sich in etwas eng Umschließendes drücken«, in ein Hemd beispielsweise, das im Althochdeutschen deshalb »smocko« hieß. Luthers oberdeutschen Zeitgenossen mußte »schmücken« noch als »zieren, aufmotzen, herrlich machen und köstlich kleiden« erläutert werden; »schmücken« im Sinne von »schmiegen« kannten sie von Hause aus. Die Schmuggler nahmen auf derlei Zusammenhänge keine Rücksicht; aber schmiegsam und geschmeidig mußten sie sich schon bewegen.

Der plattdeutsche Satz »De junge lüe hebben smukkeld« erläutert einen möglichen Zusammenhang. Sie haben sich, wie man so sagte, vor der Hochzeit miteinander eingelassen. Weil sie sich schmiegten oder heimlich wie die Schmuggler zueinanderschlichen oder gleich beides auf einmal.

Der Spekulatius

Man nehme zunächst einmal ein Wörterbuch: »Spekulation« ... »Spekulationsgeschäft« ... »Spekulationsgewinn« ... »Spekulatius« ... »spekulativ«. Der »Spekulatius« verkrümelt sich im Spekulativen. Andererseits ist er zumal im Dezember von so unbestreitbar würzig duftender Realität, daß es beim Zubeißen nicht selten kracht. »Butterspekulatius« steht in den Schaufenstern zu lesen, was nach Ausweis meines Wörterbuchs eine überflüssige Mitteilung sein müßte, da der Spekulatius ohnehin ein Buttergebäck sein sollte. Aber vielleicht hat die Bäckerinnung inzwischen eine mindere Margarinevariante im Angebot. Unter Umständen machen die Bäcker mit einem solchen Margarine-Spekulatius Spekulationsgewinne auf die Ahnungslosigkeit des Publikums.

»Spekulatius: lateinisch-romanisch-niederländisch – Mürbegebäck mit Gewürzen in Figurenform«, vermeldet das Wörterbuch. Lateinisch, romanisch und niederländisch, das muß eine tolle Mischung sein. Anders als im Duden steckt der Spekulatius im etymologischen Wörterbuch nicht im Spekulativen, sondern hinter dem »Spiegel«. Aber hinter diesem steckt wiederum ein römisches »speculum«, nicht weit entfernt von der allgemeinen »Spekulation«.

Was könnte das weihnachtliche Gebäck mit dem Spiegel zu tun haben, fragt man sich. Sollte es damit zusammenhängen, daß im Gebäck die Figur der Model spiegelbildlich wiederkehrt? Wurde denn in der Backstube Latein gesprochen? Möglicherweise Küchenlatein? Der Spekulatius hat unstreitig etwas mit der Adventszeit zu tun, vielleicht sogar mit dem Nikolaus. Diesen nennen unsere niederländischen Nachbarn auch »Speculator«, weil er freundlich durch die Fenster schaut, um gegebenenfalls den Armen unter die Arme zu greifen. In den Niederlanden haben dem Anschein nach nicht einmal die Reichen Gardinen vor den Fenstern, so daß der Speculator-Nikolaus es hier besonders leicht haben müßte. Was, wenn der Nikolaus als Gabe den »Speculatoren-Spekulatius« mitbrächte? Um die Verwirrung zu komplettieren, sei angeführt, daß die niederländische Sprachwissenschaft in »speculas« eine Scherzform für »speculatie«, das »Vergnügen«, sieht.

So paßt im Grunde alles zusammen: die Spiegelform, das Vergnügen und der Speculator-Nikolaus. Genaueres weiß man allerdings nicht. Dies wiederum könnte damit zusammenhängen, daß es sich beim Spekulatius – ungeachtet der Nachbarschaft zum Spekulativen – allein und ausschließlich um eine pragmatische Erfahrung handelt und nicht um ein Problem hintergründiger theoretischer Besinnung. Also nehme man dann besser doch kein Wörterbuch und auch kein Lexikon, sondern Zimt, Kakao, Kardamom und Nelken, geriebene Mandeln, Butter natürlich und die abgeriebene Schale einer Zitrone. Die alten Formen, die Spekulatiusmodeln, werden bemehlt, jawohl, bemehlt in den Teig gedrückt. Die Spekulatiusspezialisten empfehlen eine Backzeit von fünfzehn Minuten bei einer Ofenhitze von 200 Grad.

Der Spiegel

»Was half's? Naziß, der Starrkopf blieb
bei seinen sieben Sinnen,
und lief wie ein gejagter Dieb,
sein Gucken zu beginnen,
sobald die liebe Sonne schien,
zum Spiegel seiner Quelle.«
(Ludwig Heinrich Christoph Hölty, 1748–1776)

So atemberaubend wie alltäglich; im Spiegel und nur im Spiegel sieht man sich selbst. Narziß verliebte sich in das eigene Bild, und andere merken beim Blick in den Spiegel, wie die Jahre vergehen.

»Du bist ja alt, Anakreon,
sieh her! Du kannst den Spiegel fragen,
sieh, deine Haare schwinden schon.«
(Gotthold Ephraim Lessing, 1729–1781)

Den Mächtigen hielten einst die Narren den unbestechlichen Spiegel vor, was nicht ohne Folgen blieb. Für die Narren und für die Mächtigen nicht. Eulenspiegel lebt immer noch. Sich selbst im Spiegel von Angesicht zu Angesicht zu begegnen war ein unerhörter Vorgang. Man kam gleich zweimal vor, als Subjekt und als dessen Spiegelbild. Bei der Rasur am frühen Morgen wird man sich des Tiefsinns nicht bewußt; aber unsere Ahnen hat sehr wohl beschäftigt, wie wirklich denn das Bild im Spiegel sei. »Freilich ist das Bild von mir im Spiegel nichts als eine leere Vorstellung von mir, weil es nur das von mir hat, wovon Lichtstrahlen auf seine Fläche fallen«, wußte der aufgeklärte Lessing. Trotzdem blieb die Frage: Was war echt und was nur »Spiegelei«? Kann man anderen, womöglich sogar sich selbst, etwas vorspiegeln, das so nicht oder überhaupt nicht ist? Masken überall und nichts dahinter? Spiegel, die sich in sich selber spiegeln. Das müßte unheimlich sein.

»Wenn man nachts in den Spiegel sieht, so guckt der Teufel heraus.« Man hat die Spiegel verhängt, wenn es ans Sterben ging. Es hieß, daß der Spiegel die Seele festhalte. Was am hellichten Tage niemanden hinderte, immer wieder hineinzuschauen.

»Ein Spiegel ist ein köstlich Ding,
wie Junggeselln und Jungfern wissen.«
(Magnus Gottfried Lichtwer, 1719–1783)

Daß sich insonderheit die Jungfern mit dem Spiegel beschäftigen, hängt mit der Eitelkeit, der Schönheit und den Möglichkeiten von Schminken und Tinkturen zusammen. »Die bringen den ganzen Tag vor dem Spiegel zu«, pflegte man den putzsüchtigen Frauenzimmern nachzusagen. So weit sei es gekommen, »daß manche sogar in ihre Bücher, welche sie in die Kirche tragen zum Beten, Spiegel haben einbinden lassen«. Was Wunder, daß der Spiegel zum Sinnbild der kurzsichtigen Eitelkeit wurde. Die Eitelkeit der Frauen wie der Männer dürfte auch die Voraussetzung dafür sein, daß man sich nach einer lautstarken Auseinandersetzung den abschließenden Bescheid anhören muß, das könne man sich ruhig »hinter den Spiegel« stecken.

»Den Kalender, Lottchen ... lange mir ihn doch nur her; er steckt hinter dem Spiegel.«
(Gotthold Ephraim Lessing, 1729–1781)

Wie alles, das man nicht vergessen wollte. Schließlich blickte man in den Spiegel häufiger als an jeden anderen Ort. »Also sind die Zehn Gebote ein Spiegel, darin wir sehen, was wir für Leut sein«, schreibt Luther. Der Spiegel sollte hier das Musterhafte zeigen. Der »Spiegel« wurde zum lehrhaften Buch; wir kennen den »Sachsenspiegel«, das Rechtsbuch, den »Schwabenspiegel« und so manchen »Ritterspiegel«.

Bei diesen vielfältigen Spiegelungen macht die Simplizität der sprachlichen Herkunft staunen. Hinter unserem Spiegel steckt nichts anderes als die lateinische Ausgabe, genannt »speculum«. Hinter diesem wiederum das Verb »specio, spexi, spectum«, das unserem »spähen« entspricht, dem betonten »Ins-Auge-Fassen«. Unserem Verb »sehen« entspricht »sequi«, »folgen«, nämlich mit den Augen. Das »genauere Hinsehen« hat es in sich, nicht nur beim Spähen in den Spiegel: »prospicere« – nach vorne schauen, dem wir den »Prospekt« verdanken; »suspicere« – von unten nach oben schauen, etwas ist »suspekt«, verdächtig also; »despicere« – von oben herabschauen, verächtlich also oder »despektierlich«. »Spectare« – damit hängt das »Spektakel« zusammen; »speculari« – das Spekulative. Die »Spezies«, das »Spezielle«, womöglich gar der »Spekulatius«, sie alle sind vom selben Stamm, an dem der »Spiegel« hängt.

In sprachlicher Hinsicht ist unser »Spiegel« römischer Import; unsere germanischen Ahnen haben das Wort weiter nach Norden transportiert, sprachlich gesehen. Die Briten übernahmen den französischen »miroir« und haben seitdem den »mirror« im Haus. So als spürte man das Staunen vor dem Spiegelbild; »mirari« heißt »sich wundern«, in der Tat. In Ulfilas' gotischer Bibel gibt es ein eigenes, verlorenes Wort für den Spiegel: »skuggva«, was soviel wie »Schattenfalle« heißen könnte.

Natürlich kannten die Germanen den Spiegel, bevor ihnen die römische Besatzungsmacht das Wort beibrachte. Spiegelnde Wasserflächen gab es überall und die Neugier dazu. Die ersten gefertigten Spiegel waren polierte Scheiben aus Metall. Die Hunnen, lese ich, hätten nicht nur Westeuropa in Angst und Schrecken versetzt, sondern auch den Germanen der Völkerwanderungszeit den runden Spiegel chinesisch-sibirischer Provenienz gebracht. Womöglich müssen wir das Bild von den angeblich unkultivierten Hunnen revidieren und das Sibiriens dazu. Daß die ersten Glasspiegel des Mittelalters nicht »spiegelglatt« sein konnten, lag daran, daß man sie aus einer geblasenen Glaskugel schnitt, bevor man sie mit Quecksilber bedampfte. In dem leicht gewölbten Spiegel sah man anders aus, als man tatsächlich aussah. Aber wer konnte das wissen.

Die »Spiegelfechterei«, um dies nachzutragen, war kein Turnier vor dem Spiegel. Es war ein kunstvoll »vorgespiegeltes«, also ein Scheingefecht.

Spinnen

»Die spinnen, die Römer«, lautet der gängige Spruch des Hinkelsteinlieferanten Obelix, Freund des Galliers Asterix. Die Weiber »spinnen«, darf man nicht mehr sagen, weil es keine Spinnräder mehr gibt und »Weiber« despektierlich klingt. Die Spinne im Netz »spinnt« tatsächlich, ohne daß sie deshalb unbedingt ein »Spinner« wär'. Was die Sache freilich nur noch komplizierter macht.

Erstaunlicherweise haben nur die Germanen das putzige Tierchen, das emsig Fäden und Netze spinnt, »Spinne« genannt. Dabei spinnt und spannt es bei anderen Völkerstämmen selbstverständlich auch. »Spinnen, spann, gesponnen«; der Ablaut zeigt, daß es sich um ein starkes, also um ein altes Verb handelt. Frühzeitig lernten die Frauen zu spinnen, auf daß wir die Bärenfelle und vergleichbar grobe Gewandungen beiseite legen konnten. Das Zeitalter wollener Wämschen stand vor der Tür.

»Da Adam nackt und Eva spann, wo war damals der Edelmann?« Dieser Spruch aus dem Jahre 1639 legt die Vermutung nahe, daß zwischen dem Sündenfall und dem Aufschwung der Textilindustrie ein direkter Zusammenhang besteht. »Spinnen«, starkes Verb, gemeingermanisch: »die den Frauen eigenthümlichste Art, sich zu beschäftigen und zu erwerben«, lesen wir im Grimmschen Wörterbuch.

»Spinn, Mägdlein, spinn,
so wachsen Deine Sinn.«

Die »Spindel« verhält sich zu »spinnen« wie die »Windel« zu »winden«. Die Spindel des Spinnrads galt als »instrumentum mulierum«, als »das Handwerksgerät der Frauen«. Das war aus heutiger Sicht vielleicht nicht emanzipatorisch gedacht; der Mann arbeitete auf dem Felde, die Frau im Hause am »Rokken«. Aber es war vernünftig; sonst hätten unsere Vorfahren nichts Gescheites anzuziehen gehabt.

»Liebe Tochter, von Antlitz schön, bewahre zur Freundin
Dir die Spindel, sie hilft treu Dir das Leben hindurch.
Und gelangst Du zur Eh, so halt an der friedlichen Sitte
Deiner Mutter, dem Mann ist sie das köstlichste Gut.«

So dichtete einst Altmeister Herder. Solange die Spindel surrte, war Frieden im Hause und Fürsorglichkeit. »Wenn sie mich manchmal abends schon im Bett entschlafen glaubte, wachte ich noch, und horchte auf das Schnurren ihrer Spindel und ihren rührenden Gesang« (Clemens von Brentano).

»Spinnefeind« sind einander nur die Spinnen; Spinnerinnen sind friedfertigen Gemüts. »Nichts ist so fein gesponnen, es kommt doch an das Licht der Sonnen«, sagt der Volksmund.

Isolani in Wallensteins Lager wirkt aggressiver: »Spinnt er Verrath - Verrath trennt alle Bande.« Dabei kann man vieles spinnen: Garn, auch Seemannsgarn, wirre Fäden oder Träume. »Wie manche schöne Nacht sieht mich der blasse Mond in stiller Einsamkeit am Kummerfaden spinnen« (Günther). Am besten lassen sich wohl die »Gedanken spinnen im Kopf« oder »aus dem Kopf heraus«, wie man früher sagte. »Ich habe den Weg über schon gesponnen«, verrät Goethes Clavigo, und das heißt doch wohl: Ich habe nachgedacht, mir vorgestellt, mir ausgemalt. Es sind vornehmlich die Tölpel, die anderer Leute geistige Regsamkeit für »Spinnereien« oder »Hirngespinste« halten.

Der Sport

Soll man Begeisterten übelnehmen, daß sie aus dem Häuschen geraten?

»O Sport, Du Götterglaube, Du Lebenselixier,
Du bist die Schönheit, Du bist die Gerechtigkeit,
der Mut, die Ehre, die Freude,
die Fruchtbarkeit, der Fortschritt, Du bist der Friede.«

Dieser unsägliche Hymnus stammt von jenem Baron de Coubertin, der auf die wunderliche Idee verfiel, erneut in Gang zu setzen, was 1500 Jahre zuvor als heidnisch verboten und anschließend in Vergessenheit geraten war: die sogenannte olympische Idee. Das einhundertjährige Jubiläum des geglückten Wiederbelebungsversuches soll bei den Olympischen Spielen 1996 gefeiert werden. Nur Verrückte bringen das Ungewöhnliche zuwege.

Die Olympischen Spiele der Neuzeit sind vom Götterglauben weiter entfernt denn je zuvor. Mit ihnen begann, wie der

Kölner Herz- und Kreislaufforscher Prof. Wildor Hollmann im Oktober 1987 vor dem Sportausschuß des Deutschen Bundestages ausführte, »ein gigantisches biologisches Experiment mit dem Menschen«, das ihn schon vor zwanzig Jahren in den Grenzbereich seiner biologischen Leistungsfähigkeit geführt habe.

Der erste olympische Sieger der alten Zeit, von dem wir wissen, soll Koch von Beruf gewesen sein. Ob man als Spitzensportler noch Zeit fände, solch ehrbares Handwerk zu lernen, ist fraglich; es fehlte die Zeit, sich in der Küche umzusehen. Wer Weltspitze sein will, muß bis zu dreimal täglich ein bis zwei Stunden lang trainieren. Weil das immer noch nicht reicht, helfen die Leistungsfanatiker mit abstrusen Medikamenten nach. Der »olympische Geist«, sagte Professor Hollmann, sei heute »gewinnorientiertes, leistungsbezogenes muskuläres Handeln unter Einsatz von Gesundheit und Moral«. Die bittere Wahrheit legt die Frage nahe, was aus unserem geliebten »Sport« geworden ist.

»Frisch, fromm, fröhlich, frei«, lautet das liebenswürdige Motto der Turner. Sportlehrer an den Gymnasien taten, als hätten bereits die alten Römer den Beweis geliefert, daß die Leibesertüchtigung zugleich den Verstand trainiere. Richtig ist, daß Seneca den großen Zeitaufwand der Leibesübungen kritisierte, weil er die geistige Erschlaffung begünstige.

Die weniger zartgliedrigen Germanen warfen mit Steinen, Torfstücken und Reisigbündeln um die Wette, sie schwammen, fochten und rangen. Als 1856 ein deutscher Gelehrter namens Karl Weinhold das Leben der wetterfesten Nordleute beschrieb, befand er: »Wettlaufen führt zur Schnelligkeit, ohne die ein germanischer Mann ebenso wenig vollkommen war als ein hellenischer.« Außerdem werde erzählt, »daß die Knaben noch in neuester Zeit sich ihr Frühstück durch einen guten Pfeilschuß verdienen mußten«. Inzwischen gehen selbst Soldaten kaum noch zu Fuß, und der Sport hat die Funktion der Wehrertüchtigung verloren. Die Sportkompanien der Bundeswehr machen keine Ausnahme; sie ersparen den Spitzensportlern die Frage nach dem Arbeitgeber, der sie ohne direkte Gegenleistung bezahlt. Als wir noch nicht soweit waren, nannten wir die Spitzensportler im sozialistischen Lager »Staatsamateure«. »Amateur« heißt »Liebhaber«, und an der Spitze ist der Sport schon lange keine Liebhaberei mehr; er ist Beruf.

Sprachlich war das beim besten Willen nicht vorherzusehen. Wir haben den »Sport« vor ziemlich genau 160 Jahren von den Briten übernommen. Fürst Pückler, nicht nur für Eis und Torten zuständig, schrieb am 9. Oktober 1828, »Sportsman« und »Sport« seien ebenso unübersetzbar wie »Gentleman«. 1844 meinte ein gewisser J. G. Kohl, wir hätten für »die Sports« kein entsprechendes Wort und seien daher fast gezwungen, es in unsere Sprache aufzunehmen. Diesem Zwang haben wir uns gebeugt. Mit zahlreichen Sportarten haben wir auch das Wort »Sport« über den Kanal geholt und die ehrenwerte Vorstellung des »Fair play« dazu. Dabei haben die Briten den »Sport« nicht eigentlich erfunden; sprachlich haben sie ihn den Franzosen abgelauscht, die sich wiederum – wie so oft – am unklassischen Mittellatein orientierten.

»Desport« im Französischen, »disport« im Englischen, »disporto« im Italienischen bedeuteten ursprünglich »Belustigung«, »Zerstreuung« und »Vergnügen«. »Dis-portare« heißt soviel wie »auseinander-tragen«. Das klingt seltsam; aber nicht seltsamer als »sich zer-streuen« im Deutschen.

Inzwischen »pflegen« oder »treiben« wir Sport, andere »huldigen« ihm gar. Bei der Gelegenheit muß die heitere Unverbindlichkeit der Ursprungsbedeutung in Vergessenheit geraten sein. Nicht zu reden vom Götterglauben, vom Fortschritt und Frieden, die Pierre de Coubertin bemühte.

Das Steckenpferd

Jeder muß ein Hobby haben, und ein jeder hat auch eins. Hobby-Maler gibt's und Hobby-Schreiner, Hobby-Imker, Hobby-Dichter, Hobby-Denker, Hobbyisten allzumal. Man trifft sie an der Kasse des nahe gelegenen Hobby-Centers. Es sind Amateure, Liebhaber, aber doch auch Beflissene, Verbissene, Kundige und Sachverständige. Ob alle, die ein Hobby haben, ahnen, daß sie ein Steckenpferd reiten wie einst die Kinder, die vom Schaukelpferd stiegen, der Imagination die Sporen gaben und auf einem Stecken rund um den Küchentisch galoppierten? Wer sein Hobby zur Leidenschaft aufzäumt, trabt auf dem Stecken der Kinderzeit daher.

»Robert« ist einer der gebräuchlichsten Vornamen im Englischen, »Robert« kürzt man zu »Bob«, »Hobin« oder »Hob«. »Hobin« nannte man die Clowns, von denen wir behaupten, daß sie »August« hießen. »Hob« dagegen hießen die Pferde; »Hobby« jenes, das man reitet, ohne von der Stelle zu kommen, also das »Steckenpferd«. Es fiel in gestreckten Galopp und geriet in die halbprofessionelle Do-it-yourself-Bewegung. Zuvor war in deutschen Landen bestenfalls von den »Bastlern« die Rede. »Drechseln, schnitzen, kleine Handarbeit und Flickarbeit machen«, meldet verschämt das Grimmsche Wörterbuch unter »basteln« im ersten Band. Das war nichts Ernsthaftes im Lande althergebrachter Handwerkertradition. Das »Basteln« war zumal in den oberdeutschen Mundarten die kleine, eher beiläufige, keineswegs anstrengende und nicht förmlich erlernte Handarbeit. Da mußte, damit etwas Respektables draus wurde, der mit der Laubsäge hantierende Bastler auf neuzeitliches Heimwerkerniveau gehievt werden.

Das »Hobby« ist der Stecken, auf dem man reiten kann, jenseits des Kanals. Warum das »Hobby« auch im Deutschen reüssierte, muß mit unserer Vorliebe für Fremdländisches zusammenhängen. Pferdchen hier und Pferdchen dort.

»Sie spielten aber Steckenpferd
und ritten hin und her:
hop, hop! Und peitschten unerhört
und trieben's Wesen sehr.«

Das stammt von Matthias Claudius. Das folgende von E.T.A. Hoffmann: »Es muß eine große Freude sein, Kinder zu haben, und ich würde ein Narr mit ihnen, ritte vergnügt auf einem Steckenpferde und hinge mir allen Ernstes eine Kindertrommel um.«

Die »Hobbyisten« werden meinen, daß ich sie auf die Schüppe nehme. Sie seien schließlich erwachsen. Ja nun, hat nicht Treitschke, der große Historiker, geschrieben: »Also trabten die großen Kinder der Kleinstaaterei seelenvergnügt auf ihren Steckenpferden dahin«? Man muß also keine Laubsäge besitzen, um von Spöttern auf ein Steckenpferd gesetzt zu werden. Selbst Immanuel Kant, der große Denker aus Königsberg – halten zu Gnaden –, lobte das Steckenpferd als »die gelindeste unter allen Abschweifungen über die Grenzlinie des gesunden Menschenverstandes«: »Für alte, sich in Ruhe setzende und bemittelte Leute ist diese, gleichsam in die sorglose Kindheit sich wieder zurückziehende Gemütslage nicht allein ... der Gesundheit zuträglich, sondern auch liebenswürdig.«

Das klingt so liebreizend, als ob ein Handwerksmeister einem Bastler zögernd ein verborgenes Talent bescheinigte.

Der Strohwitwer

»Es geht mir so gut, wie es einem kinderlosen Strohwitwer bei gutem Wetter gehen kann«, schrieb ein gewisser Otto von Bismarck 1872 seiner Frau. Woraus der Laie schließt, daß das Wort »Strohwitwer« scherzhaft gemeint war und ehrbar zugleich. Wie anders hätte der Kanzler des Deutschen Reiches es auch der Gemahlin gegenüber benutzen können? Es ging ihm gut, dem Strohwitwer von Bismarck; mit einer Schar von Kindern freilich und bei schlechtem Wetter möchte er sich unsicherer gefühlt haben ohne die hilfreiche Hand der vorübergehend abwesenden Frau. »Stroh-Wittben heißet man aus Scherz an etlichen Orten diejenigen Weiber, deren Männer verreiset oder abwesend seynd«, hieß es 1715 in einem sogenannten Frauenzimmer-Lexikon. Die Strohwitwe ist vermutlich ursprünglicher als das männliche Gegenstück. Das könnte damit zusammenhängen, daß – der Beschwerlichkeit wegen – das Reisen vornehmlich Sache der Männer war. Aber gesichert ist das nicht.

In »Witwe« oder »Wittib«, althochdeutsch »wituwa«, steckt eine alte indogermanische Wurzel, die »leer werden«, »Mangel haben« bedeutet. Das lateinische Verb »di-videre«, das »trennen« bedeutet, ist vom selben Stamm. Die Trennung des Strohwitwers ist anders als die des Witwers nur vorübergehend und kann insofern scherzhaft auf die leichte Schulter genommen werden. Strohwitwe oder -witwer ist man nicht auf Dauer.

Fragt sich, wie ausgerechnet das »Stroh« in diese Art Witwerschaft geriet. Es gibt den Strohsack und das Strohfeuer, den Strohkopf und den Strohhalm, an den man sich klammert. In jedem Fall liegt auf der Hand, was gemeint ist; die Sache spricht für sich selbst. Warum ist das ausgerechnet bei der »Strohwitwe« anders?

»Gott verzeih's meinem lieben Mann,
er hat an mir nicht wohl gethan!
Geht da stracks in die Welt hinein,
und läßt mich auf dem Stroh allein.«

Seufzte Marthe Schwerdtlein, Gretchens leichtfertige Nachbarin, in Goethes »Faust«; noch bevor ihr Mephisto mit dem frivolen »Ihr Mann ist tot und läßt sie grüßen!« wenig gefühlvoll beibrachte, daß sie nicht nur Strohwitwe sei. Frau Schwerdtlein traf die Todesnachricht indes nicht unerwartet: »Vielleicht ist er gar tot! – O Pein! Hätt ich nur einen Totenschein.« Der frivole Unterton könnte uns auf die Spur des »Strohs« in der »Strohwitwerschaft« bringen. Es hat mit dem Stroh als Lagerstatt und einer gewissen Liederlichkeit zu tun. Jedenfalls nach den Maßstäben früherer Zeiten.

Als Ende des 17. Jahrhunderts die »Strohwitwe« und wenig später der »Strohwitwer« auftauchten, war dies kein Hinweis auf vorübergehende Abwesenheit des Ehepartners. Nach einer Nürnberger Quelle des Jahre 1582 pflegte man denjenigen »Strohbräutigam« zu nennen, »welcher es hat kund werden lassen, daß er vor der Hochzeit bey seiner Braut gelegen hat«. Derlei galt, sofern es nur bekannt wurde, als unerhört. Den ertappten Weibspersonen, so erfahren wir, wurden Strohkränze aufgesetzt, ein Zeichen der Schande und des Tadels, somit das genaue Gegenteil von einem Jungfernkranz.

Schon 1399 wurden in Chemnitz Mädchen, die vor der Hochzeit ein Kind erwarteten, als »Strohbräute« bezeichnet. Auch hier heißt es, daß sie sich zur Strafe im Strohkranz hätten trauen lassen müssen, nachdem ihnen die Burschen einen Strohmann vor die Tür gestellt hatten.

»Doch als neun Monde gingen
stets müder durch den Sand,
den Strohkranz sie ihr hingen
ans Haus ob ihrer Schand.«
(Clemens von Brentano, 1778–1842)

Der Strohkranz mag für das Eitle und Nichtige stehen; die »Strohwitwe« und die ältere »Strohbraut« gehen mit einiger Sicherheit auf das Stroh als sündige Lagerstatt zurück. Seit 1528 ist die englische »grass-widow« belegt, die selbstredend liederliche unverheiratete Frau, die sich mit einem oder gar mit mehreren Männern »eingelassen« hatte, wie man den in Rede stehenden Sachverhalt diskret umschreibt. Im Niederländischen gibt es seit dem 16. Jahrhundert die vergleichbare »haeck-weduwe«, wobei »haeck« für den Heuschober stehen könnte.

Entehrt waren seltsamerweise immer nur die Mädchen, die Burschen kaum. Aus diesem zweifelhaften Grunde ist die Stroh-, Gras- oder Heuschoberwitwe ursprünglicher als das männliche Gegenstück. Es liegt also nicht, wie vermutet, an den Reisegewohnheiten. Es liegt an der Moral, die vornehmlich für die Weiblichkeit galt. Die ersten »Strohwitwen« wären diejenigen Frauenzimmer gewesen, die sich im Stroh, im Gras oder Heu hingaben, um anschließend als Quasiwitwen gleich wieder verlassen zu werden. Die neuere Bedeutung – »Frau, deren Ehemann vorübergehend verreist ist« – setzt den partiellen Abbau der moralischen Entrüstung voraus. Erst danach ließen es sich auch Männer gefallen, als »Strohwitwer« bezeichnet zu werden. Ob sie nun mit dem bekannten Strohhut durch den Vatertag marschieren oder nicht.

Der Strom

»Und die Erde war wüst und leer, und es war finster auf der Tiefe, und der Geist Gottes schwebte über dem Wasser.« Die Schöpfung begann mit der Trennung von Wasser und Erde. Das »fließende Wasser« gehört zu den ursprünglichsten Erfahrungen der Menschheit; in Bächen, Flüssen und Strömen, den »strömenden« Regen nicht zu vergessen. In fast allen indogermanischen Sprachen gibt es Wörter für das »Fließen« und »Strömen«, die sich auf die eine ursprüngliche Wurzel »sreu-« zurückführen lassen. Es klingt kurios; aber der »Strom« und das griechische »Rheuma« dürften denselben Ursprung haben. Bevor Hippokrates das Gliederreißen »Rheuma« nannte, müßte »Rheuma« soviel wie »Strom« bedeutet haben. »Rheo« heißt »ich fließe«, »panta rhei« – »alles ist im Fluß«.

Dieses dem Philosophen Heraklit zugeschriebene Wort besagt, daß es nichts Bleibendes gibt. »Niemand springt zweimal in denselben Fluß«, beschreibt dieselbe Erfahrung der Vergänglichkeit. Am strömenden Wasser erfährt man die Zeit und die Unwiderruflichkeit des Augenblicks. Faust wäre bereit zu sterben, wenn er zum Augenblick nur sagen könnte: »Verweile doch, du bist so schön!« Wer das Leben in vollen Zügen oder auch »in Strömen« genießt, wird erfahren, daß alles und damit auch dieses ein Ende hat.

Der »Strom« strömt selbst im »strömenden« Regen gelassen dahin. Der »Stromer« strolcht ziellos umher. Der »elektrische Strom«, den man nicht sehen kann, teilt bei Berührung Schläge aus. Von diesem unsichtbaren Strom sagt man nicht, daß er »ströme«; er »fließt« vielmehr. Aber »strömen« und »fließen« sind der Sache nach dicht beieinander. Fließende Gewässer haben eine »Strömung«, die selbst wieder »Strom« genannt werden kann. »Gegen den Strom« oder »gegen die Strömung« zu schwimmen dürfte dieselbe Kraftanstrengung verlangen.

»Gegen den Strom der Zeit kann zwar der einzelne nicht schwimmen; aber wer Kraft hat, hält fest, läßt sich von demselben nicht fortreißen«, schrieb Johann Gottlieb Seume. »Artharaxia« nannten die Griechen diese Tugend des »An-sich-Haltens« im Strom der Belanglosigkeit.

Der »Strom« ist alt und meint das Wasser in Bewegung. Nicht nur in den Flüssen, auch im Meer; den Golf-»Strom« gibt es bis heute. Irgendwann ist der »Strom« mit seiner unwiderstehlichen »Strömung« an das Ende der Größenskala »Rinnsal, Bach, Fluß oder Strom« geraten. Das war nicht immer so. »Lichtlein schwimmen auf dem Strom«, heißt es bei Goethe, und gemeint war die Tepl bei Karlsbad, die man sicher nicht mit dem Amazonas vergleichen kann oder mit dem Rhein, dem »Strom der Deutschen« schlechthin. Was weniger an der Burgenromantik als an der jahrhundertelang umstrittenen Grenze zu Frankreich gelegen haben dürfte.

»Treu wie dem Schweizer gebührt, bewach ich Germaniens Grenze,
aber der Gallier hüpft über den duldenden Strom.«
(Friedrich Schiller, 1759–1805)

»Der Rhein Teutschlands Strom, aber nicht Teutschlands Gränze«, schrieb 1813 Ernst Moritz Arndt. Bei Fischart, im Jahre 1576, klang der »Strom« noch ganz anders.

»Arbeit und Fleiß, das sind die Flügel,
so führen über Stram und Hügel.«

Dieser »Stram« war so ungewöhnlich nicht. »Der erden kloss und meres stram mit aller irer behaltunge hat uns der mechtig aller werlte herzoge befolhen«, heißt es von der dem Menschen anvertrauten Schöpfung im »Ackermann aus Böhmen«. Nach dem althochdeutschen »straum« und dem mittelhochdeutschen »stroum« hätte man in der neuhochdeutschen Schriftsprache statt eines »Stroms« einen »Straum« erwarten dürfen. Im Westfälischen und in einigen alemannischen Mundarten klingt es auch so ähnlich. In der Schriftsprache hat sich seit 1600 allerdings der im Schwäbischen und Mitteldeutschen heimische »Strom« durchgesetzt.

Inzwischen »strömt« vieles: die Luft, das Licht, die Lava, das mächtige Eis der Gletscher. Manches fließt »in Strömen«: der Regen und seltener der Champagner. »Da fließt das Blut in Strömen aus Ägypten bis nach Böhmen«, dichtete Kotzebue, bevor ihn selber ein schreckliches Schicksal ereilte.

Daß der elektrische Strom auch »Strom« genannt wurde, hing mit der Vorstellung zusammen, daß irgend etwas »fließen« müsse im Draht, ein Fluidum, ein magnetischer, galvanischer oder elektrischer Strom. Die allfällige »Stromrechnung« ist freilich banal im Vergleich zu anderen »Strömen«.

»Es bildet ein Talent sich in der Stille,
sich ein Charakter in dem Strom der Welt.«
(Johann Wolfgang von Goethe, 1749–1832)

Der »Stromer« genannte Landstreicher ist niemand, der wider die Strömung kämpft. Im Gegenteil. Um 1350 hieß es: »stromer dicuntur kelsnyder«, »Stromer« werden die Halsabschneider genannt. 500 Jahre später taucht bei Schnabel die Sippe der »Eckensteher«, »Sonnenbrüder«, »Stromer«, »Vagabunden« auf. Hermann Löns berichtete von »stromernden Kötern und strolchenden Katzen«. Im Laufe der Zeit ist das »Stromern« harmloser geworden. Wie so manches andere auch.

Die Tasche

Taschen sind kaum noch der Rede wert; in fast jedem Kleidungsstück finden sich gleich mehrere. Wichtiger ist, was jemand »in der Tasche hat«. »Er hat nichts in den Taschen als seine Hände«, soll schon Lichtenberg von einem Arbeitslosen gesagt haben. Unbedenkliche wirtschaften schamlos in die eigene Tasche. Schüler und Studenten liegen notgedrungen den Eltern auf der Tasche. Wer es sich leisten kann, greift in die eigene Tasche und spendiert eine größere Summe. Einem nackten Manne können nicht einmal Taschendiebe in die Tasche greifen.

In der Tasche pflegt man offenbar seit alters das »Taschengeld« zu tragen. »Er nam das gelt, liez mir die tasch«, hieß es schon bei Oswald von Wolkenstein. Hier dürfte es sich nicht um die Hosentasche, sondern eher um die Geldbörse gehandelt haben. Taschen in den Kleidern wurden zwar schon im 13. Jahrhundert erwähnt, aber so einfach, selbstverständlich und unverzichtbar sie uns heute erscheinen, richtig in Mode kamen sie erst im Verlaufe des 16. Jahrhunderts. Zuvor mußten Schlüssel, das Kleingeld und andere Gegenstände des Alltags in ein Stück Tuch geschlagen und an passender Stelle in der Kleidung versteckt werden. Später diente demselben Zweck ein kleiner Beutel, der mit einer Kordel zusammengezogen und an der Hüfte getragen wurde. Taschendiebe nannte man damals aus gegebenem Anlaß »Beutelschneider«.

Im 16. Jahrhundert kamen zunächst an den Seitennähten der eng sitzenden Männerhosen Öffnungen in Mode, in die die Stoffbeutel mit den persönlichen Habseligkeiten gesteckt wurden. Wenig später wurde die »Tasche« fester Bestandteil der Hosen und kurz darauf auch der Umhänge und Übermäntel. Hier saßen die Taschen zunächst unten am Saum; aus praktischen Erwägungen wanderten sie nach oben, so daß man schließlich auch gelangweilt die Hände in die Manteltaschen stecken konnte. Kurz darauf begann die Inflation der Taschen; inzwischen gibt es Brieftaschen, Brusttaschen, Aktentaschen, Reisetaschen, Seiten-, Gesäß- und Tragetaschen. Alles, was handlich ist, vom Schirm bis zum Rechner oder Buch, hat heutzutage Taschenformat.

»Alles wird klein in Kirch' und Staat.
All unser Wissen, selbst unser Denken.
Einst Foliant-, jetzt Taschenformat.«
(Johann Martin Usteri, 1763–1827)

Ursprünglich war die »Tasche« also ein sackförmiger Tragebeutel, und bis heute wird die »Tasche« in der oberdeutschen Umgangssprache »Sack« genannt. Im 9. Jahrhundert tauchte im Althochdeutschen die »tasca« auf. Im Mitteldeutschen war von »tasche« oder »täsche« die Rede. Die niederdeutsche

»taske« wanderte nach Norden, mit dem Erfolg, daß auch die Schweden eine »taska« haben. Fragt sich, wie der »Sack« zum Namen »Tasche« kam. Wahrscheinlich des Inhalts, also der Finanzen wegen.

Wie die neuhochdeutschen »Finanzen« dürfte auch die althochdeutsche »tasca« spätlateinischen Ursprungs sein. »Taxieren« bedeutet noch heute wie »taxare« bei den alten Lateinern »abschätzen«. Lange bevor das »Taxameter« und das »Taxi« erfunden wurden, war »tasca« das »aufgetragene Pensum«. In dieser Bedeutung geriet »tasca« in die romanischen Sprachen und auch auf die Britischen Inseln. Im Englischen ist »task« bis heute die »Aufgabe«, die man sich oder anderen stellt.

Vom »Tagespensum« kommt man aber nur dann zur »Tasche«, wenn man unterstellt, daß die »Tagesaufgabe« mit dem »Tageslohn« gleichgesetzt wurde, den der Tagelöhner am Abend im »Säckel« heimzutragen pflegte, den man daraufhin auch »tasca« genannt hätte. Wieder einmal hätte man Netto für Tara genommen, den Inhalt für die Verpackung. Nur in dieser Bedeutung hat die »Tasche« das gesamte deutsche Sprachgebiet erobert. Von den Kennern sagt man, sie kennten sich auf ihrem Fachgebiet wie in der eigenen Westentasche aus. Unsere Kenntnisse der »Tasche« als »Tasche« halten sich dagegen in Grenzen. Die »Maultasche« ist überhaupt keine »Tasche«, sondern eine »Tatsche«, und so nennt man den Klaps mit der flachen Hand auf einen weichen Körperteil.

Der Tölpel

Wer andere übertölpelt, gilt als gewieft oder gerissen. Wer jemanden einen Tölpel nennt, regt sich auf. »Der dortige Inspector ist ein Tölpel, über dessen Benehmen gegen Mutter ich mich hier gallig ärgere«, schrieb Bismarck, der spätere Reichskanzler. »Ich will dir sagen von einem großen Tolpell und Esel«, liest man bei Luther. Tölpel sind in der Regel albern, aufgeblasen, unverschämt oder dumm, zudem nicht selten auch zum Erbarmen ungeschickt. Insofern darf man Mitleid mit den Tölpeln haben.

»Der Tölpel stolpert selbst im Grase,
fällt auf den Rücken und bricht die Nase.«
(Karl Friedrich Wilhelm Wander, 1803–1879)

Ein Tölpel verursacht Kopfschütteln, wie ein Blick ins klassische Versgut beweist.

»Das Saltz erhält das Fleisch für Faulen und für Stinken;
ein Tölpel wil geschickt sich in der Mode düncken.«

So dichtete Friedrich von Logau im 17. und ähnlich Heinrich Rückert im 19. Jahrhundert:

»Der Jugend steht es an, gefoppt zu werden,
Doch traurig ist ein Tölpel mit der Glatzen.«

Bei Lessing liest man, der Clown auf dem Theater heiße nicht »Tölpel«, sondern »Rüpel«; aber beide Wörter bedeuteten dasselbe. Daß man zu allem Überfluß auch manierliche Vögel als »Tölpel« bezeichnet, übergehen wir.

Daß im gutmütigen Schelten der Mutter der »Tölpel« nicht selten zum »Tolpatsch« gerät, spricht für den Reichtum der Sprache, aber nicht für gemeinsame Abstammung. Der »Tolpatsch« ist eine anzügliche Bezeichnung für den Fußsoldaten im Ungarischen. Sei es, daß er nur ungeschickt und breitfüßig daherkam oder tatsächlich, wie 1757 ein Kriegslexikon behauptete, anstelle von Schuhen mit an Schnüren befestigten Sohlen ausgerüstet war. Von »talp«, der Sohle, leitet sich »talpas«, breitfüßig, ab. So würde verständlich, daß man noch immer mit großen Füßen durch die Landschaft »talpt«; aber dem »Tölpel« sind wir damit noch keineswegs auf der Spur. Er ist wesentlich älter als der »Tolpatsch« aus Ungarn, der in der Bedeutung »ungeschickter, dummer Mensch« erst um 1800 im Deutschen auftauchte; zuvor war er Soldat oder ein plumper Schuh. Die »Tölpelhaftigkeit« ist 600 Jahre älter und hieß zunächst »dörperie«. Dahinter steckt der »dörper«, der »Dorfbewohner«, der über »dörpel« zum »Tölpel« geriet.

Daß hinter dem »Tölpel« ein ehrenwerter »Dörfler« steckt, veranlaßt indessen nicht einmal den Bauernverband zum Protest gegen die Herabwürdigung der Landbevölkerung. Dabei ist mit dem Vorwurf der Tölpelhaftigkeit natürlich ein gerüttelt Maß an Überheblichkeit verbunden. Die geht auf Kosten der ehrenwerten Ritterschaft.

Im 12. Jahrhundert saßen die vornehmen Ritter auf ihren Burgen, übten sich in Tjosten und Turnieren, feierten auf höfischen Festen unter tatkräftiger Beteiligung renommierter Minnesänger sich selbst und schauten auf das gemeine Volk herab. »Höfisch« war der zentrale Begriff der adeligen Gesellschaftskultur des 12. Jahrhunderts, höfisch war der Ritter, höfisch die Gesinnung, höfisch waren die hehren Frauen und Jungfrauen. »Höfisch wurde zum Programmwort für ein Gesellschaftsideal«, schreibt der Kölner Germanist Joachim Bumke, »in dem äußerer Glanz, körperliche Schönheit, vornehme Abstammung, Reichtum und Ansehen mit edler Gesinnung, feinem Benehmen, ritterlicher Tugend und Frömmigkeit verbunden waren.«

Daß wir dem »Höfischen« das »Hübsche« und das »Höfliche« verdanken, ist bemerkenswert; das »Tölpelhafte« ist die Kehrseite derselben Medaille. Der von den Cheftheoretikern der höfischen Kultur geprägte Gegenbegriff zur »hövescheit« war »dörperheit«, das Ungehobelte und Bäurische, Anspruchslose und Unkultivierte. Daß man im Verzicht auf die raffiniert überkandidelte Gesellschaftsartistik auch das Natürliche sehen konnte, wurde erst später und von anderen entdeckt. Da war der »dörpel« schon lange in der Welt.

Der »Tölpel« stammt aus dem »Dorp«, nicht aus dem »Dorf«. Aus dem hochdeutschen »dorf« kam der »dorfaere«, der zum »Dörfler« wurde, ohne daß ihm je der Vorwurf der Tölpelhaftigkeit gemacht wurde. Der »Tölpel« stammt vom Niederrhein, wo man »Dorp« sagt und nicht »Dorf«. Aber was haben die Ahnen am Niederrhein verbrochen, daß sie der »Tölpelhaftigkeit« Geburtshilfe leisteten? Es lag wahrscheinlich an den guten Beziehungen zu Flandern, das als Haupteinfallstor der neuen, ursprünglich französischen Hofeskultur gilt. Vom Niederrhein breiteten sich die neuen Wörter aus und wurden, weil sie als etwas Besonderes und Exquisites galten, ehrfürchtig bestaunt und auch in anderen Regionen quasi »niederrheinisch« intoniert. So steht bis heute der hochgemute »Ritter« neben dem »Reiter« und das »Wappen« neben der »Waffe«. Und neben dem unbescholtenen »Dörfler« der »Dörper«, der zum »Dörpel« und schließlich zum »Tölpel« wurde.

Das Turnen

»Turnerei,
macht den Körper frei.
doch ist das Mittel noch nicht erdacht,
wodurch der Geist wird frei gemacht.«

Diesen Sinnspruch verdanken wir Hoffmann von Fallersleben. Aus dem alten Rom ist der Stoßseufzer bekannt: »Ach, wenn doch in den gesunden Körpern auch ein entsprechender Verstand zu Hause wär'!« – »Mens sana in corpore sano sit!« Den beschwörenden Konjunktiv hat die Turnbewegung später unterschlagen und so getan, als ließe sich der Geist letztendlich auch durch die Riesenfelge am Reck trainieren.

Daß man des körperlichen Wohlbefindens wegen durch die Lande trabt, ist zuhöchst erfreulich, auch wenn man sich über den fremdsprachlichen Aufwand wundern muß. Früher tat's ein Dauerlauf, heute muß es »Jogging« sein. Andere betreiben »Jazz Dance« oder »Aerobic«; Gemütsmenschen widmen sich in der Folterkammer dem »Bodybuilding«. Auch dieses muskelbeladene Imponiergehabe gilt als vermeintlicher Beitrag zur Körperkultur. Auch »Kultur« ist freilich ein Fremdwort. Wie der »Sport« und wie das »Training« auch.

Was haben unsere Vorfahren eigentlich bei der Körperertüchtigung getragen, als es weder Jogging-Schuhe, Jogging-Anzüge noch Sweatshirts gab? Haben sie sich überhaupt ins Freie gewagt? Natürlich. Mit Turnschuhen, mit Turnhose, mit einem um die Glieder schlotternden dunkelblauen Trainingsanzug und einem modisch unauffälligen Leibchen oder Hemd.

Wann die »Turnhose« erfunden wurde, läßt sich kaum feststellen; das »Turnen« kam im Jahre 1811 auf die Welt. Am 25. Juli dieses Jahres schrieb Friedrich Ludwig Jahn: »Aller Anfang ist schwer. Dazu muß die ganze Sprache erst umgeschaffen werden, denn geradebrechte Kunstwörter können doch Deutsche nicht gebrauchen.« Schrieb der Vater aller Turner Jahn, der nicht ahnen konnte, daß deutsche Sportreporter dereinst dem Publikum Fremdländisches wie »Volley«, »Slice«, »Dropkick«, »Hattrick«, »Bodycheck« und die »Pole-Position« beim Autorennen um die Ohren schlagen sollten. Für Jahn war das »Turnen« zuvörderst ein sprachliches Problem. Die altehrwürdige »Gymnastik« gab es seit langem; wir verdanken ihr immerhin die »Gymnasium« genannte höhere Bildungsanstalt. Wiewohl in ihr nicht vorzugsweise der Kniewellaufschwung und der Sprung über den Kasten trainiert werden.

Turnvater Jahn war gegen die »Gymnastik«. »Warum bei fremden Sprachen betteln gehen, im Auslande auf Leih und Borg nehmen, was man im Vaterlande reichlich und besser hat?« Und dann fiel Jahn einem grandiosen Irrtum zum Opfer, er erinnerte sich der Ritter und Recken, die ihre mannhafte Geschicklichkeit einst zu Ehren ihrer Burgfräulein auf großen »Turnieren« erprobten. Jahn mutmaßte, daß sich im »Turnier« Urdeutsches verberge, das insbesondere in Zeiten des nationalen Niedergangs neu zur Geltung gebracht werden müsse. So wurde die »Turnkunst« geboren und auf der Berliner Hasenheide der erste »Turnplatz« der Welt eröffnet.

»In Turnen, Turner usw. ist ein deutscher Urlaut«, meinte Jahn und befand sich auf dem Holzwege. Der vermeintlich altdeutsche Stamm »turn-« hatte, was Jahn übersah, schon Ahnen in der Antike. Jeder kennt den »Turnus«, der immer wiederkehrt; die »Tour«, die man unternimmt, den »Touristen«, unterwegs auf einer solchen, und zwar hin und »retour«; der »Return« nach Boris Beckers Aufschlag ist jedem Fernsehzuschauer bekannt. Derlei fremdländische Vielfalt müßte im Hinblick auf den vermeintlich urdeutschen Ursprung des »Turnens« stutzig machen. Ein lateinisches »tornare« steckt dahinter, das selbst erst mit griechischer Nachhilfe »auf den Dreh« gekommen war. »Tornare«, »turnen«, »tourner«, »to turn« bedeutet das »Drehen und Wenden« in vielen Zungen. Kein Gedanke, daß ein Fremdwort von Hause aus »ein Blendling bleibe ohne Zeugungskraft«, wie Jahn unterstellte. Ihm ist freilich zugute zu halten, daß die Sprachwissenschaft auch noch nicht auf den Dreh gekommen war.

Als 1811 das »Turnen« erfunden wurde, hatte Napoleon die deutschen Länder überrannt. Jahn war nicht nur Turner und Sprachreformer; vor allem war er Patriot. Viele der Turner schlossen sich der Befreiungsbewegung an; Jahn selber kommandierte im Lützowschen Freikorps ein Bataillon. Seine Stärke war das Militärische freilich nicht, wenig später wurde er in die Wiedergutmachungskommission zur Rückführung geraubter Kunstschätze versetzt.

Die Turnbewegung wurde von Anfang an umstürzlerisch demokratischer Zielsetzungen verdächtigt. Folgerichtig hat die Restauration nach 1819 das Turnen verboten. Die Turnplätze wurden amtlich geschlossen. Die Turner, die vom Turnen nicht lassen wollten, zogen sich in »Turnhallen« zurück. Mit dem Ergebnis, daß das »Freiluft-Turnen« heute »Leichtathletik« heißt. Diese ist sowenig urdeutsch wie das »Turnen«; aber welche Rolle spielt das, wenn man am Reck tatsächlich eine Riesenfelge hinbekommt?

Der Urlaub

Ganze Familien fahren »in den Urlaub«, der Wehrpflichtige kommt am Wochenende »auf Urlaub«.

»Frau Venus, meine schöne Frau,
leb wohl mein holdes Leben!
Ich will nicht länger bleiben bei dir,
du sollst mir Urlaub geben.«

So redet man nicht mit der Arbeitgeberin. Das wußte selbstverständlich auch Heine, von dem die Verse stammen. Um den Urlaub bettelt man nicht; man nimmt ihn, denn er steht einem mittlerweile zu. Eine erste gesetzliche Urlaubsregelung gab es nach 1945 durch Ländergesetze; seit 1963 gibt es das Bundesurlaubsgesetz. Nicht daß der Bund nun Urlaub nähme, er regelt vielmehr die Urlaubsgewährung bundeseinheitlich. Bis zum Ersten Weltkrieg, man liest es mit Staunen, sei der Urlaub in der Regel nur Angestellten gewährt worden, sofern man unter »Urlaub« die »einem Arbeitnehmer für eine Erholung zustehende Befreiung von der Arbeitspflicht unter Fortzahlung des Lohnes oder Gehalts« versteht. Der Urlaubsanspruch ist eine soziale Errungenschaft, die inzwischen zum unveräußerlichen sozialen Besitzstand gehört. Nur vererben kann man den Urlaub leider nicht.

»Wenn sich der Schüler auf kurze Zeit aus der Lehrstunde entfernen will, so bittet er den Lehrer um Urlaub«, schrieb Ende des 18. Jahrhunderts der Sprachmeister Adelung. Nach heutiger Auffassung wäre das bestenfalls ein »Kurzurlaub«. Wenn sich der Schüler auf kurze Zeit aus dem Unterricht entfernen wollte, bäte er, falls überhaupt, um »Erlaubnis«, nicht um »Urlaub«. Aber vorzeiten können »Urlaub« und »Erlaubnis« dieselbe Bedeutung gehabt haben.

»Gib urlob, gib urlob, geliepter herre, myner ellenden sell, ein wort zuo dir zu sprechen«, heißt es in »Der Ewigen Weisheit Betbuch« von 1518. »Gib urlob«, das heißt »erlaube«, meiner elenden Seele, zu dir zu sprechen. In ganz anderem Zusammenhang ist von »Geboten und Urlauben« die Rede, also von dem, was »geboten«, und von dem, was »erlaubt« ist.

Mithin stünde »Urlaub« neben »erlauben« wie »Ursprung« neben »erspringen« und »Urkunde« neben »erkennen«. Man stutzt vielleicht nur deshalb, weil die Vorsilbe »ur-« anders als »er-«, zumindest bei den zusammengesetzten Substantiven, die Betonung auf sich zieht und so ein scheinbar neues Wort entstehen läßt. Dabei wird in der »Urkunde« tatsächlich für recht »erkannt«; der »Urlaub« ist zunächst »Erlaubnis« und hat mit blauem Meer, hohen Bergen und mit gebräunter Haut nahezu nichts zu tun.

Entgegen dem Uraltkalauer »Das Urlaub ist das schönste Laub« ist der »Urlaub« nicht mit dem Laub der Bäume verwandt. Das Verb »erlauben« gehört zur Familie »lieben« und »loben« und bedeutet ursprünglich soviel wie »gutheißen«. Mit einer anderen Vorsilbe wurde »ge-lauben«, unser Verb »glauben«, gebildet, das demnach soviel wie »lieb und vertraut machen« bedeutet haben müßte, bevor es zu einer Weise des Fürwahrhaltens wurde, mit Verlaub gesagt. Für dieses »mit Verlaub« konnte übrigens auch »Urlaub« stehen. »Der sitzet, mit Urlaub, im Dreck«, schrieb Luther, der nur selten ein Blatt vor den Mund nahm.

Bleibt die Frage, wie wir von der »Erlaubnis« im allgemeinen zur »Urlaubsfreude« im besonderen kommen. Diese Bedeutung hat alle anderen hinter sich gelassen, was kein Wunder ist, denn nichts ist erfreulicher als ein gelungener »Urlaub«. Dabei müssen es gar nicht Südsee oder Himalaja sein. »Ich genieße nun in meinem Haus den völligsten Urlaub«, schrieb schon Goethe, der, bei Gott, ein weitgereister Mann war, wenn er auch noch keine Charterflüge kannte.

Die »Erlaubnis« schlechthin ist im Laufe der Zeit auf die »Erlaubnis, zu gehen und sich zu verabschieden«, reduziert worden, wobei es Zeiten gegeben haben muß, in denen die Förmlichkeit des Abschieds und der Verabschiedung keine Nebensache war. Bei Hofe in höfischen und höflichen Zeiten. Natürlich auch beim Militär, wo das unerlaubte Entfernen von der Truppe noch immer schwerste Strafen nach sich ziehen kann. Friedrich der Große von Preußen befahl bereits im Jahr seines Regierungsantritts, 1740 also, zur »Ordnung auf Märschen«: »Den Burschen soll bei Spießruthenstrafe verboten sein, aus den Zügen zu gehen, ohne Urlaub von den Offizieren zu nehmen.«

»Urlaub« war das erlaubte Sichentfernen, die zeitweilige Entbindung vom Dienst, bei Soldaten, bei Beamten und bei Angestellten. Dann offenbar auch die vom Arbeitgeber erlaubte Entfernung von der Maschine. So konnte auf verschlungenen Wegen der »Urlaub« zum Inbegriff der sinnvoll genutzten und obendrein ein Gefühl von Freiheit vermittelnden Freizeit werden. Dabei mochte es genügen, daß die Freiheit von Fabrik- und von Kasernentoren im wohligen Ausschlafenkönnen und dem geknurrten »Ihr könnt mich mal« zum Ausdruck kommt.

»Mit Urlaub, gnädiger Herr, - ich bin nur wenig;
doch was ich bin, das bin ich ganz.«
(Zacharias Werner, 1768–1823)

Der Vorruhestand

Wer ständig vor Ihnen steht, könnte ein »Vorsteher« sein; es sei denn, er hätte sich nur vorgedrängelt. Liegt jemand vor Ihnen auf den Knien, muß derjenige nicht unbedingt ein »Vorlieger« sein. Den »Vorleger« finden Sie erstaunlicherweise in der Teppichabteilung, obwohl man auch bei Tisch »vorlegen« kann. Bei feinen Leuten zumindest. Die nur oberflächliche Betrachtung der Auswirkungen der Vorsilbe »vor-« kommt zu dem Ergebnis: Sprache ist beileibe keine Mathematik. Man kann weit »vorausdenken«, man kann anderen etwas »vordenken«, man kann etwas »vorfertigen«, und »vorschlafen« kann man angeblich auch. Trotz allem verursacht es einiges Unbehagen, sich mit dem viel diskutierten »Vorruhestand« abzufinden. Wenn »Ruhe« »Ruhe« ist, ist »Vor-Ruhe« immer noch Bewegung, vielleicht gebremste Bewegung, aber keinesfalls »Ruhe«. Was könnte demnach »Vorruhe« sein? Kaum etwas Sinnvolles, geschweige denn Schlüssiges.

Nur in festlichen Reden tritt man übrigens »in den Ruhestand«, ansonsten wird man »pensioniert«. Man geht »in« oder sogar »auf Rente«. Kann man vielleicht auch schon in »Vorrente« gehen? Gibt es neben der aus dem Beherbergungsgewerbe bekannten »Voll«- und »Halbpension« inzwischen etwa schon eine arbeitsmarktfreundliche »Vorpension«? Wir wollen es nicht hoffen.

Die »Altersgrenze« ist mittlerweile flexibel, was immer das heißen mag. Die Arbeitslosenquote ist laut Mitteilung der Nürnberger Bundesanstalt üblicherweise »saisonbereinigt«. Bei den allfälligen Auseinandersetzungen der Tarifpartner haben wir uns die »Nullrunde« zugemutet und uns zu allem Überfluß das »Nullwachstum« aufschwatzen lassen. Irgendwann reicht es einmal. Den »Vorruhestand« sollten wir uns deshalb einfach nicht mehr gefallen lassen.

Es geht nicht an, daß ausgerechnet und auf Dauer die

Sprache für die Schwächen der Arbeits- und Sozialpolitik büßen muß. Ich muß bei »Mittelstand« schon lachen. Sollte das der Stand sein, der über die Mittel verfügt, die unsereinem fehlen? Der aber trotzdem nicht aufhört zu klagen?

Die Wanze

Als Präsident Gerald Ford und Generalsekretär Leonid Breschnew im vereisten Wladiwostok die festgefahrenen Rüstungskontrollverhandlungen wieder in Gang brachten, sollen die amerikanischen Experten nachts vermummt im Schnee im Kreise marschiert sein. Nicht weil Bewegung not tat, sondern weil sie Angst vor Wanzen hatten. Gerade Wanzen haben eine lange Tradition in den sowjetisch-amerikanischen Beziehungen. Ausgerechnet im Schnabel des Adlers im Dienstsiegel im Dienstzimmer des amerikanischen Botschafters in Moskau wurde 1952 eine sowjetische Wanze entdeckt. 1977 bestand Präsident Nixon darauf, daß auch seine abhörsichere Limousine den Flug nach Moskau antrat; ebenfalls der Wanzen wegen. George Shultz, der Außenminister Ronald Reagans, ist aus dem nämlichen Grunde des öfteren mit einem Caravan unterwegs. Henry Kissinger soll bei vertraulichen Gesprächen im Ausland ein Tonbandgerät angestellt haben, das zur Täuschung der überall vermuteten Wanzen laute Geräusche absonderte, die bald allen anderen schrecklich auf die Nerven gingen. Gegen Wanzen scheint bis heute kein Kraut gewachsen zu sein. Wenn sie schon in der Eisenkonstruktion eines Neubaus versteckt sein können, in Metallfarben, Stromleitungen und Ventilatoren, müßte man, um ganz sicher zu sein, selbst Neubauten wieder abreißen. Genau dies überlegten die Amerikaner kurz vor Fertigstellung ihrer neuen Botschaft in Moskau.

In fast allen Botschaften dieser Welt dürfte es abhörsichere

Kammern für vertrauliche Gespräche geben. Aber nicht einmal dort kann man vor fremden Wanzen völlig sicher sein. Die neuesten Exemplare haben nur noch die Größe eines Stecknadelkopfes; sie hängen auch nicht mehr an Drähten, sondern strahlen drahtlos auf Kommando Mikrowellen ab, die außerhalb des »verwanzten« Gebäudes empfangen werden können. Wanzen in Schreibmaschinen, Fernschreibern und Computern gefährden die geheimen Codes der Verschlüsselungsexperten. Wanzen sind unausrottbar. Und das nicht nur im zwielichtigen Geheimdienstmilieu der sogenannten »Lauschangriffe«.

Laut Brockhaus sind etwa 40000 Arten der »Wanze« genannten Schnabelkerfe bekannt; sie krabbeln auf allen Erdteilen in fast allen Lebensräumen, die meisten lieben Sonnenschein und Wärme; die ältesten sind aus der Permzeit bekannt. Schon Aristophanes, der Komödienschreiber der alten Griechen, bezeichnete die Wanze als Landplage. Rund zweitausend Jahre später konnte Heinrich Heine immer noch dasselbe Lied singen:

»Schlimmer als der Zorn von tausend
Elefanten ist die Feindschaft
einer einz'gen kleinen Wanze,
die auf deinem Lager kriecht.«

In der Volksmedizin galten die Wanzen als Heilmittel gegen Viehkrankheiten, gegen Pocken, Koliken und Epilepsie; an Stubenwänden und in Bettfugen waren sie eine unausrottbare Plage. »Itzund wissen drei ungebetene Gäste in jedwed Haus zu dringen: der Winter, die Wanzen und die Pfaffen«, schrieb Willibald Alexis 1846. Die Wanzen überlebten alle Ausrottungsversuche. Übrig blieb das gleichermaßen frivole wie lakonische Sprichwort: »Wenn das nicht gut für die Wanzen ist, sagte der Bauer, als sein Haus abbrannte.«

»Springen ist nicht Tanzen,
die Flöh sind keine Wanzen,
Wanzen sind keine Flöh.«

Solche Volksliedverse lassen eher auf die Lust am Reimen als auf Freude an Wanzen schließen. »Ein cleine wantzen oder stinckendes kefferl«, schrieb Ulrich Megerle, der sich Abraham a Santa Clara nannte. Wegen ihres besonders ekelhaften Gestanks wurde die Baumwanze kurzerhand »Stinkheinrich« oder »Kachel«, gleich Nachttopf, genannt. In der Regel ist mit Wanze freilich »Cimex lectularius«, die »Bettwanze«, gemeint. Das ist insofern erstaunlich, weil die »Wanze« sprachlich mit der »Wand« und nicht mit dem »Bett« zu tun hat. So als hätten die Geheimdienstagenten recht, die »Wanzen« ungeniert in anderer Leute Wände verstecken.

»Wantze« schrieb a Santa Clara, »wantzke« hieß bei Luther das liebliche Tier. Die Schwaben sprachen von »wentel« und »Wändel«, von »wentel« und heute noch von »Wändel«. In allen Fällen handelt es sich um Kurzformen der »wantlûs«. Die »Wanze« ist eine verkürzte »Wandlaus«, mögen die Zoologen auch sachliche Einwände geltend machen. Wenn überhaupt, wurde der Quälgeist beim Spaziergang auf der Wand beobachtet; seltener im Bett. Hier bekam man freilich die Folgen zu spüren: »Ich ward getränkt mit Bitternissen und grausam von den Wanzen gebissen« (Heinrich Heine).

Weil

Alldieweil dem Wörtchen »weil« in diesen Tagen Wunderliches widerfährt, müssen wir uns mit ihm auseinandersetzen. Das »weil« fällt in letzter Zeit immer häufiger aus der Konstruktion. Es scheint, daß wir dem »weil« nicht mehr gewachsen sind. Dieses wäre ein überaus bedenklicher Sachverhalt.

Um den Anschluß an den korrekten Sprachgebrauch zu finden, wenden wir uns an Immanuel Kant, den großen Denker aus Königsberg. Daß sich sogar der Chefkritiker der Vernunft in deutschen Landen mit dem Fußball beschäftigt zu haben scheint, nehmen wir dabei mit Genugtuung zur Kenntnis.

»Das Ballspiel ist eines der besten Kinderspiele, weil auch noch das gesunde Laufen dazukömmt«, schrieb Kant. Sachlich mag man dergleichen für selbstverständlich und deshalb für kaum der Rede wert halten; aber sprachlich dokumentiert der schöne Satz zweifelsfrei, daß das Bindewort »weil« einst eindeutig einen Nebensatz regierte. Diese Einsicht ist in unseren grammatisch verwirrten Zeiten abhanden gekommen. »Das Ballspiel ist gesund«, heißt es heute, »weil: es kömmt auch noch das gesunde Laufen dazu.«

Die Artikulationsunsicherheit angesichts des Wörtchens »weil« kann, wie manches im Leben, tiefere Ursachen haben. Womöglich macht das begründende »weil« den Sprechenden ob seiner Einsicht ins Kausale so ergriffen, daß er tief Luft holt, einen geistigen Doppelpunkt macht und dabei unversehens aus der Konstruktion fällt. Aus der Satzkonstruktion. »Weil: es kömmt auch noch das gesunde Laufen dazu.«

Vom Tempofußball und von der Absatzfalle mag der Philosoph aus Königsberg nur sehr unvollkommene Vorstellungen gehabt haben, aber er wußte präzise zwischen Haupt- und Nebensatz zu unterscheiden. Eine Fähigkeit, die zu schwinden scheint. »Ich fasse mich an den Kopf, weil: ich versteh' das auch nicht.« – »Ich denke nach, weil: damit muß man ganz von vorne anfangen.« So hört man es inzwischen Tag für Tag. »Ich gehe raus, weil: ich halt' das nicht mehr aus.« Zum Aushalten ist es wirklich nicht, denn dieses »weil« sollte tatsächlich einen Nebensatz einleiten; vor dem entsprechenden Hauptsatz stünde »denn«. Aber im Zeichen der progressiven Schludrigkeit schwinden auch hier die Unterschiede. Mir reicht es. Weil: es merkt ohnehin niemand mehr.

Schlimm sei das nicht, sagen manche; weil: die Information komme ja an. Aber wie! »Schreibt ihr Plattheiten und Unsinn in die Welt, so viel es euch beliebt; das schadet nichts; denn es wird mit euch zu Grabe getragen; ja schon vorher. Aber die Sprache laßt ungehudelt und unbesudelt; denn die bleibt.« So dachte Arthur Schopenhauer. Wohin werden wir kommen, wenn es mit dem Wörtchen »weil« vor Hauptsätzen so weitergeht? Der Duden wird am Ende auch diese Schludrigkeit dulden und schließlich zur Norm erheben.

Die Konjunktion »weil« stammt aus der langen »Weile«. »Die wîla unz« hieß es ursprünglich: »derweilen bis«, »so lange als«. »Brüder, laßt uns lustig sein, weil der Frühling währet.« Dieses »weil« wurde ursprünglich temporal verstanden. »Nein, ich sah, weil ich leb, noch nie ein solches Gesicht.« – »Freut Euch des Lebens, weil noch das Lämpchen glüht.«

Was zeitlich zusammenfällt, was dem einen vor-, dem anderen nachgeordnet ist, ist nicht weit von Ursache und Wirkung entfernt. »Weil ich dich liebe über alle Grenzen, trag ich den schweren Fluch des Brudermords.« Da ist die Grenze zum Kausalen überschritten. »Der Starke achte es gering, die leise Quelle zu verstopfen, weil er dem Strome mächtig wehren kann.« Das eine stammt von Schiller und das andere auch; unser »weil« hat die temporale Bedeutung des »solange« oder »währenddessen« zugunsten der kausalen abgestreift.

»Wie? Wann? Und wo? – Die Götter blieben stumm. Du halte Dich ans Weil und frage nicht warum.« Goethe; also schon wieder ein Klassiker. Und dann der Ballspielsachverständige Kant: »... weil auch noch das gesunde Laufen dazukömmt.« Sie alle wußten zweifelsfrei zwischen Haupt- und Nebensatz zu unterscheiden. Mittlerweile wird auch dieser kleine Unterschied verschludert. Vielleicht ist das gar nicht so wichtig, weil (Fehlschaltung!): die deutsche Sprache beherrscht ohnehin niemand mehr. Eben.

Die Wende

»Da umhalsen sich Männer, da pressen sich Hände,
Fremde sind Freunde mit eins, wie Fanfaren
steigt Jauchzen aus Menschen, nach Kummerjahren
Wunder der Wende!«

Dieser Hymnus zielt nicht etwa auf den Herbst 1982, da in Bonn die Liberalen der Union zurück an die Macht verhalfen, um zugleich an ihr beteiligt zu bleiben. Diese himmelhoch jauchzenden Verse zielten auf das Jahr 1813, das dem Eroberer Napoleon das Ende brachte und dem besetzten Europa die Wende und bald auch die Restauration. Helmut Kohl dürfte kaum an 1813 und die Völkerschlacht bei Leipzig gedacht haben, als er 1982 nicht müde wurde, die »Wende« zu feiern. Zwei Jahre zuvor hatte er nicht eben begeistert für Franz Josef Strauß die Trommel rühren müssen, hatte ihm doch die schwesterliche CSU und auch die eigene Partei, die CDU, bescheinigt, daß der bramarbasierende Bayer der bessere Kandidat für das Amt des Kanzlers sei. Weil der Wähler und die FDP das seinerzeit noch anders sahen, kam, wenn nicht die »Wende«, dann doch die Kanzlerschaft für Helmut Kohl selbst überraschend. Um so nachhaltiger pflegte er den Bruch der sozialliberalen Koalition und den prompten Partnerwechsel der FDP als »Wende« zu reklamieren.

»Wende« suggeriert Umkehr ohne Buße. Ein großes Manöver, das Staatsschiff geht mit dem Bug durch den Wind auf völlig neuen, diesmal sicheren Kurs. »Wende« setzt den starken Steuermann voraus, der selbst widrigsten Winden trotzt. So stellt man sich den verläßlichen Lenker vor. Kein Wunder, daß der Kanzler für sich die »Wende« reklamierte.

Strauß offerierte überraschenderweise der DDR einen Milliardenkredit, und bei Genscher im Auswärtigen Amt blieb alles beim alten, und in der Innenpolitik verhinderten Hirsch und Baum, was Zimmermann für die Wende der Innenpolitik hielt. Da war kaum noch zwischen »Wende« und »Halse« zu unterscheiden. Und wenn Kurt Biedenkopf mehr als fünf Jahre später bedauerte, daß in bezug auf besagte »Wende« immer noch ein Vollzugsdefizit bestehe, dann spricht dergleichen gegen das Bild vom großen Wendemanöver. Eine »Wende auf Raten« führt zum Schlingerkurs, eine »Wende auf Dauer« zum Kreisverkehr.

»Wenden« heißt zunächst nur »veranlassen, daß sich etwas windet«. Dabei bleibt der Anspruch der politischen »Wende« so lange windig, als Kurs und Ziel verschwiegen werden. Daß nach einer Wende alles anders wird, glaubt ohnehin kein Mensch. Eine Wende ohne Ziel produziert Wendigkeit. Auch das Wetter ist überaus wendig, wie man weiß. Von einem konkreten Ziel war bei der Kohlschen Wende gar nicht die Rede; »geistig und moralisch« sollte sie sein. Das paßte zu Helmut Kohl, der als Oppositionsführer vom Kanzler Helmut Schmidt »geistige Führung« verlangte; aber zur Politik des Kanzlers Kohl paßte es weniger. Vom Wertewandel redet nur noch der Innenminister, wenn er den vermeintlichen Anstieg der Kriminalfälle auf jeglichen Autoritätsverlust und die Aufgeregtheit von 1968 zurückführen zu müssen glaubt. Als sich das Kabinett um eine eindeutige Stellungnahme zur Strategischen Verteidigungsinitiative der Amerikaner herumdrücken wollte, teilte es mit, daß es SDI für moralisch gerechtfertigt halte. Als ob das Moralische in der Politik als Ausrede dienen könne.

Wo blieb die moralische Entschlossenheit des Kanzlers der Wende, als Blüm in Chile die Menschenrechte reklamierte und Strauß in Südafrika eines der sogenannten Homelands besuchte? »Das ist seine Sache und nicht meine«, sagte der Kanzler. Wo blieb seine moralische Entschiedenheit, als es um die Ehre eines Generals und um die Hilflosigkeit seines Verteidigungsministers ging? Wo war die »geistig-moralische Wende« hängengeblieben, als die Fraktionen der Koalition sich an die Vorwegamnestie der vereinigten Steuerhinterzieher, Parteispender wie Schatzmeister, machten, so als könne als Grundsatz akzeptiert werden, daß Gesetze für alle gelten, nur nicht für jene, die sie gemacht haben? Es war die Basis der FDP, jener Partei also, die die Wende einleitete, die hier den geistig-moralischen Kurs hielt und eine solche Wende verhinderte. Die »geistig-moralische Wende« war ein selbstgewählter Bannerspruch, der im Winde so schnell verschliß wie jenes »Mehr Demokratie wagen« der Wende Willy Brandts. Das ist kein Fehler; denn Politik sollte nach ihren Erfolgen und Mißerfolgen und nicht nach den eigenen Sprachschöpfungen beurteilt werden.

Es gibt den »Wendehals«, die »Wendeltreppe« und den »Wendekreis«, es gibt am Ende von Einbahnstraßen sogar einen »Wendehammer«; aber das heißt nicht, daß jede »Wende« deshalb schon ein »Hammer« wär'.

Der, die, das Wilde

Sprachlich ist das »Wilde« unproblematisch; es bedeutet das »Ungezähmte« mit einer Betonung des »Ungestümen«. »Wilde Tiere« kennen keinen Stall. Es läge nahe, eine Verwandtschaft von »Wild« und »Wald« zu unterstellen. Im Walde trifft man schließlich alles »Wilde« an. Wenngleich das Wilde weiter verbreitet sein dürfte als die Wälder.

Den »Wilden« flicht die Nachwelt selten Kränze; man muß schon froh sein, wenn sie nicht Jagd auf sie macht. »Steckt die ›Wilden‹ ins Panoptikum« war noch das Gefühlvollste, was uns Hochzivilisierten eingefallen ist. Dabei haben wir sicher auch als »Wilde« angefangen. Die pokulierenden Germanen auf der Bärenhaut zu beiden Seiten des Rheins dürften auf die kulturbeleckten Römer einen eher unbehauenen Eindruck gemacht haben. Was die zivilisierten Römer und ihre Kohorten nicht davor schützte, von ebendiesen Wilden im Teutoburger Wald nachhaltig verprügelt zu werden.

»Da sinkt die große Weltherrschaft von Rom
vor eines Wilden Witz zusammen.«
(Heinrich von Kleist, 1777–1811)

Von diesem »Wilden« weiß man nur, daß er Cherusker war und die Römer ihn »Arminius« nannten. Daß er zu Hause »Hermann« gerufen wurde, ist unwahrscheinlich. Es ist nicht ausgeschlossen, daß Arminius Siegfried hieß. Wo heute das Hermannsdenkmal steht, lag der Osning, aber nicht der Teutoburger Wald. Den hat erst die spätmittelalterliche Gelehrsamkeit auf der Suche nach dem Ort der Varusschlacht dorthin verlegt. Im übrigen dachte Kleist bei seiner »Hermannsschlacht« weniger an die alten Römer als an den zeitgenössischen Widerstand gegen Napoleon. »Schmeißt die Zivilisierten aus dem Lande, erinnert Euch des ›Wilden Witz‹« war die Parole. Der empfindsame Kleist hat wesentlich Besseres geschrieben.

»Ruhig lächelnd sagte der Hurone:
seht, Ihr fremden, klugen, weißen Leute,
seht, wir Wilden sind doch bessere Menschen!«
(Johann Gottfried Seume, 1763–1810)

Die Zivilisationsskrupel und die Sehnsucht nach der angeblich unreflektierten Ursprünglichkeit der Wilden ohne Technik, Atomstrom und Müllbeseitigungsprobleme hat es immer schon gegeben. Zurück zum Unkomplizierten! Die Verzärtelten werden aufs einfache Leben und auf den Verzehr von Sauerampfer umgeschult. Wenn die Probleme verwirrend werden, wächst die Sehnsucht nach ganz einfachen Antworten.

»Wilde im Zelt nähret die Palme«, schrieb ein Dichter, Rückert mit Namen. Um die Natur zu retten, will manch einer die Zivilisation abschaffen; zurück zu den »Wilden«, mit einem Wort. Als ob damit viel gewonnen wäre.

»Der Wilde«, »die Wilde«, »das Wilde«, »Wildes« scheint umfassend zu sein. Dies ist für den Zivilisierten verwirrend, so daß er immer wieder Zuflucht zum Sogenannten nimmt. »Lese man die Reden der sogenannten Wilden in Amerika«, meinte Herder, der selbst einen vermeintlich Wilden namens Ossian entdeckte, den es dummerweise nie gegeben hatte. Wer über die »Wilden« philosophiert, muß zusehen, daß er sich nicht von vornherein im Sogenannten verliert.

»Daß der sogenannte Wilde lieber auf das Dasein verzichtet, als die Lasten der Gesittung sich zuzuziehen« (O. Peschel, Völkerkunde, 1874), klingt wie eine Ausrede. Ist die Gesittung erst eine Last, muß das Los der »Wilden« herrlich unbekümmert sein.

»Liebt Ihr Euer Kind? ... Ob ich's liebe? Den kleinen Wilden bis zur Narrheit«, dichtete Altmeister Goethe, von dem manche sagen, daß er es bis ins hohe Alter »wild« getrieben habe. Was sicher nicht heißt wie die »Wilden«. Und wenn doch, was hieße das schon?

Der Witz

Es gibt nur zwanzig Witze, sagt der Spanier und hat wahrscheinlich recht. Mit Kalauern, Zoten und schallendem Gelächter hat der »Witz« von Hause aus wenig zu tun. Vielleicht ist dies sogar der Witz an der Sache. Wer Mutterwitz hat, ist nicht notwendigerweise Possenreißer; aber er kennt sich aus und weiß, wo es langgeht. Wer den Witz begriffen hat, kennt den Dreh. Der Witz hat mehr mit Verstand als mit Laune zu tun. »Ehe wir Witz erworben, sind wir gestorben«, sagt der

Volksmund. Es dauert eben einige Zeit, bis man dahinterkommt. So wie den Verstand kann man auch den Witz verlieren und versaufen. Mit bedenklichen Konsequenzen. »Manche Armee ist überfallen und geschlagen worden, wenn die Chefs davon oder andere Officiers und die Soldaten ihren Witz versoffen gehabt und zur Zeit des Angriffs nicht gewußt haben, was zu thun sein möchte.« Nachzulesen in »Der vollkommene teutsche Soldat« des Hanns Friedrich von Fleming aus dem Jahre 1726. Damit wurde vor gut 250 Jahren nicht nur die militärische Bedeutung der Enthaltsamkeit, sondern zugleich auch die des »Witzes« gewürdigt. »Witz« und »Verstand« bedeuteten dasselbe; keinesfalls nur beim Militär.

Im »Armen Heinrich« des Hartmann von Aue, entstanden um 1200, sagt ein Mädchen, daß sie wohl »tump« sei, aber doch »die witze habe«, was der Tod bedeute. Die »witze« machte den Verstand aus, das Wissen, die Einsicht, die Klugheit. Der »Witz« gehört zu »wissen« und »Weisheit« und nicht zum Klamauk. Im Parzival des Wolfram von Eschenbach muß »Frau Witze« weichen, wenn »Frau Minne« erscheint und Parzivals Sinnen auf die Liebe lenkt. Der »Witz« war die Verstandeskraft, die Auffassungs- und die Beurteilungsgabe. Also ungefähr alles, was jemand im Kopf hat, wie man sagt.

»So viel uns Gott durch seine Gnadt,
Witz und Verstand gegeben hat.«
(Friedrich Dedekind, 1524–1598)

»Ze den wizzen komen« bedeutete älter, reifer und vernünftiger werden. Noch Goethe schrieb von der »Grenze unseres Witzes, da wo euch Menschen der Sinn überschnappt«. Der »Witz« war demnach auch der rechte Sinn, die Klugheit, die Schläue, die Geschicklichkeit, die List.

Die alte umfassende Bedeutung lebt in »Mutterwitz«, in »Aberwitz« und im Adjektiv »gewitzt«; aber »witzig« meint anders als das althochdeutsche »wizzic« nicht mehr unbedingt »verständig« und »klug«. »Witzig« bedeutet inzwischen »geistreich«, »pointiert« und »originell«. So wird Mozarts Bemerkung über seine Frau Konstanze verständlich und halbwegs erträglich: »Sie hat keinen Witz, aber gesunden Menschenverstand genug, um ihre Pflichten als Frau und Mutter erfüllen zu können.«

Der Bedeutungswandel des »Witzes« fiel in die Zeit des heiteren Rokoko. Der »Witz« wurde Prinzip der geistreichen Unterhaltung. Was die Franzosen »bel esprit« nannten, übersetzte das frühe 18. Jahrhundert mit »Witz«. Satire, Fabel und Epigramme lebten vom »witzigen Einfall«, von der Pointe, vom Scherz und der überraschenden Wendung. Der Witz wurde zum ästhetischen Vergnügen; er war dabei aber weniger Ausdruck der Komik als des Scherzes, der Anmut und des galanten Geschmacks. Zur Zeit Hagedorns und Gellerts machte der Witz geradezu das Wesen des Dichters aus. Das »Reich des Witzes« umfaßte die Künste und die Wissenschaften.

> »Der Witz besteht in einer gewissen Hitze und Lebhaftigkeit des Gehirns, welche der Klugheit zuwider ist, indem dieselbe langsam und bedachtsam zu Werke gehet. Ein witziger Mann, sagt man, verliert lieber zehn Freunde als einen guten Einfall; da hergegen ein kluger Mann lieber zehn ganze Gedichte verbrennen als einen guten Freund verlieren wollte.«
>
> *(Christian Wernicke, 1661–1725)*

Lessing sollte später gegen den bloß witzigen Kopf polemisieren und statt des bloßen Witzes den Ausdruck der Leidenschaften fordern. Tatsächlich war bald vom verklärten Hirtenleben in Arkadien, »wo Anmut Witz gebiert und Witz ein sicheres Scherzen«, auch nicht mehr die Rede. Immerhin hatte die Übung im galanten »Witz« den Deutschen die Gewißheit vermittelt, hinter dem heiteren Spiel des mediterranen »bel esprit« nicht zurückstehen zu müssen.

»Es ist ein alter Wahn, den Hochmuth ausgeheckt ...
daß nie Verstand und Witz die Alpen überstiegen,
daß die, die an dem Pol des Kalten Bären liegen,
nicht feurig, geistig klug und sonsten allgemein
zu jeder Wissenschaft zu träg und schläfrig sein.
Der Vorwurf braucht Beweis! Allein wo steht geschrieben,
daß Witz und Wissenschaft nur Süderköpfe lieben.«
(G. E. E. Müller nach Gottsched, 1742)

Im Witz emanzipierten sich die geistig unbeweglicheren Nordlichter. Manch einer, der Witze erzählt, ahnt nichts davon.

Der Zweck

»Das ist schließlich der Zweck der Übung«, sagen die Leute, und manch einer fügt sarkastisch hinzu, daß am Ende der Zweck auch die Mittel heilige. Auch wenn das Gegenteil immer wieder versichert wird. Der »Zweck« ist das Ziel, auf das es ankommt. Einen »Zweck« zu erreichen ist das Ziel, die Absicht, das Worumwillen bewußten Handelns. Der Wille wäre das Vermögen, sich Zwecke vorzustellen und nach Zwekken zu handeln. Wer etwas fertigt oder produziert, stellt sich zunächst den Zweck des Produktes vor. Nasse Füße zu verhindern wäre ein möglicher Zweck, von dem sich der Schuhmacher beim Schustern schwerer Stiefel leiten lassen könnte. Ob die Schuhe am Ende ein Meisterstück sind, bemißt sich nicht nur an der modischen Form, sondern auch am erreichten Zweck, also an den trockenen Füßen. Mit derlei grundsätzlichen Fragen der Zweckmäßigkeit schlagen sich neben den Handwerkern seit alters die Philosophen herum. Diese meistens mit dem »Zweck« als solchem.

»Zwecke« kann man sich vorstellen. Der Wille ist das Vermögen, nach vorgestellten Zwecken zu handeln. Das ist schon aufregend genug. Denn dann wäre der vorgestellte »Zweck« eine der Ursachen dafür, daß dieses oder jenes überhaupt ist. Der Schuh beispielsweise. Oder das Flugzeug. Oder das Haus. Was aber ist mit der Natur insgesamt? Ist sie zufällig entstanden oder Schöpfung? Dient sie einem »Zweck«, oder ist sie sinnvoll an sich selbst? Welchen »Zweck« hätte sie denn, und wer hätte sich diesen vorgestellt? Die Bibel sagt: der liebe Gott. Was sagen die Philosophen? »Die vernünftige Natur«, sagt Kant – und das »vernünftig« darf man dabei nicht überhören –, »existiert als Zweck an sich selbst.« Nicht als Mittel, sondern als Zweck; aber nicht im Hinblick auf etwas anderes, sondern als »Zweck an sich selbst«. Ähnlich denkt Kant die »Schönheit«, eines der großen Rätsel abendländischen Denkens, als reine »Form der Zweckmäßigkeit ohne Zweck«. Das ist schwierig und sicher anspruchsvoller als die geläufige Mitteilung, dieses oder jenes habe »keinen Zweck«. Dabei ist das »Zwecklose« sinnlos und deshalb unvernünftig.

Dem metaphysischen Aufwand zum Trotz ist die sprachliche Herkunft des »Zwecks« im Deutschen über die Maßen bescheiden. Der »Zweck« wie auch die Heft-»Zwecke« sind urverwandt mit dem »Zweig«, der an allen Ästen vorkommt. Aus dem Holz der Zweige wurden »Zwecken« gefertigt, hölzerne Nägelchen, wie sie die Schuster benutzten, die Sohlen zu befestigen. Wie nun ausgerechnet kleine Holznägelchen ins Zentrum des abendländischen Denkens geraten konnten, ist zunächst ein Rätsel. Die Lösung findet sich überraschenderweise bei den Schützenbrüdern und dem Schützenfest. Der »Zweck« konnte jener Nagel sein, an dem das Blatt aufgehängt war, auf das geschossen wurde und dem wir den »Blattschuß« verdanken. Der »Zweck« konnte aber auch in der Mitte des weißen oder schwarzen Blattes sitzen und das eigentliche Ziel darstellen. Wer also einen Volltreffer landen wollte, mußte den »Zweck« anvisieren. Mit der Beliebtheit der Schützenfeste und der Häufigkeit der Preisschießen wurde der »Zweck« zum »Ziel« schlechthin.

»Als es nun an in kam, schlug er den hacken ongefähr an, druckt losz und trifft mitten im schwartzen den nagel oder zweck, daran die scheiben aufgehenckt war.« So hat ein gewisser Hans Wilhelm Kirchhof, wahrscheinlich 1525 in Kassel geboren, einen Meisterschuß, der den »Zweck« traf, beschrieben. Auch als der »Zweck« schon generell als »Zielsetzung« verstanden wurde, blieb zunächst noch die Vorstellung des Schießens lebendig. »Dies ist der Zweck, das Mal, Schießblatt und Ziel, dernach alle gute catholische Christen Ihre Pfeil und Augenmerck richten müssen«, schrieb Fischart 1581. Auch bei Sebastian Franck stand 1538 noch die Zielscheibe im Mittelpunkt: »... und wurde mit Flitschen in sie geschossen, als waren sie ein aufgesteckter Zweck.« Mithin hätten erst die Schützenbrüder des 15. und 16. Jahrhunderts, die mit Armbrüsten und Büchsen hantierten, den kleinen »Zweck« der Zielscheibe zum Ziel schlechthin, zum abstrakten »Zweck«, gemacht, der jedes bewußte menschliche Handeln und damit jedes Herstellen von etwas bestimmt. Ob sich die kleine »Zwekke« und die Schützenbrüder das wohl hätten träumen lassen?

Peter Ustinov

Ustinovs Rußland

160 Seiten, 133 Farb- und 13 s/w Abb., 1 Karte, gebunden, Schutzumschlag

Das Buch zur sechsteiligen ZDF-Serie: So kann nur Ustinov Rußland schildern

Peter Ustinov hat zusammen mit einem kanadischen Fernsehteam das Land seiner Vorfahren besucht. Für die Dreharbeiten erhielt Ustinov, der in der UdSSR hoch geschätzt wird, »carte blanche«, so daß er Schauplätze und Gesprächspartner frei auswählen konnte. Von dieser ausgedehnten Reise hat er eine sechsteilige TV-Serie mitgebracht. Der große Erzähler Ustinov berichtet unterhaltsam, anekdotenreich und immer mit einem Augenzwinkern von der Begegnung mit Rußland und seinen Menschen. Die Spannweite reicht vom Besuch im »akademischen Dörfchen«, dem ein eigenes Atomforschungszentrum angegliedert ist, bis zu Ausflügen in die vielhundertjährige russische Geschichte, von einem (realen) Gespräch mit Gorbatschow bis zu skurrilen »Interviews« mit Iwan dem Schrecklichen, Katharina der Großen oder W. I. Lenin. Besonderen Reiz erhält das informative Buch durch Ustinovs Fotos und Zeichnungen.
Peter Ustinov ist ein liebenswürdiger und kluger Begleiter auf der Reise durch dieses weite, unbekannte Land; dabei verrückt er mit hintergründigem Humor bisweilen auch unser eigenes Weltbild.